Sabrina Möller

Vom Longensalat zur Doppellonge

Der Weg zur feinen Kommunikation an zwei Longen

BAND 1 – BASISWISSEN

CADMOS

Haftungsausschluss

Autorin und Verlag haben den Inhalt dieses Buches mit großer Sorgfalt und nach bestem Wissen und Gewissen zusammengestellt. Für eventuelle Schäden an Mensch und Tier, die als Folge von Handlungen und/oder gefassten Beschlüssen aufgrund der gegebenen Informationen entstehen, kann dennoch keine Haftung übernommen werden. Bei gesundheitlichen Beschwerden des Pferdes empfehlen Verlag und Autorin grundsätzlich die Abklärung durch einen Tierarzt.

Sicherheitstipps

In diesem Buch sind Reiter ohne splittersicheren Kopfschutz abgebildet. Dies ist nicht zur Nachahmung empfohlen. Achten Sie beim Reiten bitte immer auf entsprechende Sicherheitsausrüstung: Reithelm, Reitstiefel/-schuhe, Reithandschuhe und gegebenenfalls eine Sicherheitsweste.

Gender-Erklärung

Aus Gründen der besseren Lesbarkeit verzichten wir im Cadmos Verlag auf die gleichzeitige Verwendung der Sprachformen männlich, weiblich und divers (m/w/d) und wählen jeweils die männliche oder weibliche Form von personenbezogenen Hauptwörtern. Dies soll jedoch keinesfalls eine Geschlechterdiskriminierung oder eine Verletzung des Gleichheitsgrundsatzes zum Ausdruck bringen. Frauen, Männer und Diverse mögen sich von den Inhalten unserer Publikationen gleichermaßen angesprochen fühlen.

Impressum

CADMOS im CADMOS Verlag

Lektorat: Agnes Trosse

Covergestaltung, grafisches Konzept: Gerlinde Gröll, www.cadmos.de

Fotos am Cover und im Innenteil (soweit nicht anders genannt): Lisa Rädlein

Zeichnungen: Sabrina Möller

Die Berechnungen zu den Verschnallungen wurden mithilfe von Tobias Hundhausen erstellt.

Satz: Lisa Hahsler

Druck: www.graspo.com

Deutsche Nationalbibliothek – CIP-Einheitsaufnahme

Die Deutsche Nationalbibliothek verzeichnet diese Publikation in der Deutschen Nationalbibliografie; detaillierte bibliografische Daten sind im Internet über http://dnb.ddb.de abrufbar.

Printed in EU

ISBN: 978-3-8404-1535-7

INHALT

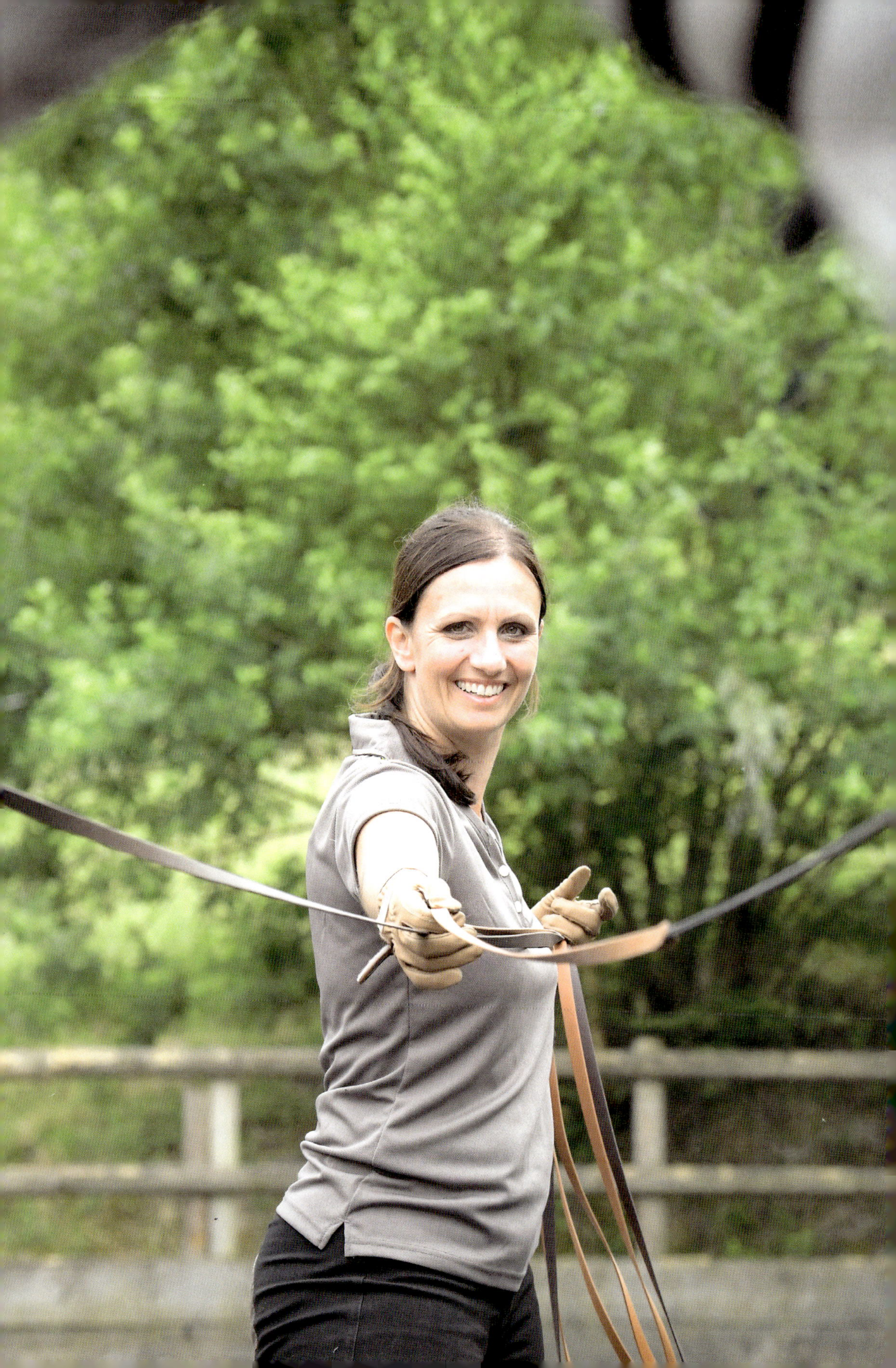

INHALT

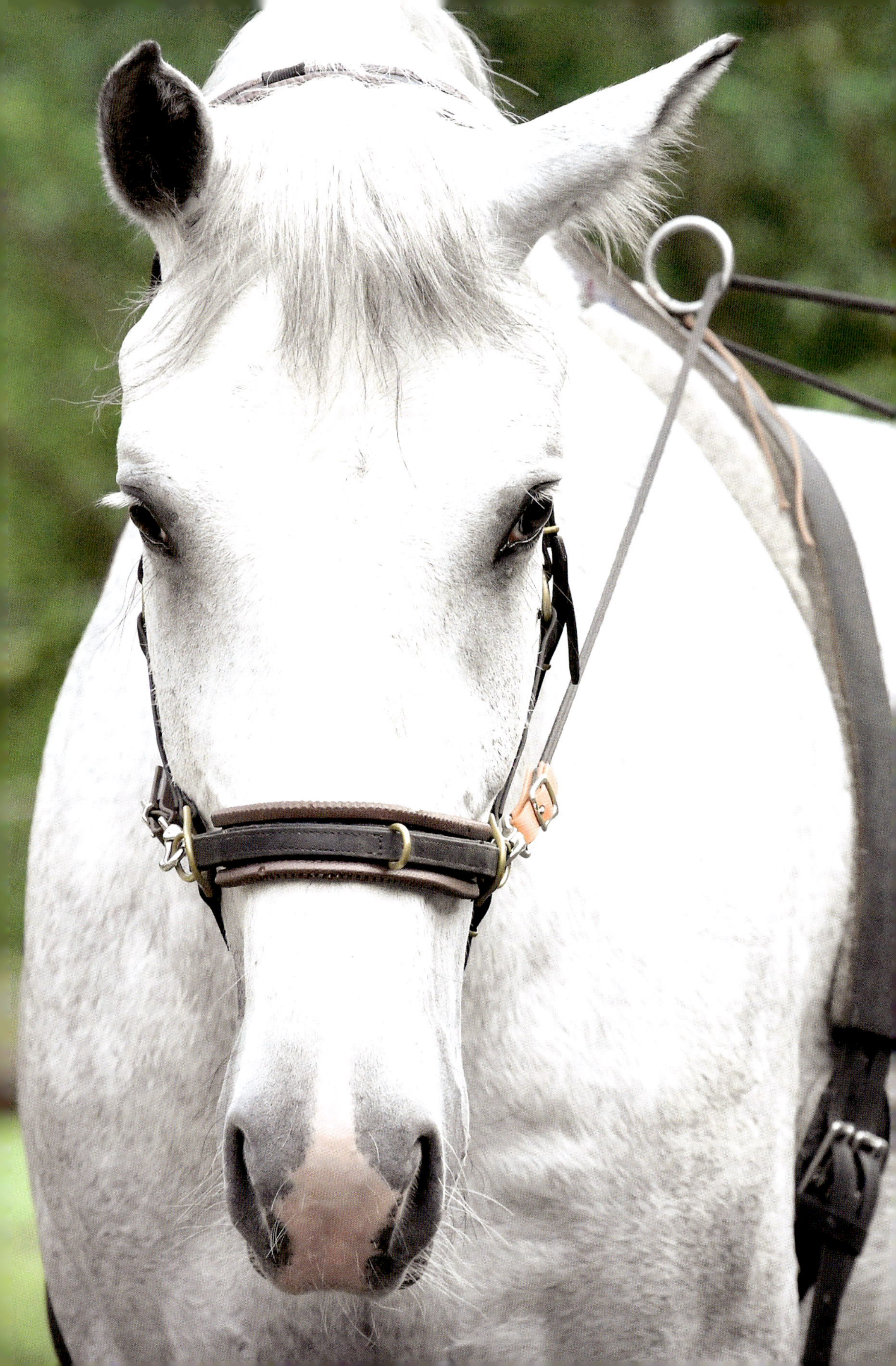

VORWORT

„Und sie bewegt sich doch!"

Die Geschichte und das Wissen der Reiterei sind viele hundert Jahre alt. In diesen Jahrhunderten wurde alles gesagt, beschrieben, erklärt und vermittelt, was es zu vermitteln gab und gibt. Kurz gesagt: „Wir müssen das Rad nicht neu erfinden." Es schadet aber nicht, von Zeit zu Zeit einen prüfenden Blick auf dieses Rad und auf das zu werfen, was „man immer schon so gemacht hat". Herangehensweisen, Techniken und Werkzeuge kritisch zu hinterfragen ist das, was die Menschheit von Beginn an in allen Bereichen des Lebens vorangebracht hat.

Zugegeben, die kritischen Denker und Tüftler sind nicht immer die beliebtesten Zeitgenossen ihrer Epoche gewesen. Wer alte Zöpfe abschnitt, neue Wege ging oder Irrtümer aufdeckte, der musste mitunter mit dem heftigem Gegenwind derer rechnen, die an den alten Zöpfen hingen. Denken wir nur an die Sache mit der Erde und der Scheibe ... Letztendlich sind es aber genau diese Denker und Tüftler, die wir heute als Pioniere und Weiterdenker ehren und feiern.

Keine Sorge, das Ihnen vorliegende Buch wird die Pferde- und Trainingswelt nicht derart aus den Angeln heben, wie Galilei es einst getan hat, es kann aber sehr wohl dazu beitragen, manches aus einem anderen, einem neuen Blickwinkel zu betrachten.

Sabrina Möller gehört nämlich zu eben diesen Denkern und Tüftlern, die nichts als gegeben betrachten, die stets hinterfragen und dabei durchaus unbequeme Fragen stellen. Diese Fragen hat sie auch im Bezug auf die Arbeit mit der Doppellonge gestellt und sie hat Antworten gefunden. Antworten, die überraschen und die zum Umdenken anregen. Antworten, die mithilfe von Messungen und physikalischen Berechnungen gefunden werden konnten und die so die Brücke schlagen zwischen jahrhundertealtem Wissen und den Erkenntnissen der aktuellen Zeit.

Für das Wohl unserer Pferde sind es genau solche Menschen, die den Unterschied machen. Nichts, was wir bereits kennen und wissen, sollte so unantastbar sein, als dass wir es nicht im allerbesten Sinne und mit größtem Wohlwollen immer und immer wieder einer Prüfung unterziehen sollten. Für unsere Pferde, mit unseren Pferden und wegen unserer Pferde. In diesem Sinne wünsche ich Ihnen mit dem nachfolgenden Werk ein großes Lese- und Lernvergnügen.

Herzlichst, Ihre

Christine Hlauscheck

Christine Hlauscheck

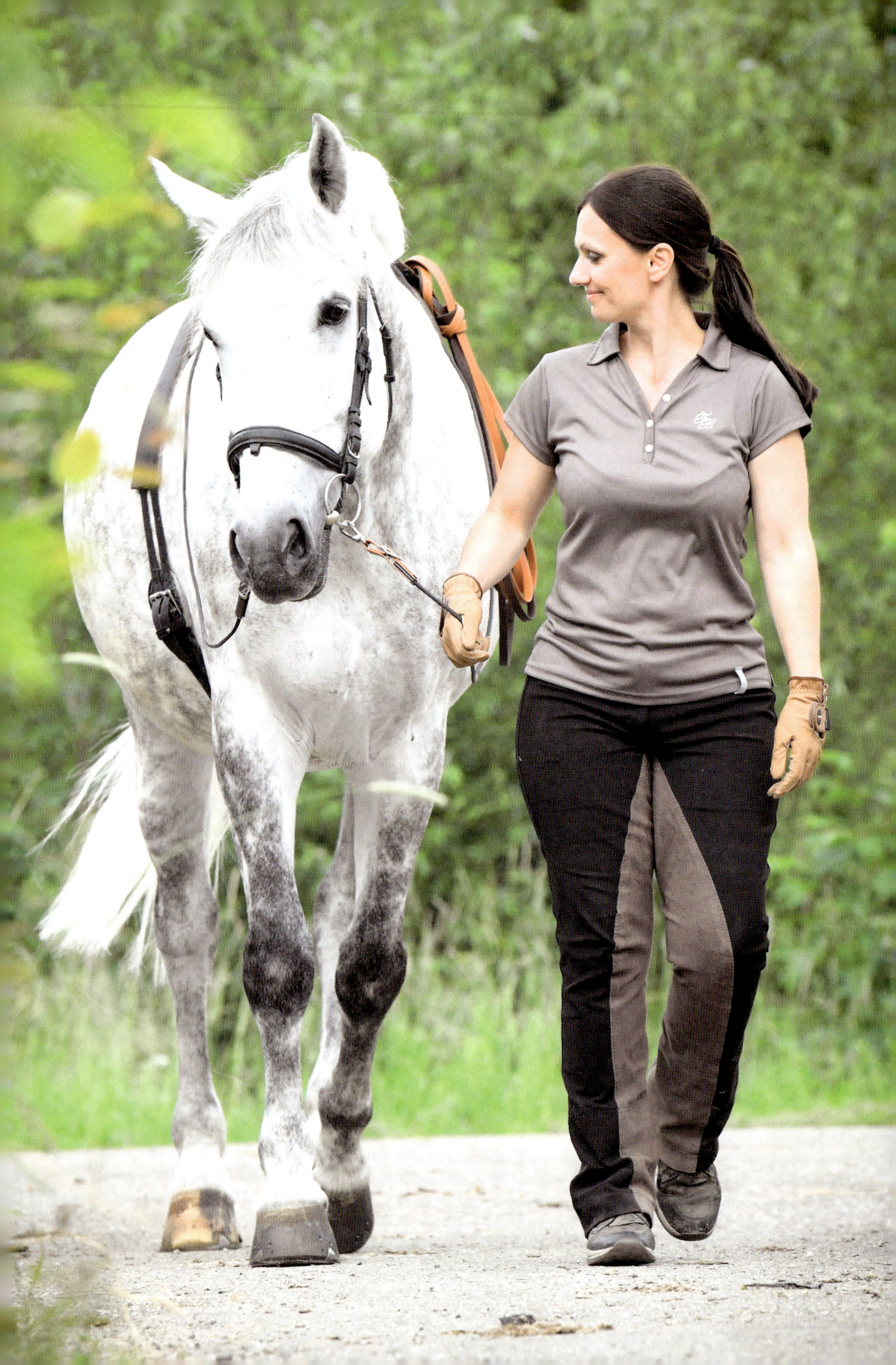

EINLEITUNG

Ein Satz, der alles ändert

Beschäftigen wir uns mit dem Reiten, Longieren, Fahren, der Ausbildung, dem Training und dem allgemeinen Umgang mit Pferden, dann suggerieren einige Ausbildungslehren, es gäbe „den einen richtigen Weg", ein Pferd auszubilden.

Kommt das eigene Pferd mit diesem „einen richtigen Weg" gut klar, bleibt man wahrscheinlich dabei und hält das für eine feine Lösung. Wird es aber notwendig, ein kleines bisschen über den Tellerrand dieser Ausbildungsmethode zu schauen, erkennt man schnell, dass es von diesem „einzig richtigen Weg" mehrere gibt.

Genau so ging es mir immer wieder. Oft schien es mir, als ob Ausbildungswege mit Glaubensfragen gleichgesetzt würden. Es gab nur Schwarz und Weiß, Graustufen dazwischen existierten nicht. Vorwärts-abwärts, Seitengänge schon früh in der Ausbildung, Galoppieren, bevor das Pferd perfekt ausbalanciert ist, Fleißiger Schritt oder Zeitlupenschritt? Die Liste der Dinge, für oder gegen die eine Methode vehement einstand, könnte ich unendlich weiterführen.

Meist hat mir ein Teil der Informationen, die ich vermittelt bekam, eingeleuchtet, ein anderer nicht. Sinnvolle Erklärungen des einen Trainers wurden von einem anderen regelrecht verteufelt. So fing ich an, nach der „richtigen Graustufe" im Ausbildungsdschungel zu suchen, und tappte damit wieder in die gleiche Falle, denn noch immer dachte ich, es gäbe ihn – den einen richtigen Weg, der universell für jedes Pferd einzusetzen ist.

Als ich meine Ausbildung zur BKR[1]-Trainerrin bei Angela Lohmann machte, begegneten mir bei der Bitte um eine Erklärung für meine Fragen zum richtigen Training erstmals diese Worte:

>> Es kommt darauf an! <<

Ist man auf der Suche nach dem „einen richtigen Weg", sorgt dieser Satz für Frustration. Doch im Laufe dieser Ausbildung hörte ich ihn immer wieder. Und auch bei meiner nächsten Ausbildung zur Meistertrainerin bei Christine Hlauscheck begegnete er mir erneut: „Es kommt darauf an!" Diese vier Worte verfolgten mich von da an und nervten mich so wahnsinnig, dass ich es kaum ertragen konnte.

Inzwischen bin ich den Menschen, die diese Worte aussprachen, unglaublich dankbar, dass sie mir kein einfaches Schema F boten, das angeblich auf jedes Pferd zu übertragen sei. Ich habe viel über diese vier Worte nachgedacht und werde das wahrscheinlich auch zukünftig noch tun.

Ich begann, die Bedeutung dieses Satzes zu verstehen, und habe mich in der Zwischenzeit schon häufig selbst dabei erwischt, ihn zu benutzen, wenn ich jemandem etwas erklären

[1] Biomechanisch korrekt reiten – BKR

möchte. Auch für das Thema der Doppellongenarbeit haben diese Worte große Bedeutung. Sie finden Anwendung bei der Frage nach der Auswahl von Ausrüstung, nach den Grundvoraussetzungen und auch in Bezug auf das Training des Pferdes mit der Doppellonge.

Wie beginnen Sie die Doppellongenarbeit mit einem Pferd?

>> Es kommt darauf an! <<

Ist das Pferd noch annähernd roh? Ist es bereits longiert oder reiterlich schon weit ausgebildet?
Ist es ein Korrekturpferd? Hat es körperliche Schwierigkeiten?

Sollten Sie am Kappzaum oder am Gebiss longieren?

>> Es kommt darauf an! <<

Kennt das Pferd bereits ein Gebiss? Hat es Probleme mit dem Gebiss?
Ist dem Pferd der Kappzaum angenehmer oder das Gebiss?

Wie soll die Doppellonge beschaffen sein?

>> Es kommt darauf an! <<

Wie groß sind Ihre Hände? Was liegt Ihnen besser in der Hand?
Wie groß ist das Pferd? Wie groß ist der Platz, auf dem longiert wird?
Soll mit großem oder eher kleinem Abstand longiert werden?

Welche Übungen können Sie Ihrem Pferd verständlich vermitteln?

>> Es kommt darauf an! <<

Wie weit ist das Pferd ausgebildet? Zu welchen Lektionen ist das Pferd körperlich in der Lage?
Welche Übungen kann der Longenführer dem Pferd verständlich vermitteln?
Welche Lektionen sind für den aktuellen Ausbildungsstand,
welche für den aktuellen körperlichen Zustand sinnvoll?

Das sind nur einige beispielhafte Fragen zum Thema Doppellongenarbeit, die aufkommen können. Die meisten Fragen, die sich beim Ausbilden eines Pferdes bzw. einer bestimmten Trainingsform stellen, müssen zunächst mit diesem Satz beantwortet werden, da jedes Pferd anders ist. Es gibt Unterschiede im Ausbildungsstand, im Exterieur, im Lernverhalten, in der körperlichen und in der mentalen Verfassung des jeweiligen Pferdes. Auch beim Menschen gibt es große Unterschiede im Ausbildungsstand, in der Beherrschung der Hilfen und in der Fähigkeit, Dinge zu erfassen und umzusetzen. Deshalb ist die eine Lösung, die für das eine Pferd-Mensch-Paar passt, in den seltensten Fällen auch auf das nächste zu übertragen. Daher ist die Erkenntnis wichtig, dass Sie, bevor Sie mit der eigentlichen Arbeit beginnen, einen ganzen Fragenkatalog zum Pferd und den gegebenen Voraussetzungen überdenken. Daraus können dann die nächsten Schritte in der Ausbildung oder für das gewünschte Trainingsziel abgeleitet und gegebenenfalls angepasst werden, sollte das Pferd nicht wie gewünscht reagieren. Voraussetzung dafür ist natürlich, dass Sie das Pferd stets gut beobachten sowie die eigene Hilfengebung reflektieren und die Reaktionen des Pferdes auch richtig deuten können.

Allerdings gibt es sehr wohl gewisse Gesetzmäßigkeiten, z. B. durch die funktionelle Anatomie des Pferdekörpers, in der Körpersprache des Pferdes oder auch einfach in der Ausführung bestimmter Techniken wie Doppellongengriffe, Verschnallungen der Longe, Körperpositionen usw., die gewissermaßen vorgegeben sind. Z. B. hat jede Lektion einen bestimmten körperlichen Trainingseffekt, wenn sie richtig ausgeführt wird. Für jede Lektion gibt es eine richtige Version der Ausführung, auf die hingearbeitet werden sollte. Jede Lektion kann und sollte kleinschrittig vorbereitet und aufgebaut werden. Die Verschnallungen der Doppellonge sorgen für vorgegebene Kräfteverteilungen, die sich auf das Pferd auswirken. Es ist wichtig, diese zu kennen. Es gibt Griffe, die die Handhabung der Doppellonge deutlich vereinfachen, wenn Sie sie beherrschen. Damit wird die Hilfengebung für das Pferd unweigerlich feiner.

Ich versuche im Folgenden, möglichst viele Fragestellungen, die bei der Doppellongenarbeit aufkommen, vielschichtig zu erklären. Ich möchte mögliche Antworten und Lösungswege für verschiedene Problemstellungen und Fragen aufzeigen. Auch werde ich Abläufe beschreiben, die ich für sinnvoll erachte, und Dinge, die ich nicht für sinnvoll, eventuell sogar für gefährlich halte. Der Satz „Es kommt darauf an" wird so gut wie möglich in meine Erklärungen einfließen, damit es möglich wird, selbst zu entscheiden, wie die nächsten Schritte bei der Doppellongenarbeit mit dem eigenen Pferd aussehen sollen und was Sinn ergibt. Nur damit ist es möglich, zielgerichtet und mit Plan an der Doppellonge zu lernen und zu trainieren.

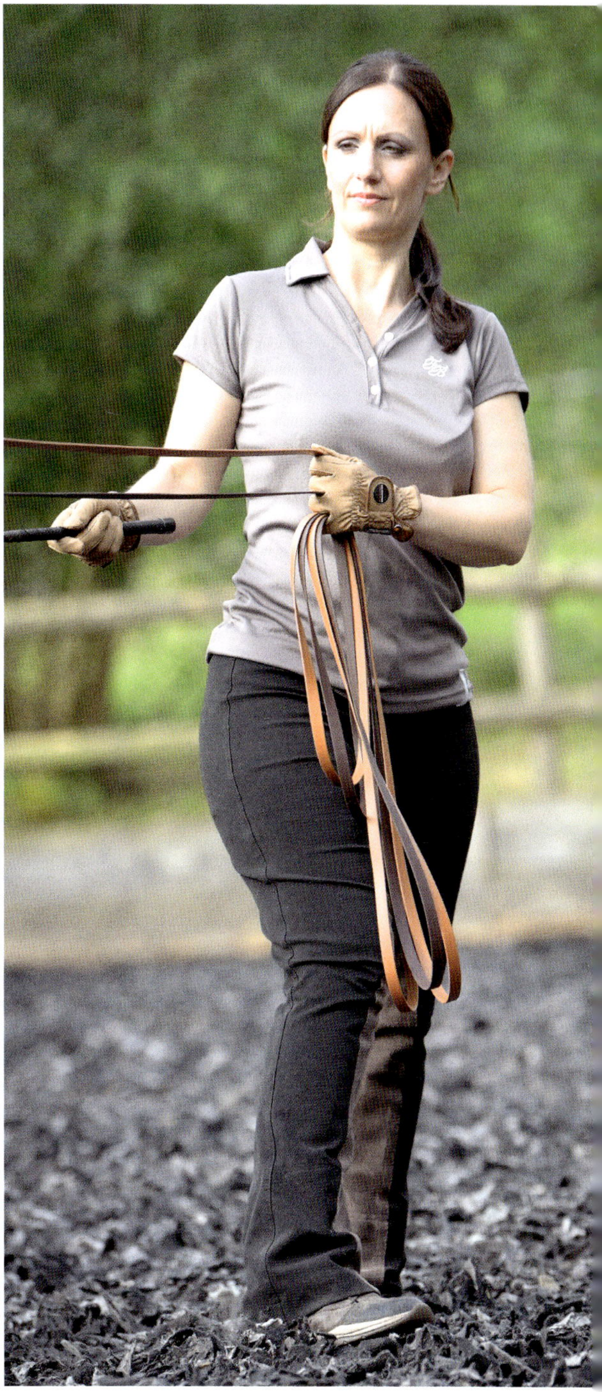

Grundhaltung beim Longieren auf dem Zirkel.

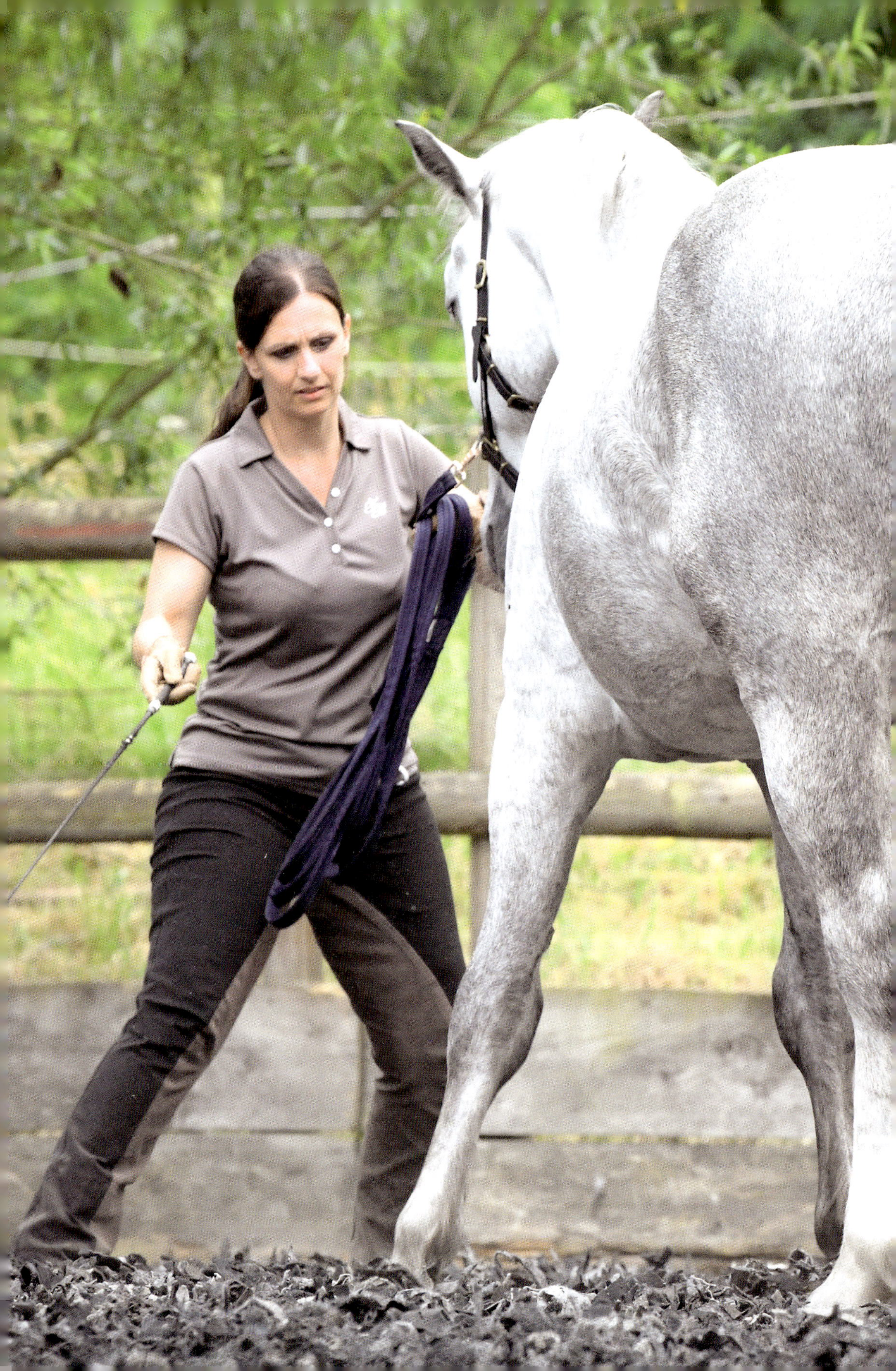

Grundlagen der Doppellongenarbeit

Mithilfe der Doppellongenarbeit lassen sich junge Pferde wunderbar auf das Reiten oder Fahren vorbereiten. Aber auch für alle anderen Pferde jeglicher Rassen und Verwendungszwecke, unabhängig von Alter und Ausbildungsstand, bietet die Doppellongenarbeit viele Möglichkeiten.

Sinn und Zweck der Doppellongenarbeit

Gegenüber der einfachen Longe bietet die Doppellonge enorme Vorteile. Dazu gehört, dass durch die Peitsche in Kombination mit der äußeren Longe wie beim Reiten auch, diagonale Hilfen möglich sind. Diese können sehr differenziert gegeben werden. Sie können so jede Halshaltung über unabhängig voneinander einwirkende Longen mit der Hand begleiten.

Mit der Doppellonge sind Sie zudem nicht auf die Arbeit auf dem Zirkel festgelegt. Nahezu alle Hufschlagfiguren, die wir reiten können, sind auch an der Doppellonge möglich. Dasselbe gilt für einen Großteil der Lektionen und Seitengänge. Darum können Sie bei der Doppellongenarbeit auch von „Reiten am Boden" sprechen, ohne dass dabei der Pferderücken mit dem Reitergewicht belastet wird.

Ein besonderer Vorteil dieser Form des Trainings ist sicherlich, dass Sie von Ihrer Position am Boden aus die Bewegungen und die Reaktionen des Pferdes besser wahrnehmen und so auch besser analysieren und reflektieren können. Falsche Entwicklungen im Training können Sie so schneller erkennen, sodass Sie auch schneller darauf eingehen und das Training verändern können.

Die Arbeit an der Doppellonge bietet die Möglichkeit, in einer Einheit die Vorteile des Longierens, der Handarbeit, des Fahrens vom Boden bzw. der Langzügelarbeit zu kombinieren. Damit ein Warmblut in der Handarbeit traben kann, muss es meist schon deutlich in der Lage sein, sich zu versammeln, oder Sie müssten flott nebenher laufen, um das Pferd nicht zu stören.

Mit der Doppellonge können Sie stattdessen in einer Trainingseinheit die Trabarbeit im Arbeitstempo oder in Verstärkungen in der Longierposition ausführen, ohne das Vorwärts des Pferdes bremsen zu müssen. Danach könnten Sie dann versammelnde Lektionen in einer Handarbeitsposition oder in einer Art Langzügelarbeit einbauen. Dadurch sind Sie in der Trainingseinheit flexibel. Auch Abkauübungen zum Lösen des Pferdes lassen sich einfach zwischendurch einbauen.

Die Doppellongenarbeit bringt Ihnen einen weiteren großen Vorteil: Die gewichtslose Arbeit an der Doppellonge bietet ähnliche Trainingsanforderungen an das Pferd wie die Arbeit unter dem Sattel und bietet so gegenüber dem Reiten für Mensch und Pferd Abwechslung oder eine schonende Alternative.

Die Arbeit an der Doppellonge kann Sie darin unterstützen, dem Pferd die nötige Zeit zu geben, sich körperlich und mental auf den Job als Reit- oder Fahrpferd vorzubereiten, denn sie bietet schon am Boden viele sinnvolle Ausbildungs- und

Anwendungsmöglichkeiten für das Pferd. So können junge Pferde mithilfe der Doppellonge am Anfang ihrer Ausbildung als Reit- oder Fahrpferd wichtige Tragemuskulatur aufbauen sowie die Hilfen und die körperliche Ausführung von Lektionen erlernen, ohne durch Reiter- oder Kutschengewicht zusätzlich belastet zu werden.

Bereits gerittene und gefahrene Pferde können mit der Doppellonge ebenfalls neue Ausbildungsschritte erlernen. Außerdem bietet diese Arbeit Abwechslung im Trainingsalltag. Auch wenn es aus verschiedenen Gründen vorübergehend nicht möglich ist, das Pferd zu reiten, weil etwa kein passender Sattel zur Verfügung steht, kann der Trainingszustand des Pferdes mit dieser Arbeit gehalten oder sogar verbessert werden.

Die Doppellongenarbeit ist außerdem hervorragend für ein Rehatraining geeignet, etwa wenn eine Trageerschöpfung vorliegt oder andere akute Rückenprobleme.

In der Arbeit mit Korrekturpferden bewährt sie sich ebenfalls. Hier muss man in der Ausbildung häufig viele Schritte zurück zu den absoluten Basics machen. Mit der Doppellonge können alle Ausbildungsschritte gefahrlos neu erlernt werden.

Wie lernen Mensch und Pferd die Doppellongenarbeit?

Die Lerntypen des Menschen

Es gibt unterschiedliche Wege, auf denen sich ein Mensch neues Wissen aneignen kann, man spricht auch von Lern- oder Wahrnehmungskanälen. Dazu gehören z. B. Skizzen, Grafiken, Hörbücher, geschriebene Bücher, der Austausch in Lerngruppen oder das Lernen an Modellen. Unter Umständen erzielen aber nicht alle Lernkanäle bei allen Menschen den gleichen Lernerfolg.

So versteht der eine einen bestimmten Lerninhalt bereits, nachdem er ihm mündlich erklärt wurde, während ein anderer ihn auch nach mehreren Erklärversuchen nicht versteht, dann aber beim Betrachten eines Schaubilds sofort erfasst, worum es geht. Warum ist das so? Neben verschiedenen anderen Faktoren, wie z. B. Intelligenz, Vorbildung und Interesse, hängt der Lernerfolg maßgeblich davon ab, ob der genutzte Lernkanal zu der entsprechenden Person passt. Menschen lassen sich in unterschiedliche Lerntypen einteilen. Dazu gibt es verschiedene Theorien. Die gängigste Lerntypentheorie basiert auf den Untersuchungen von Frederic Vester.

In dieser Lerntypentheorie gibt es vier verschiedene Lerntypen:

- den visuellen Lerntyp
- den auditiven Lerntyp
- den haptisch-motorischen Lerntyp
- den kommunikativ-intellektuellen Lerntyp

Auch wenn meist ein Lerntyp dominant ist, gibt es auch Menschen, die nicht ganz eindeutig einem Lerntyp zugeordnet werden können und bei denen mehrere Lerntypen vermischt sind.

Wenden wir dieses Wissen auf die Vermittlung von Lerninhalten zur Doppellongenarbeit an, so könnte z. B. für den visuellen Typ die Vermittlung der Handgriffe anhand von Fotos oder Videos sinnvoll sein. Für den auditiven Lerntyp wäre es leichter, wenn ein Trainer ihm diese sprachlich erklärt. Der haptisch-motorische Lerntyp wird sie am besten an einem Doppellongenlehrgerät oder im Rollenspiel lernen, und der kommunikativ-intellektuelle Lerntyp müsste mit anderen Lernenden über die Handgriffe sprechen.

Es ist für jede lernende Person hilfreich, den eigenen Lerntyp bzw. die für ihn zielführenden Lernkanäle zu kennen, um ein nachhaltiges Lernergebnis zu erzielen. Für Trainer ist es wichtig zu wissen, dass es mehrere Lerntypen gibt, wie sie diese individuell erkennen und über welche Form der Ansprache sie ihre Schüler wirk-

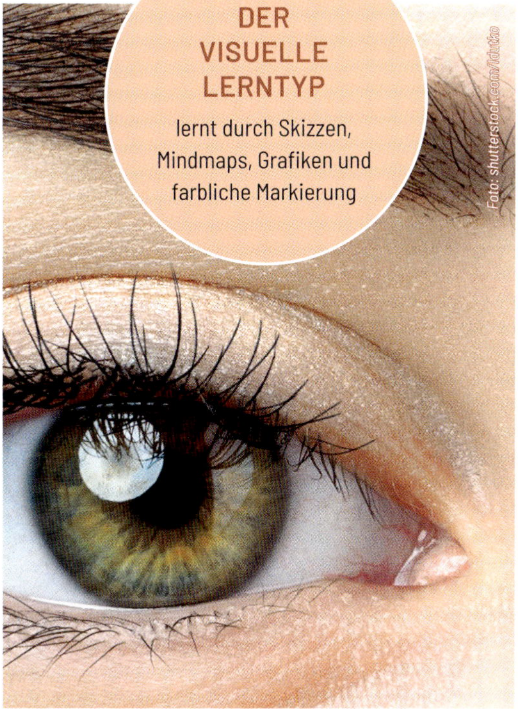

Foto: shutterstock.com/Idutko

DER VISUELLE LERNTYP

lernt durch Skizzen, Mindmaps, Grafiken und farbliche Markierung

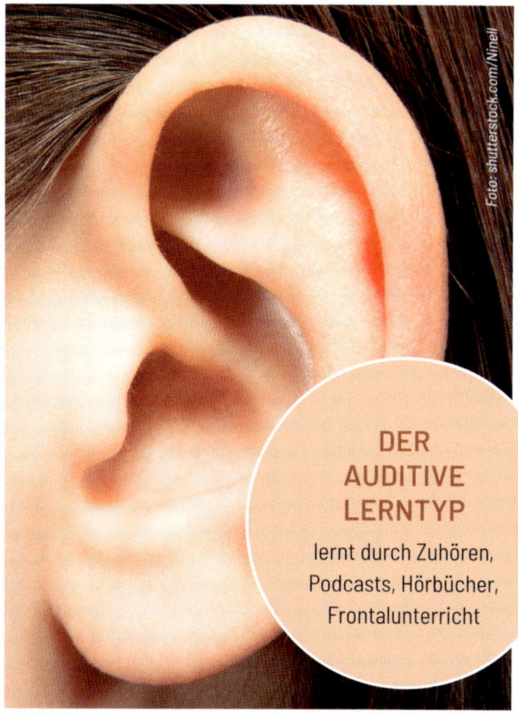

Foto: shutterstock.com/Ninell

DER AUDITIVE LERNTYP

lernt durch Zuhören, Podcasts, Hörbücher, Frontalunterricht

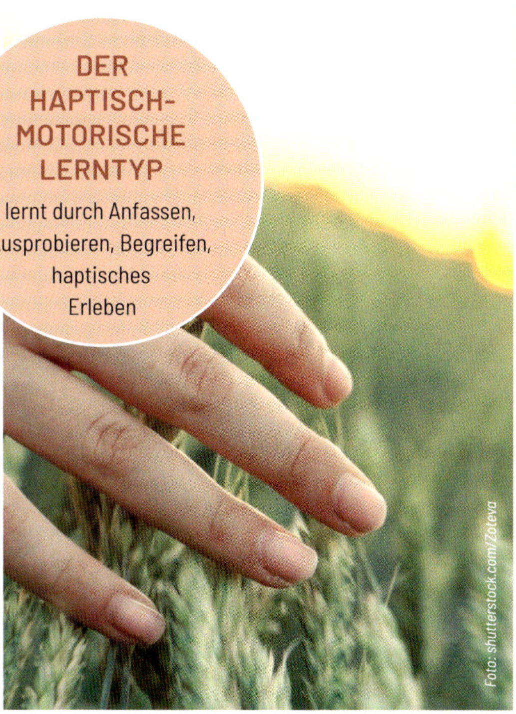

Foto: shutterstock.com/Zoteva

DER HAPTISCH-MOTORISCHE LERNTYP

lernt durch Anfassen, Ausprobieren, Begreifen, haptisches Erleben

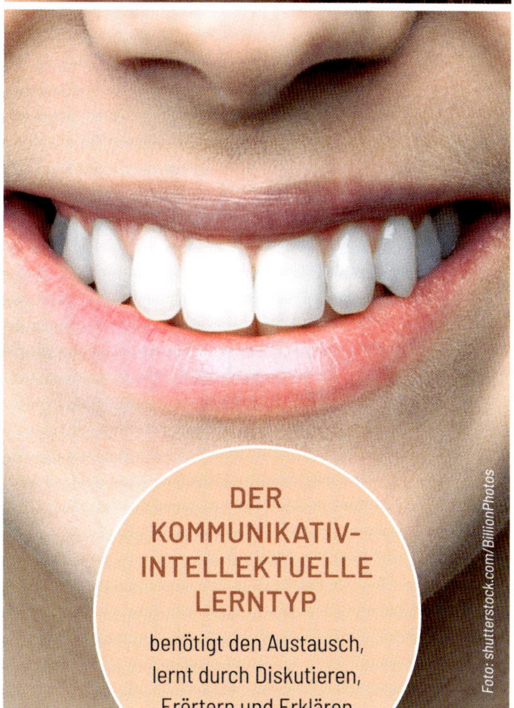

Foto: shutterstock.com/BillionPhotos

DER KOMMUNIKATIV-INTELLEKTUELLE LERNTYP

benötigt den Austausch, lernt durch Diskutieren, Erörtern und Erklären

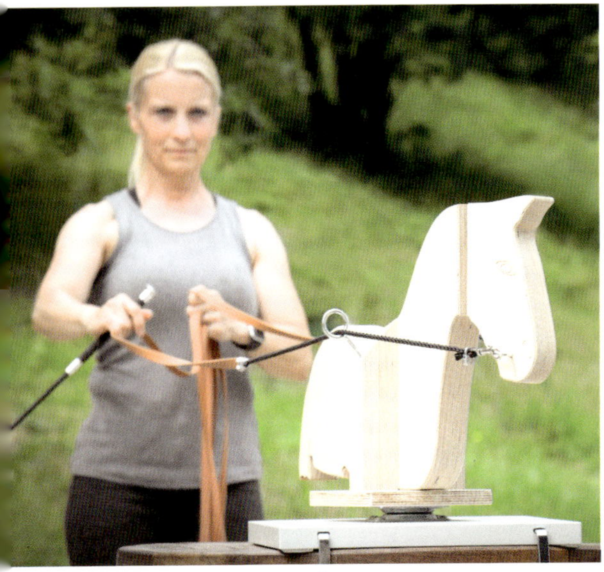

Longierlehrgerät zum Üben der Handgriffe

lich erreichen können, um das bestmögliche Lernergebnis zu erzielen.

Nicht nur wie oben erwähnt für den haptisch-motorischen Lerntyp ist es zielführend, an Modellen oder in Rollenspielen zu üben. Auch die anderen Lerntypen können von dieser Form der Vermittlung von Inhalten profitieren. Sie verstehen den Lerninhalt zwar eher über die Methodik, die ihrem Lerntyp entspricht, Rollenspielen können bei ihnen aber dazu beitragen, die Handhabung der Longen zu verbessern und zu verfeinern und dabei das Pferd zu schonen.

Das Longier-Lehrgerät

Im Fahrsport werden die Fahrgriffe zuerst an einem Fahrlehrgerät gelernt und geübt, bis sie vom Lernenden verinnerlicht wurden. Dieses Vorgehen empfiehlt sich auch für die Griffe der Doppellongenarbeit.

Dadurch können die einzelnen Griffe erst langsam geübt werden, sodass man den Ablauf der einzelnen Abfolgen sicher versteht. Danach können diese Abläufe geübt und beschleunigt werden. Sie können sich an einem Longier-Lehrgerät so viel Zeit nehmen, wie Sie brauchen, und das, ohne ein Pferd oder eine andere Person für diese Trockenübungen zu benötigen.

Da Sie am echten Pferd nicht lange Zeit zum Überlegen haben, ist es deutlich weniger stressig für Sie und für das Pferd, wenn Sie die Griffe schon routiniert ausführen, bevor Sie das erste Mal ans Pferd gehen. Somit verhindern Sie schlechte Erfahrungen für beide und tragen deutlich zum Pferdewohl bei.

Trockenübungen zum Longieren mit einem Partner

Ein weiterer Schritt kann es sein, mit einem menschlichen „Pferd" zu üben. So können Sie die vorher am statischen Longierlehrgerät geübten Griffe in Bewegung am lebendigen Objekt ausprobieren. Dafür geben Sie die Enden der Doppellonge einem Stallkameraden, der das Pferd simulieren soll, in die Hände. Wichtig ist, dass das Menschenpferd seine Oberarme locker aus der Schulter am Körper trägt und die Longen von den Händen, die das Maul des echten Pferdes simulieren, hinter dem Körper entlang zum Longenführer laufen. Die Hände trägt das Menschenpferd ähnlich wie beim Reiten vor dem Körper. Nun muss das Menschenpferd darauf achten, dass es nicht vorwegnimmt, was Sie vorhaben könnten, sondern sich nur auf die Hilfen konzentriert, die Sie ihm geben.

Dabei kann es hilfreich sein, dass Sie als zukünftiger Doppellongenführer beide Positionen, sowohl die des Führenden als auch die des Pferdes, ausprobieren. Das sorgt meist für deutliche Aha-Erlebnisse. Anstelle des Longenführers können Sie die Griffe in der Bewegung üben und testen, ob die eigene Körpersprache verständlich ist. Auf diese reagiert das Longiergerät nur in geringem Maß aufgrund der Hebelverhältnisse. Das Menschenpferd kann jedoch deutliche Reaktionen auf die Hilfen zeigen und ein direktes Feedback geben sowie im Gespräch später noch einmal darauf eingehen, wie es die Hilfengebung empfunden hat. Als Menschenpferd merken Sie sehr gut, wie es sich anfühlen muss als Pferd, wenn der Longenführer die Verbindung verliert, Sie deshalb nicht wissen, welche Richtung Sie ansteuern sollen, oder wenn zu stark an den Longen gezogen wird, sodass Sie überhaupt nicht mehr vorwärtskommen und der Druck der Longen ganz automatisch in Ihnen selbst Gegendruck auslöst. Sie spüren, wenn ein Handwechsel nicht mit Gefühl ausgeführt wird, die neue äußere Longe weggeschmissen wird und an der neuen inneren gezogen wird. Dann wird z. B. schnell klar, dass man in einem so ausgeführten Handwechsel zu hektisch von einer auf die andere Seite herumgerissen wird. Die Erfahrungen aus dieser Übung hinterlassen oft einen nachhaltigen Eindruck bei den lernenden Personen.

Alle Griffe und die einzelnen Hufschlagfiguren, bei denen die einzelnen Hilfen aufeinander abgestimmt sein müssen, können auf diese Weise geübt werden.

Wichtig ist, dass die Person, die das Menschenpferd mimt, genau darauf achtet, was sie fühlt, und versucht, danach zu handeln. Ist keine Person zugegen, die diese Aufgabe erfüllen kann, sollte der Trainer die Position des Pferdes einnehmen.

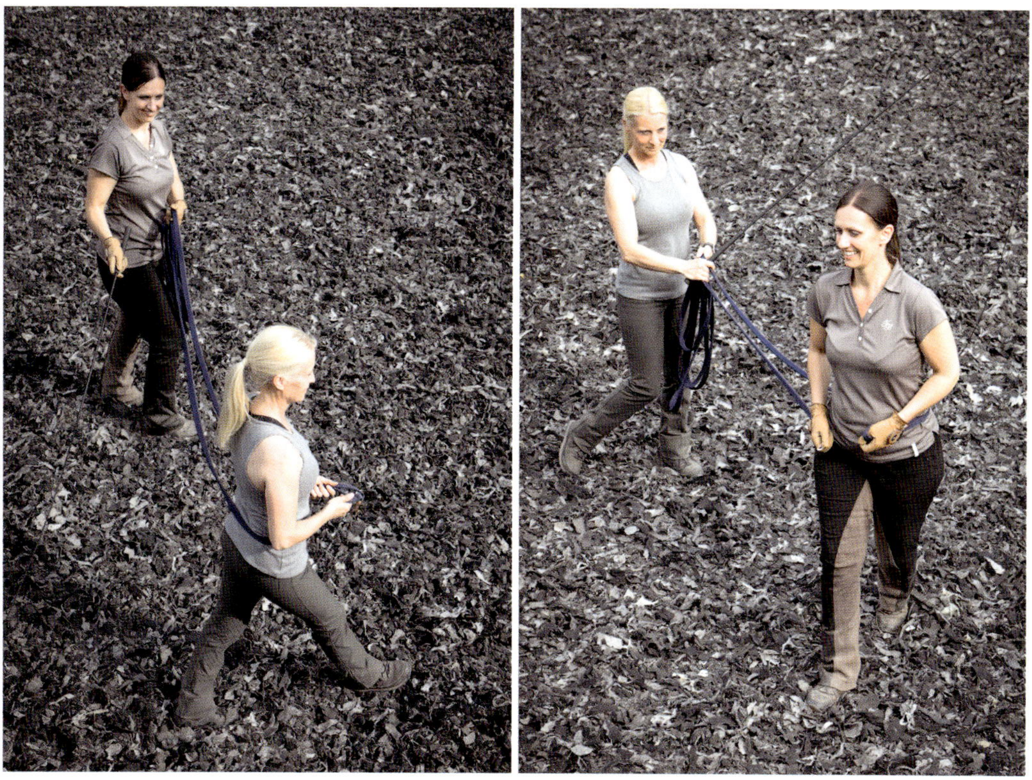

Es ist hilfreich, sowohl die Position des Longenführers als auch die des Pferdes auszuprobieren. An jeder Position werden Sie andere Aha-Erlebnisse haben.

Übung am erfahrenen Pferd

Wenn Sie sich am Longierlehrgerät und bei den Übungen mit anderen Personen sicher fühlen, kann die erste Doppellongeneinheit am Pferd erfolgen. Die ersten Doppellongeneinheiten sollten am besten mit einem erfahrenen Pferd durchgeführt werden. Der Longenführer hat erfahrungsgemäß immer noch genug mit den Griffen und seiner Körperposition zu kämpfen, sodass er dem unerfahrenen Pferd nicht erklären kann, was es tun soll.

Ein erfahrenes Pferd kann viel deutlicher zeigen, ob der Longenführer seine Griffe richtig ausführt, ob er den Körper richtig positioniert bzw. dreht und ob er die Körperenergie richtig einsetzt. Das Pferd kennt die entsprechenden Übungen, sodass Fehler bei Misslingen einer Übung eindeutig dem Longenführer zuzuordnen sind. Dadurch wird die eigene Hilfengebung besser reflektiert.

Sollte es nicht möglich sein, die ersten Einheiten mit einem erfahrenen Pferd zu absolvieren, ist es wichtig, einen guten Trainer oder eine erfahrene Person an der Seite zu haben, die die Hilfengebung genau korrigiert.

Wie lernt das Pferd die Doppellongenarbeit?

Die Lerntypen des Pferdes

Gibt es bei Pferden Lerntypen, die mit denen des Menschen vergleichbar sind?

Dr. Vivian Gabor erklärt in ihrem Buch „Mensch und Pferd auf Augenhöhe“[2], dass Strukturen und Funktionen des Gehirns sowie Sinneswahrnehmungen von Pferden denen des Menschen weitestgehend ähneln. Auch wenn es gewisse Abweichungen gibt, können wir davon ausgehen, dass das Lernen und Abspeichern von Informationen im Gehirn des Pferdes ähnlich funktioniert wie beim Menschen.

Erinnern wir uns an die Lerntypen für Menschen, die unterschiedlich gut über verschiedene Lernkanäle lernen. Demgemäß kann man auch beim Pferd Präferenzen für bestimmte Lernkanäle vermuten. Allerdings ist die Auswirkung von auditiven, visuellen, motorischen oder kommunikativen Lernkanälen auf das Pferd bisher nicht wirklich erforscht. Trotzdem erscheint es mir sinnvoll, beim Pferd, wie auch beim Menschen, verschiedene Lernkanäle anzubieten und zu beobachten, worauf es am besten reagiert. Als visuellen Reiz kann man sich visuelle Peitschen- und Handsignale oder auch visuelle Bodenreize vorstellen, als auditiven Reiz ein Stimmsignal oder ein Clickergeräusch, als motorischen Reiz kann man sich Berührungen mit den Händen oder einer Peitsche vorstellen und beim kommunikativen Reiz die Interaktion mit der Körpersprache.

Der Schwerpunkt von Untersuchungen am Pferd lag bisher eher darauf, wie verschiedene Persönlichkeitstypen auf an sie gestellte Aufgaben reagieren. Wir wissen, dass es introvertierte und extrovertierte Pferdepersönlichkeiten gibt, die wieder in unsichere und sichere Typen unterteilt werden können. Jede der vier Kombinationen hat unterschiedliche Vorlieben für Methoden und Vorgehensweisen bei Lernaufgaben. Es gilt für das jeweilige Pferd herauszufinden, mit welchen Methoden und Vorgehensweisen es am besten lernen kann und was es motiviert, mit dem Menschen zusammenzuarbeiten.

Das Lernen hängt auch von zuvor gemachten Erfahrungen mit verschiedenen Methoden ab und von den Fähigkeiten des Menschen, der dem Pferd etwas vermitteln soll. Das kann man mit einem Kind in der Grundschule vergleichen. Dessen Lernerfolg ist maßgeblich von den Erfahrungen, die es bisher in der Schule gemacht hat, und der Art des Lehrers abhängig. Auch ob das Kind den Lehrer mag oder nicht, beeinflusst maßgeblich den Lernerfolg.

---

[2] Müller Rüschlikon, 3. Auflage 2021, Seite 17

Wie lernt das Pferd, auf Hilfen zu reagieren?

Die Einwirkung des Menschen im Umgang mit dem Pferd am Boden und im Sattel bezeichnet man als Hilfen. Über sie kommuniziert der Mensch mit seinem Pferd und wirkt auf das Pferd und seine Körperhaltung ein.

> Dr. Vivian Gabor schreibt in ihrem Buch „Mensch und Pferd auf Augenhöhe":
>
> **» Zuerst einmal muss man sich bewusst machen, dass die Hilfen des Reiters nicht grundsätzlich auf natürlichen (also selbstverständlichen) Reizen für das Pferd beruhen. Man muss dem Pferd also erst die Bedeutung des einzelnen Reizes beibringen In diesem Fall spricht man von Konditionierung.**
>
> (Müller Rüschlikon Verlag, 3. Auflage 2021, Seite 53)

Das heißt, dass es Reize gibt, die das Pferd intuitiv versteht. Dazu gehören der Geruch von Futter oder auch eine Berührung mit der Peitsche. Außerdem gibt es Reize, die es nicht intuitiv versteht. Zu diesen gehören die Stimmhilfen, Schenkelhilfen und Zügelhilfen. In der Doppellongenarbeit muss das Pferd z. B. die richtige Reaktion auf Stimm- und Zügelhilfen erst erlernen.

Für das Lernen stehen zwei übergeordnete Lernformen zur Verfügung: das nichtassoziative Lernen und das assoziative Lernen. Diese beiden Formen lassen sich wieder in zwei Lernformen unterteilen, die alle zu einem positiven und zu einem negativen Lernergebnis führen können.

Das nichtassoziative Lernen passiert im Unterbewusstsein und dient als eine Art Filter, der die wichtigen von den unwichtigen Reizen unterscheidet. Wichtige Reize sind Reize, die eine positive oder eine negative Konsequenz mit sich bringen, sprich einen Vorteil oder eine Gefahr bedeuten. Unwichtige Reize haben wenig bis keinerlei Konsequenz, bringen weder einen Vorteil noch eine Gefahr. Sie können vernachlässigt werden, da es nicht energieeffizient wäre, auf unwichtige Reize mit gleichem Energieaufwand wie auf wichtige Reize zu reagieren. Das Pferd entscheidet unterbewusst, auf welche Reize es reagieren sollte und auf welche nicht.

Das nichtassoziative Lernen unterteilt sich in die Sensibilisierung und die Habituation (Gewöhnung). Eine Sensibilisierung auf einen Reiz entsteht, wenn der Reiz eine deutliche (positive oder negative) Reaktion ausgelöst hat. Wenn dieser Reiz das nächste Mal auftritt, wird das Pferd sensibler auf ihn reagieren. Die Habituation entsteht, wenn der Reiz keine Reaktion ausgelöst hat und keine Konsequenz hatte. Diesen Reiz wird das Pferd mit der Zeit als nebensächlich ansehen.

Ob ein Reiz sensibilisiert oder habituiert wird, hängt von der Reizintensität und dem Zeitfenster ab, in dem der Reiz stattfindet. Die Reaktion sollte innerhalb von drei bis fünf Sekunden hervorgerufen werden, um eine Sensibilisierung zu erreichen, danach wird der Reiz habituiert. Für die Hilfen im Umgang mit dem Pferd heißt das, dass man innerhalb dieser Zeit eine Reaktion auf die Hilfe erhalten sollte, um das Pferd auf diese Hilfe zu sensibilisieren.

Andernfalls gewöhnt es sich an diese und wird immer stumpfer auf sie reagieren (z. B. bei dauerhaftem Schnalzen des Menschen an der Longe).

Im Gegensatz zum nichtassoziativen Lernen spielt beim assoziativen Lernen das Bewusstsein des Pferdes eine Rolle. Es wird in zwei Varianten unterteilt. Die erste Variante ist die klassische Konditionierung, bei der natürliche Reize

NICHTASSOZIATIVES LERNEN unbewusste Ebene, Reize werden als wichtig und unwichtig gefiltert		ASSOZIATIVES LERNEN bewusste Ebene	
Sensibilisierung	**Habituierung**	**Klassische Konditionierung**	**Operante Konditionierung**
Reaktion wird innerhalb von 3–5 Sekunden ausgelöst. Pferd wird zukünftig sensibler auf einen Reiz reagieren.	Reaktion wird nicht innerhalb von 3–5 Sekunden ausgelöst. Pferd wird zukünftig eine immer höhere Reizintensität benötigen.	Ein neuer Reiz wird mit einem natürlichen Reiz verknüpft. Z. B. Stimme als neuer Reiz und Peitsche als natürlicher Reiz.	Eine zufällige Reaktion auf einen Reiz wird mit einer der vier Varianten verstärkt.
Positive Version: Immer feinere Reaktion, z. B. auf eine stellende Zügelhilfe **Negative Version:** immer übertriebenere Reaktion, z. B. auf die kleinste Bewegung der Peitsche	**Positive Version:** Gewöhnung, z. B. an Geräusch der Doppellonge **Negative Version:** immer schlechter werdende Reaktion, z. B. auf übertrieben eingesetztes Schnalzen	**Positive Version:** Verknüpfung z. B. des Kommandos „Teee-rab" mit Antraben **Negative Version:** Verknüpfung vom Stauen der Vene mit dem Schmerz beim Blutabnehmen	**Positive Version:** Sämtliche gewünschte Reaktionen auf Hilfen **Negative Version:** Verknüpfung von nachlassendem Druck, z. B. am Gebiss nach dem Losreißen

mit neuen Reizen verknüpft werden. Z. B. wird ein Stimmkommando als neuer Reiz kurz vor oder zusammen mit der Peitschenhilfe als natürlicher Reiz gegeben. Mit der Zeit kann die Peitschenhilfe verringert werden und die Stimmhilfe löst die gleiche Reaktion aus. Diese Variante spielt sich noch relativ unterbewusst ab.

Die zweite Variante ist die operante Konditionierung, bei der die Reaktion auf einen Reiz belohnt oder bestraft wird. Dadurch lernt das Pferd, welche Reaktion auf einen gesetzten Reiz vom Menschen gewünscht wird.

Die Theorie der operanten Konditionierung beinhaltet vier Formen des Lernens: das Lernen durch negative Verstärkung, durch positive Verstärkung, durch negative Bestrafung und durch positive Bestrafung. Die Worte negativ und positiv werden nicht wertend benutzt, son-

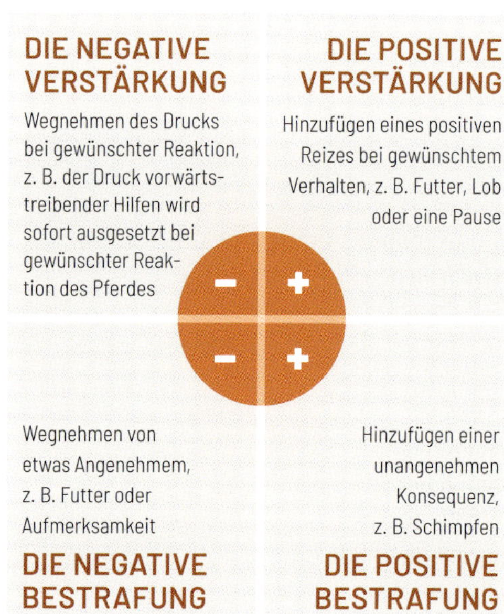

dern eher im mathematischen Sinn. Negativ steht dafür, dass etwas weggenommen wird, positiv dafür, dass etwas hinzugefügt wird. Bei der negativen Verstärkung der gewünschten Reaktion wird z. B. Druck weggenommen (Nachgeben der Longe). Bei der positiven Verstärkung wird die gewünschte Reaktion belohnt (z. B. Futter beim Clickertraining). Bei der negativen Bestrafung wird etwas weggenommen, das das Pferd mag (z. B. Futter). Bei der positiven Bestrafung wird etwas Unangenehmes hinzugefügt (z. B. Schimpfen).

Die verschiedenen Lernformen sind in der Realität nicht so einfach voneinander zu trennen wie in der Theorie. Sie greifen relativ häufig ineinander über und werden gemeinsam verwendet.

So kann dem Pferd etwa durch negative Verstärkung (operante Konditionierung) beigebracht werden, dass es auf das Annehmen des Zügels bzw. der Longe, wodurch Druck am Maul entsteht, abkaut und im Genick nachgibt. Sobald das Pferd diese Reaktion zeigt, gibt der Zügel bzw. die Longe nach, wodurch der Druck weggenommen und so die Reaktion verstärkt und bestätigt wird. Gleichzeitig kann man diesen Reiz auch sensibilisieren oder auch habituieren. Wird der Reiz so gesetzt, dass die gewünschte Reaktion innerhalb der drei bis fünf Sekunden erfolgt, wird das Pferd immer schneller mit Abkauen und Nachgeben reagieren, andernfalls wird es immer stumpfer darauf reagieren, weil es sich an den Reiz gewöhnt hat.

Auch eine Kombination der klassischen Konditionierung und der Sensibilisierung oder Habituation ist denkbar. Z. B. wird dem Pferd eine Stimmhilfe mit der klassischen Konditionierung beigebracht, indem sie zusammen mit einem natürlichen Reiz (z. B. Peitsche) eingesetzt wird. Mithilfe der Sensibilisierung kann die notwendige Intensität des Reizes der gelernten Stimmhilfe herabgesetzt werden. Die Stimmhilfe muss nicht mehr sehr laut eingesetzt werden, sondern leise, oder es wird nur noch der Anfang des Wortes für eine Reaktion benötigt.

An diesen Beispielen wird deutlich, wie wichtig Konsequenz bei der Hilfengebung ist. Konsequenz bedeutet nicht Strenge, sondern korrektes Timing und Kontinuität. Der Mensch muss auf seine eigenen Reaktionen achten und darauf, konsequent immer dieselben Kommandos und auch die Abläufe, die er sich wünscht, vorzugeben.

Gewöhnung an die Doppellonge

Bei der Gewöhnung an die Doppellonge macht es einen Unterschied, ob Sie ein gerade anlongiertes oder ein gut gerittenes Pferd vor sich haben. Ein gerade anlongiertes Pferd muss viel kleinschrittiger an diese Aufgabe herangeführt werden als ein Pferd, das weiter in der Ausbildung fortgeschritten ist. Auch bei weiter ausgebildeten Pferden ist es natürlich notwendig, keine Schritte beim Lernen zu überspringen sowie planvoll vorzugehen und bestimmte Vorsichtsmaßnahmen walten zu lassen, um sie gefahrlos und kontrolliert an die Doppellonge zu gewöhnen.

Für die ersten Schritte an der Doppellonge sollten Sie sich viel Zeit nehmen und eine ruhige Umgebung ohne viele Zuschauer schaffen. Bei gut vorbereiteten Pferden ist zu erwarten, dass sie gelassen auf die Berührungen der Doppellonge reagieren. Es kann aber bei unsicheren Pferden auch vorkommen, dass sie angespannt sind und erschrecken. Aus diesem Grund sollte, um Verletzungen zu vermeiden, das Anlegen der Doppellonge zu Beginn immer auf einem Reitplatz oder Longierplatz stattfinden und nicht in der Stallgasse oder am Putzplatz.

Auch ist es ggf. einfacher, wenn Sie zunächst den Reitplatz alleine nutzen können, sodass Sie andere nicht gefährden, wenn die Lenkung noch nicht gleich funktioniert. Reagiert Ihr

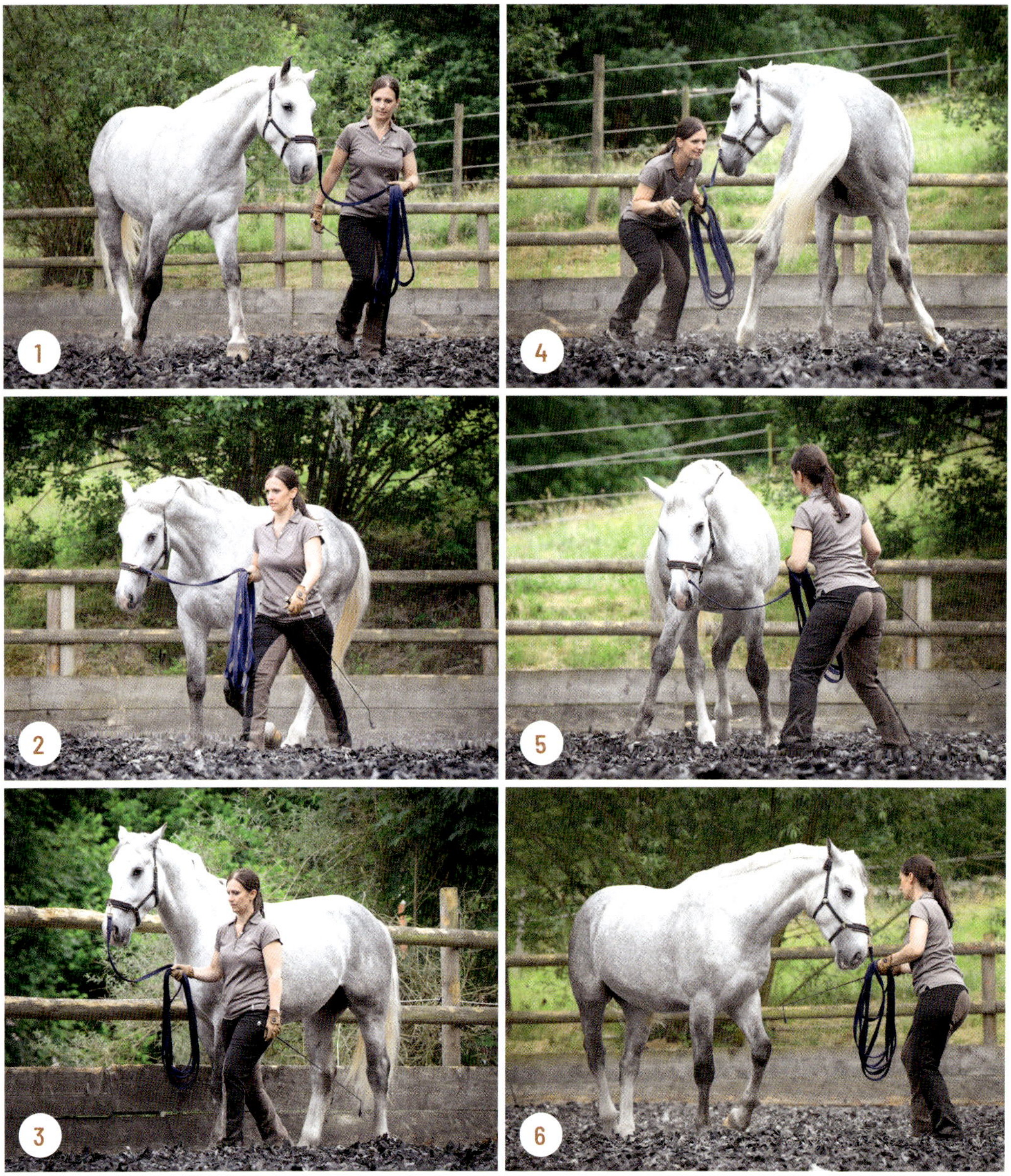

Bild 1: Höfliches Antreten, ohne den Menschen anzurempeln oder umzurennen.

Bild 2: Beschleunigen durch Erhöhen der eigenen Körperenergie.

Bild 3: Verlangsamen oder Anhalten durch Herunterfahren der eigenen Körperenergie.

Bild 4: Verschieben der Hinterhand durch Senden von Körperenergie auf die Hinterhand.

Bild 5: Verschieben der Vorhand durch Senden von Körperenergie auf die Schulter.

Bild 6: Seitliches Verschieben des gesamten Pferdes durch Senden von Körperenergie auf die Mittelhand.

Pferd bei neuen Dingen unsicher und mit Fluchtgedanken, kann es helfen, zunächst auf einem Longierzirkel anzufangen oder den Reitplatz abzuteilen.

Für Pferd und Longenführer ist die Gewöhnung (siehe Seite 21 und Seite 135) an die Doppellonge leichter und stressfreier, wenn eine zweite Person hilft. Diese kann z. B. zusätzlich eine einfache Longe am Kappzaum einhaken und die ersten Schritte mit Ihnen gemeinsam ausführen. Hierfür ist es wichtig, dass Sie sich gut aufeinander abstimmen können.

Welche Fähigkeiten sollten Mensch und Pferd mitbringen?

Es gibt grundsätzliche Voraussetzungen, die im Idealfall, bevor Sie mit der Arbeit an der Doppellonge beginnen können, erfüllt sein sollten. Dazu gehört auch, dass Pferd und Longenführer bestimmte Fähigkeiten schon entwickelt haben sollten, die ein für beide Seiten gutes, stressfreies Lernen überhaupt erst ermöglichen und damit für ein gutes Trainingsergebnis an der Doppellonge unabdingbar sind.

Welche Fähigkeiten sollte das Pferd mitbringen?

Da wären wir wieder beim eingangs erwähnten „Es kommt darauf an". Es macht einen großen Unterschied, ob das Pferd noch roh oder schon geritten ist. Bei einem Pferd, das gerade mit seiner Ausbildung beginnt, ist es wichtig, dass man es kleinschrittig auf die Arbeit an der Doppellonge vorbereitet. Bei einem Pferd, das bereits geritten wird, kann man davon ausgehen, dass man es überall anfassen kann und es sich führen lässt. Allerdings ist es möglich, dass in der vorhergehenden Ausbildung wenig Wert auf Dinge wie Körpersprache und Führtraining gelegt wurde und das Pferd gelernt hat, nicht mehr auf die Körpersignale des Menschen zu achten. Deshalb ist es auch bei einem bereits gerittenen Pferd sinnvoll, gewisse Fähigkeiten vorher zu überprüfen und gegebenenfalls neu zu etablieren.

Ebenso macht es einen Unterschied, ob das Pferd an der Doppellonge von einem erfahrenen Longenführer oder von einer unerfahrenen Person longiert werden soll. Ein erfahrener Doppellongenführer kann viele Fähigkeiten des Pferdes an der Doppellonge direkt erarbeiten, für einen Unerfahrenen sollte das Pferd schon deutlich weiter vorbereitet sein, bevor es von diesem longiert wird. Es kommt also auf das Können des Longenführers an, welche Voraussetzungen das Pferd für die Doppellongenarbeit mitbringen muss.

Grundsätzlich ist es wichtig, dass das Pferd schon beim Führen auf die Körpersprache des Menschen reagiert und sich und seine verschiedenen Körperteile über Veränderung der Körperposition, Körperdrehung und Körperenergie des Menschen in alle Richtungen beeinflussen lässt. So schulen Sie auch schon die Koordination des Pferdes, was später dafür sorgt, dass es die Balance auf gebogenen Linien immer besser halten kann.

Wichtig ist zudem, dass das Pferd bereits für eine bestimmte Zeit stressfrei an einer Stelle ruhig stehen bleiben kann. Das ist unerlässlich dafür, dass es sich entspannt die Ausrüstung anlegen, auf dem Reitplatz die Doppellonge verschnallen lässt oder wenn das Pferd sich in die Longe eindrehen sollte, aber auch für die kleinschrittige Erarbeitung von neuen Lernschritten.

Das Pferd sollte an die Ausrüstung wie Zaumzeug, Kappzaum und Longiergurt und an die Berührung mit der Peitsche gewöhnt sein. Auch die spätere Berührung mit der Doppellonge am Rücken können Sie vorher mit Stricken oder Seilen üben. Die Zügelhilfen am Kappzaum und am Zaumzeug sollte das Pferd bereits im Stand und in der Bewegung kennengelernt haben.

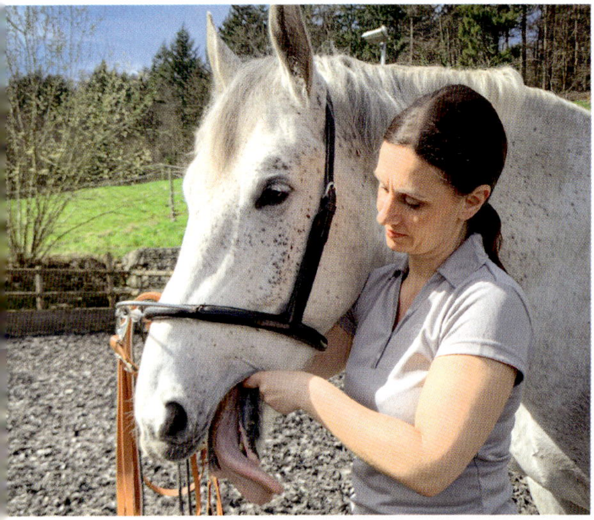
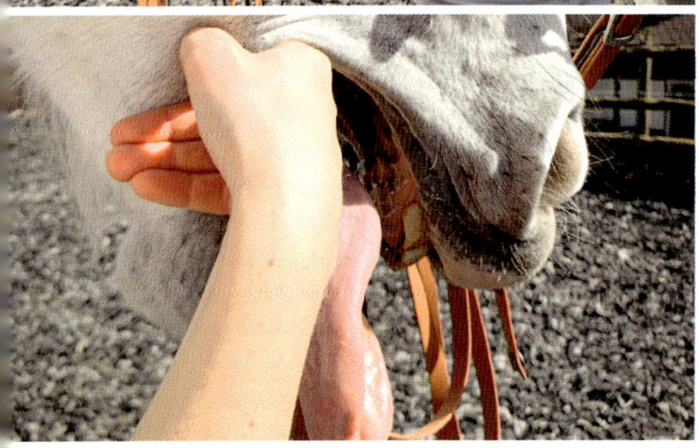
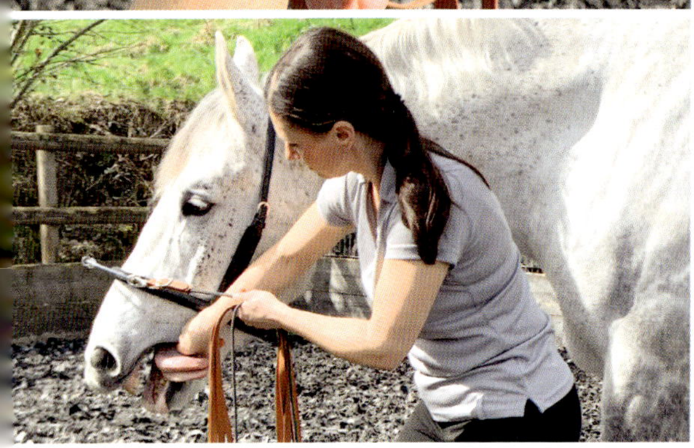

Abkauübungen im Stand und in Bewegung, Zeigefinger liegt unter der Zunge an der zahnfreien Stelle, restliche Finger sind am Unterkiefer fixiert, um nicht mit dem Zeigefinger zwischen die Zähne zu kommen. (Fotos: Stefanie Zirbes)

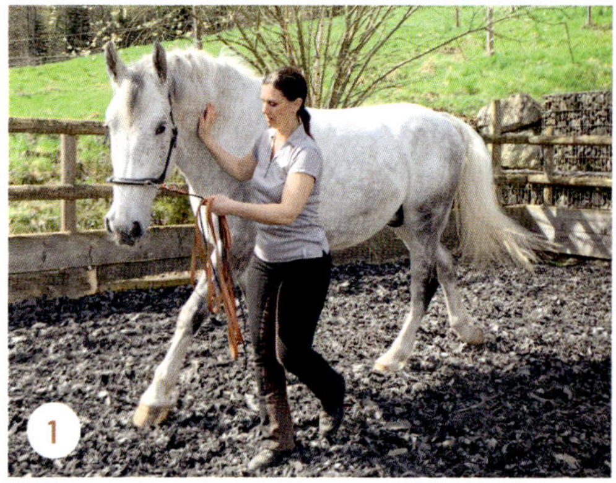
1
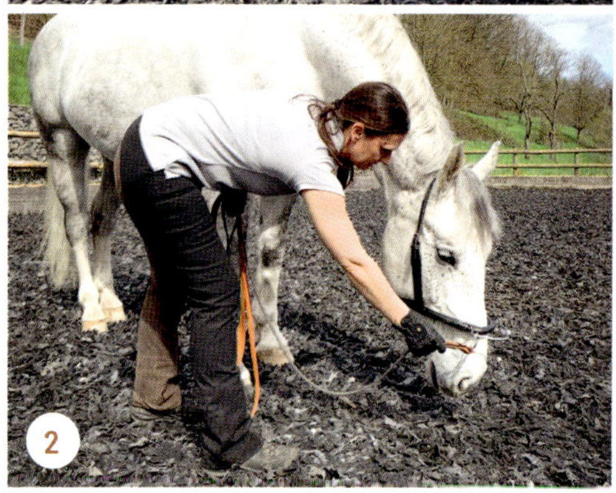
2
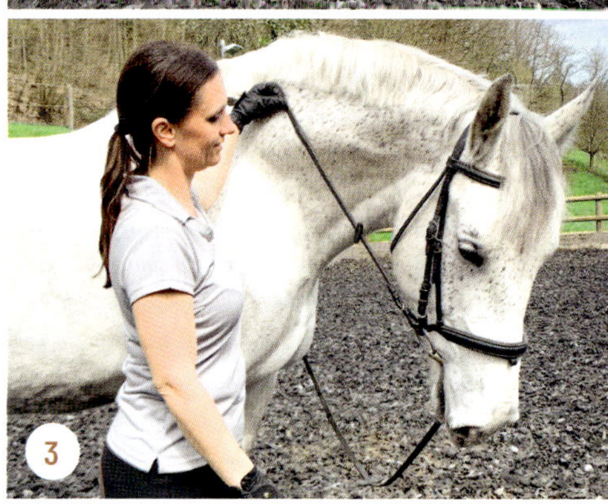
3

Bild 1: Führen in Stellung mit der Hand am Hals zur Unterstützung.

Bild 2: Kopf absenken auf Kappzaumhilfe.

Bild 3: Dem Pferd die Zügelhilfe erklären, es den Kopf abwenden und abkauen lassen auf stellende Zügelhilfe.

(Fotos: Stefanie Zirbes)

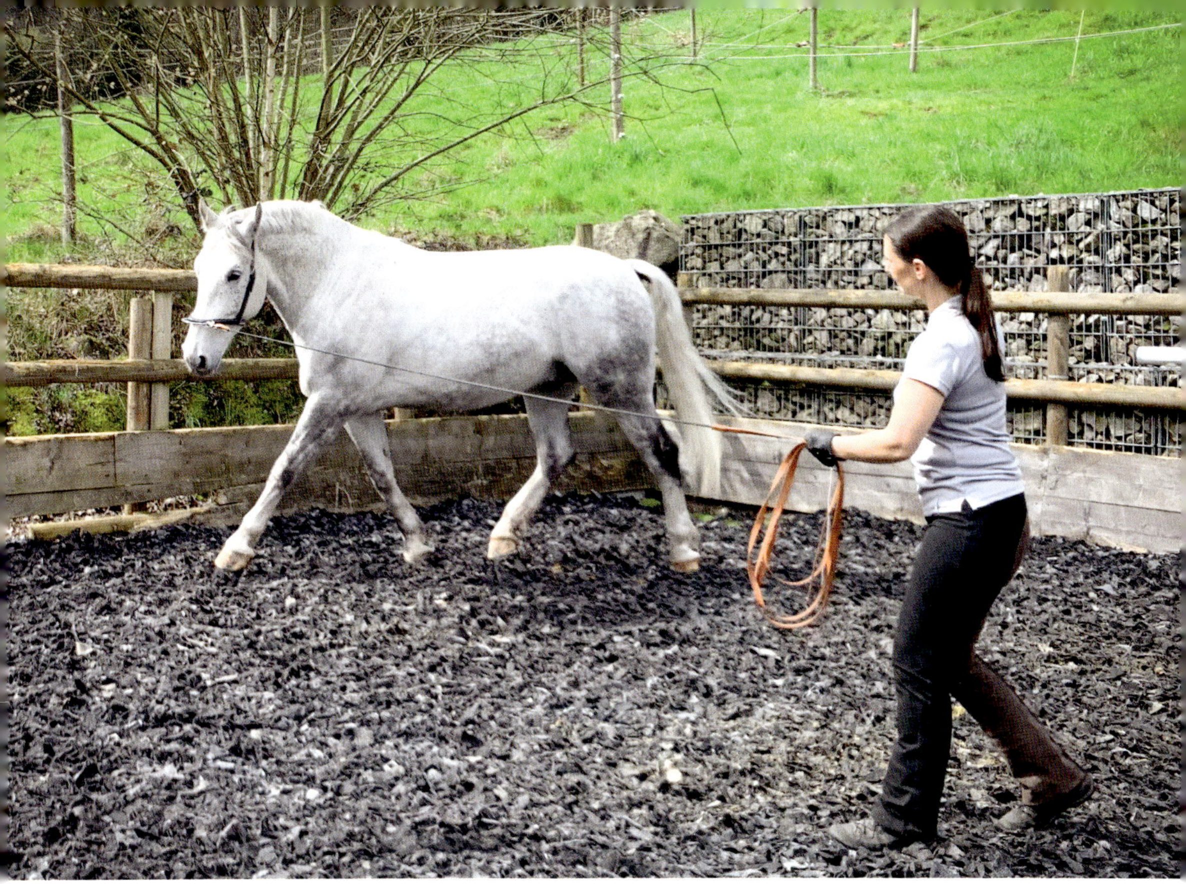

Die Longenarbeit am Kappzaum kann zur Vorbereitung der Arbeit an der Doppellonge genutzt werden, indem hier schon die Balance des Pferdes auf der gebogenen Linie und die Kommunikation über die Körpersprache verfeinert werden. (Foto: Stefanie Zirbes)

Abkauübungen sowie Führen in Stellung können die Strukturen um Kiefergelenk, Zungenbein und Genick lösen, dadurch Stellung und Biegung erleichtern und dem Pferd ebenfalls zu einer besseren Bewegungsidee auf der gebogenen Linie verhelfen (genauere Erklärung finden Sie ab Seite 25).

Des Weiteren ist es sinnvoll, wenn das Pferd eine Grundausbildung an der einfachen Longe mit dem Kappzaum erfahren hat, bei der auf die Kommunikation über die Körpersprache und auf eine physiologische Haltung des Pferdes geachtet wurde.

Für die folgende Doppellongenarbeit und für das Erlernen neuer Aufgaben ist es von großem Vorteil, wenn das Pferd Ihnen vertraut und keine Angst vor Ihnen hat. So wird es viel offener und gelassener an neue Herausforderungen herangehen.

Welche Fähigkeiten sollte der Longenführer mitbringen?

Bei den Voraussetzungen, die Sie als Longenführer mitbringen sollten, handelt es sich um Fähigkeiten des Menschen, die es ihm erlauben, die Doppellongenarbeit zu erlernen.

Am wichtigsten ist dafür, dass Sie den Umgang mit Ihrer Körpersprache beherrschen und wissen, wie Sie Ihren Körper bewegen und dessen Position im Raum bestimmen, um gewünschte Reaktionen vom Pferd zu erhalten. Ein Verständnis für genau diese Kommunikationsgrundlagen erlernen Sie am leichtesten zuvor mit dem Pferd an der einfachen Longe. Haben Sie diesen besonders schwierigen Teil der Körpersprache schon verinnerlicht, können Sie sich später viel besser auf die komplexen Doppellongengriffe konzentrieren. Müssten Sie beides gleichzeitig erlernen, könnte das schnell zu einer Überforderung führen.

Als Longenführer sollten Sie eine Vorstellung von funktionell korrekten Bewegungsabläufen Ihres Pferdes haben, um dessen körperliche Reaktionen auf die eigenen Hilfen evaluieren und gegebenenfalls korrigieren zu können. Ein Grundverständnis für sein Verhalten ist unerlässlich, um Reaktionen richtig einordnen zu können, z. B. Abwehrreaktionen als Zeichen einer Überforderung.

Leider stufen immer noch viele Menschen Reaktionen ihres Pferdes als Widersätzlichkeit ein, statt zu erkennen, dass es eine Aufgabe nicht versteht oder körperlich nicht umsetzen kann.

Da die Zügelhilfe bei der Doppellongenarbeit einen hohen Stellenwert einnimmt, ist es wichtig, dass Sie als Longenführer ein umfassendes Verständnis dafür entwickeln, wie Sie mit Ihren Händen einwirken. Insbesondere das Timing, wann der Zügel angenommen und wann er nachgegeben wird, ist hier hervorzuheben.

Als Longenführer haben Sie verstanden, dass die Zügelhilfe nicht dafür missbraucht werden darf, das Pferd möglichst schnell in die vermeintlich „schönste" Kopf-Hals-Haltung zu ziehen.

Zu guter Letzt gehört zu Ihren Fähigkeiten als Longenführer, dass Sie möglichst ruhig und gelassen an die neue Aufgabe herangehen und Geduld für sich und das Pferd mitbringen. Ebenso sollten Sie bereit sein, bei Schwierigkeiten zuerst die eigene Hilfengebung kritisch zu hinterfragen, bevor Sie den Fehler beim Pferd suchen.

Meist findet man bei der eigenen Hilfengebung schnell den Grund für das Problem. Es ist aber auch möglich, dass das Pferd körperlich oder mental zu bestimmten Übungen und Lektionen noch nicht in der Lage ist, und auch das müssen Sie erkennen und bereit sein, die nötigen Schritte zurückzugehen, um das Pferd auf die Aufgabe besser vorzubereiten.

Ausschlusskriterien

Sind die oben genannten Voraussetzungen erfüllt, gibt es als Ausschlusskriterien eigentlich nur körperliche Schwierigkeiten des Pferdes, bei denen der Tierarzt vom Longieren abrät. Allerdings muss man hierzu auch sagen, dass dieser Rat häufig auf das Longieren auf dem Zirkel abzielt. Vor allem im Schritt ist es an der Doppellonge aber auch möglich, geradeaus zu longieren. Ob diese Form der Arbeit für Ihr Pferd infrage kommt, muss individuell mit dem Tierarzt oder Therapeuten abgeklärt werden.

VORSICHTSMASSNAHMEN

Achten Sie auch bei vermeintlich braven und ruhigen Pferden zu Ihrer eigenen Sicherheit und zu der Ihres Pferdes unbedingt darauf,

- niemals Sporen an den Stiefeln oder Schuhen beim Longieren zu tragen. Sie könnten damit hängen bleiben und stürzen.
- unbedingt Handschuhe zu tragen.
- die Longenschlaufen niemals bis auf den Boden hängen oder die komplette Longe auf dem Boden liegen zu lassen. Sie könnten sich darin mit den Füßen oder das Pferd mit den Hufen verfangen.
- die Longe auf keinen Fall in Schlaufen über den Unterarm zu legen. Falls das Pferd durchgeht, besteht sonst die Gefahr schwerer Verletzungen durch Quetschungen oder Verbrennungen oder dadurch, dass das Pferd Sie mitschleift. Auch bei einer in der Mitte offenen Doppellonge ist es möglich, sich in den Longenschlaufen zu verfangen.

Jedes Pferd kann erschrecken und losrennen!

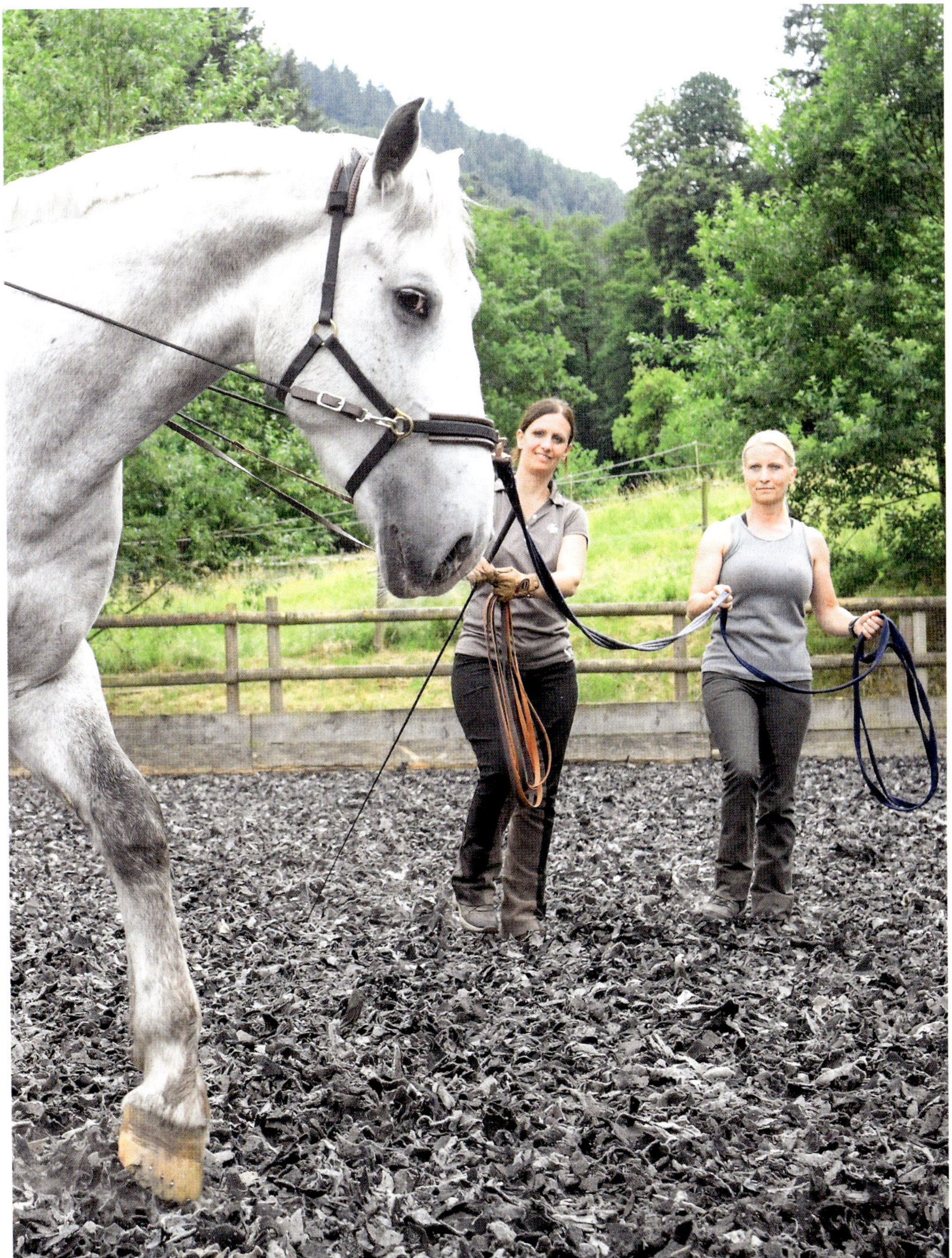

Unter Zuhilfenahme einer zweiten Person, die das Pferd an einer einfachen Longe führt, erfolgt die Gewöhnung an die Doppellonge.

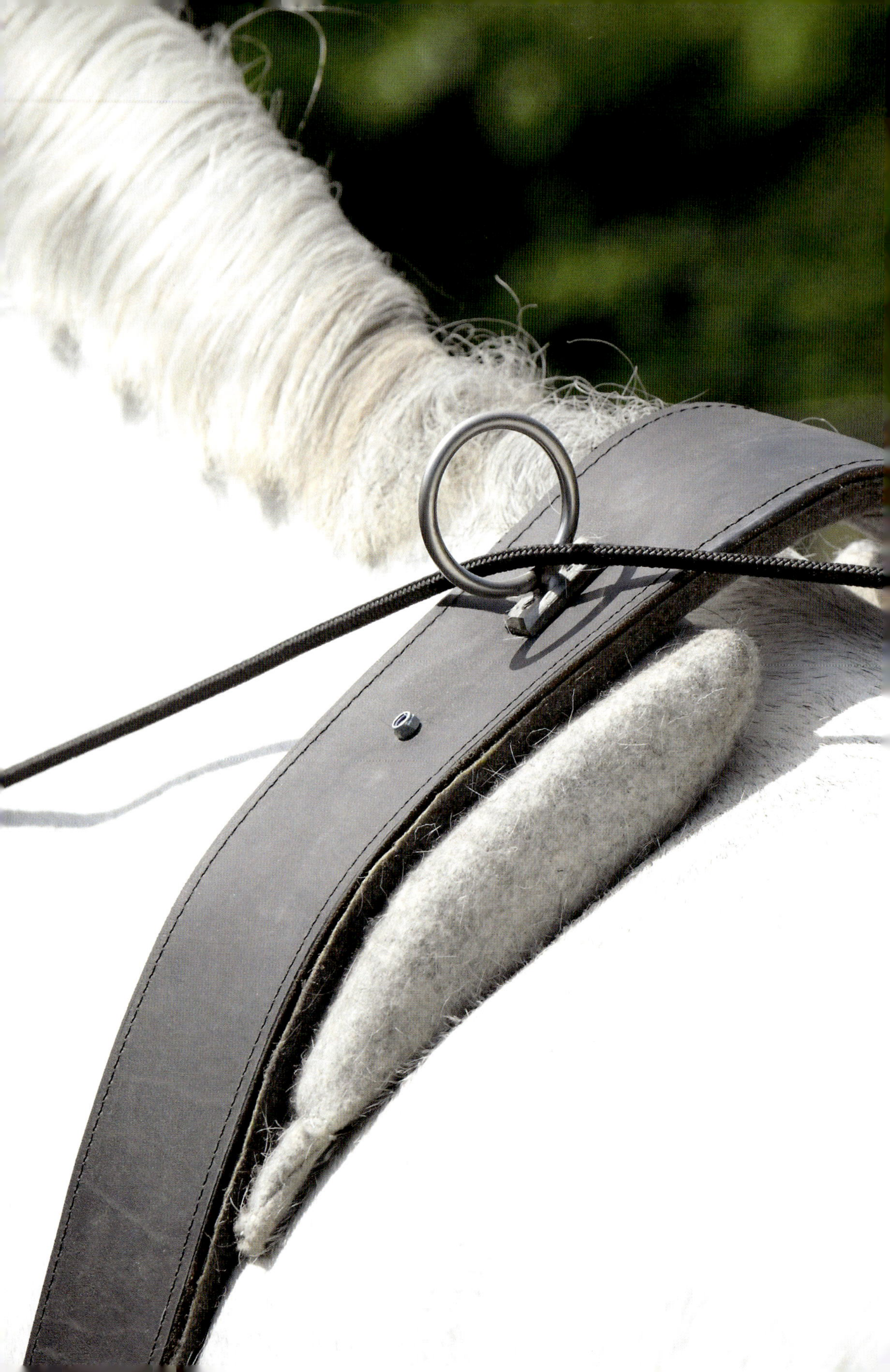

Welche Ausrüstung wird benötigt?

Die Auswahl an unterschiedlichen Ausrüstungsgegenständen für das Training mit Pferden ist groß und unübersichtlich, das gilt auch für die Doppellongenarbeit. Deshalb ist es wichtig zu wissen, welche Ausrüstung wirklich benötigt wird und welche Kriterien über eine gute Passform und ein feines, pferdeschonendes Handling entscheiden.

Der Kappzaum

Für die Doppellongenarbeit hat sich unter anderem der Kappzaum bewährt. Er eignet sich auch schon bei der vorbereitenden Arbeit, bevor wir mit der Doppellongenarbeit an sich beginnen.

Dadurch, dass die Longe auf dem Nasenrücken des Pferdes eingeschnallt wird, wirkt der Kappzaum seitlich auf den Kopf des Pferdes ein und bewirkt so, dass dieser nach innen gewendet wird. Das Pferd kann dadurch lernen, sich im Genick zu stellen.

Diese seitliche Einwirkung ist am deutlichsten, wenn die Longe direkt von der Hand zum Kappzaum führt, wie etwa an der einfachen Longe. Auch bei der Arbeit an der Doppellonge können Sie die innere Longe auf diese Weise einschnallen.

Haben Sie bisher nur an der einfachen Longe am Kappzaum longiert, ist es sinnvoll, zu Beginn der Arbeit mit der Doppellonge die innere Longe zunächst auf diese Weise zu verschnallen, da das Pferd so die ihm schon bekannten Hilfen spürt und besser versteht, dass es den Kopf nach innen führen soll.

Erst wenn das Pferd die Hilfengebung am Kappzaum verstanden hat, kann auf die direkte Verschnallung über den Longiergurt umgestellt werden. Wie die verschiedenen Verschnallungen genau aussehen, erkläre ich ab Seite 45 ganz genau.

Es gibt viele Arten von Kappzäumen, die sich in der Intensität der Einwirkung voneinander unterscheiden. Dies ergibt sich vor allem durch eine variierende Ausführung des Nasenstücks. So kann dieses entweder aus einem durchgehenden, lederummantelten Metallbügel bestehen, aus einem mit Leder unterpolsterten beweglichen, mehrteiligen Naseneisen, aus einer mehrgliedrigen, mit Leder ummantelten Kette oder nur aus Leder oder Biothane. Je besser der Nasenriemen gepolstert ist, desto weicher ist die Wirkung. Alle Kappzaumvarianten haben einen Ring mittig auf dem Nasenrücken. Viele weisen zwei weitere Einschnallringe seitlich auf. Viele Kappzäume haben einen Ganaschenriemen, der verhindert, dass das Backenstück durch seitlichen Zug ins Auge rutscht.

Bei der Auswahl des Kappzaums müssen Sie neben einer guten Passform auf die korrekte Verschnallung achten. Es gibt Kappzäume, bei denen der Verlauf der Backenstücke an der Verbindung zum Nasenriemen verstellbar ist, sodass sichergestellt ist, dass sie weit genug vom Auge entfernt sitzen und nicht über dem Jochbein verlaufen. Bei fest vernähten Backenstücken muss dieses Kriterium ebenfalls erfüllt

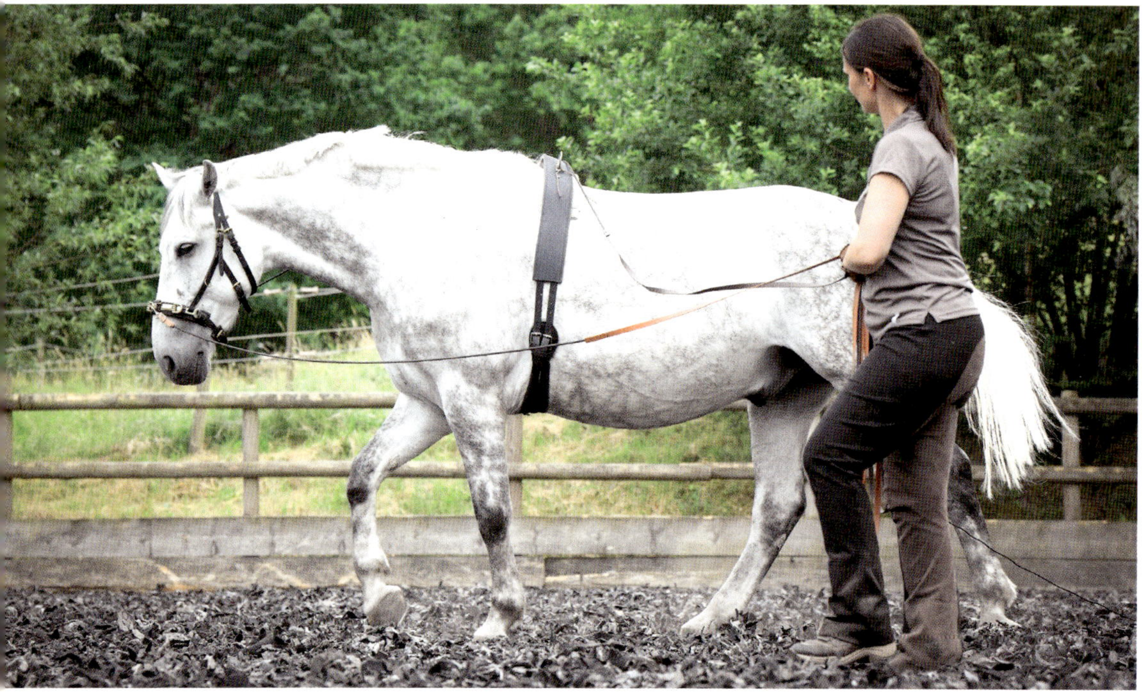

Einschnallung von der Hand direkt zum Kappzaum

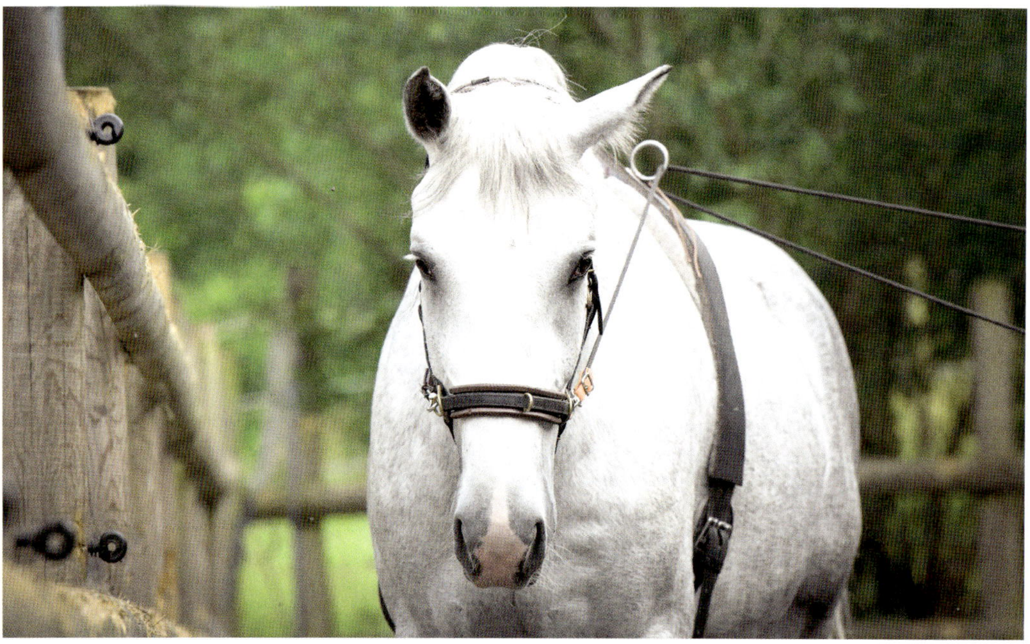

Einschnallung über den Longiergurt zum Kappzaum

sein. Das Nasenstück sollte ungefähr zwei Fingerbreit unter dem Jochbein sitzen. Anders als beim Reithalfter wird der Nasenriemen beim Kappzaum ohne Spiel verschnallt, um ein Verrutschen des Nasenriemens auf dem Nasenrücken und des Backenstücks ins Auge des Pferdes zu verhindern. Das wird zusätzlich durch den Ganaschenriemen verhindert, der ebenfalls fest verschnallt sein muss. Fest verschnallt heißt allerdings nicht, dass Ober- und Unterkiefer des Pferdes aufeinander festgezurrt werden.

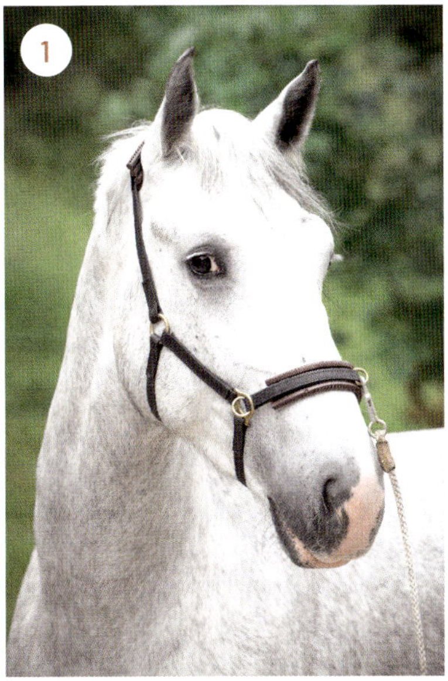

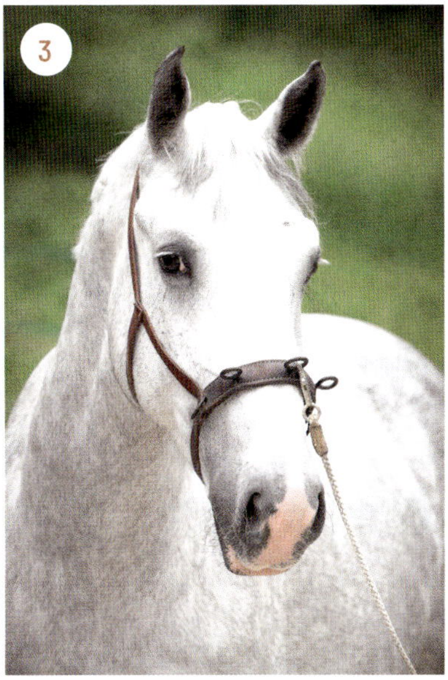

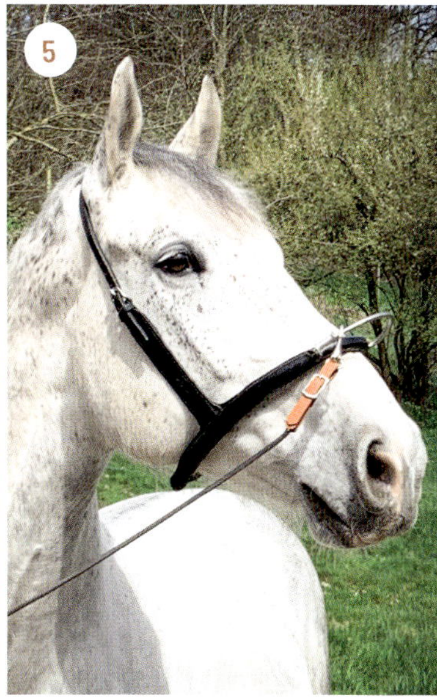

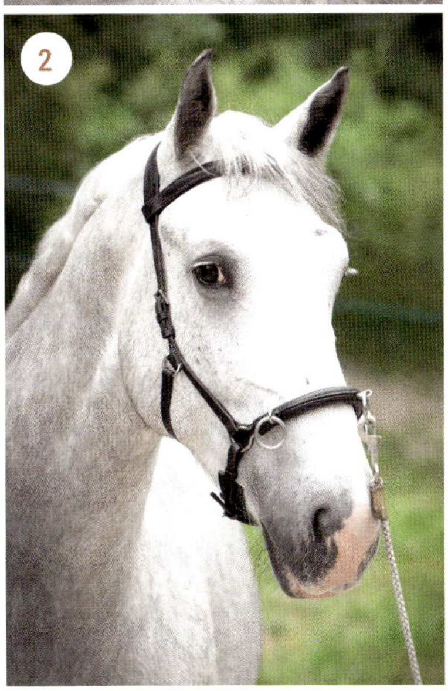

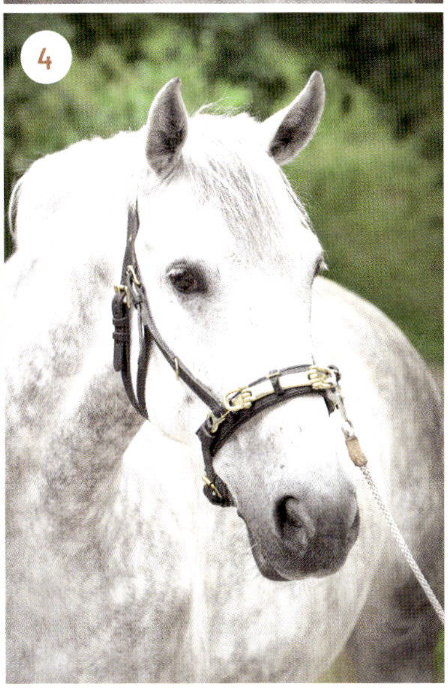

Bild 1: Biothane-Kappzaum ohne Naseneisen

Bild 2: Caveçon mit aus Leder ummantelter, mehrgliedriger Kette als Nasenstück

Bild 3: Leder-Kappzaum mit festem Naseneisen

Bild 4: Leder-Kappzaum mit dreiteiligem, beweglichem, gepolstertem Naseneisen

Bild 5: Mobility Bridle – starrer Nasenriemen, reicht bis zum Unterkieferast, bietet dem Pferd die Möglichkeit zu kauen, da der Nasenbogen nicht zugeschnallt werden muss

Der Nasenriemen sollte so fest sein, dass er nicht verrutscht, es dem Pferd aber trotzdem noch möglich ist, zu kauen und den Kiefer zu bewegen. Das Mobility Bridle ist hierbei eine Ausnahme. Durch die Beschaffenheit des Nasenstücks muss es nicht fest verschnallt werden und verrutscht trotzdem nicht.

Das Genickstück sollte nicht an den Ohren einschneiden. Das kann vor allem passieren, wenn ein zusätzlicher Stirnriemen zu kurz ist oder das Material des Genickstücks sehr steif ist. Achten Sie genau auf die Reaktion des Pferdes! Abwehrreaktionen weisen darauf hin, dass etwas nicht passt, verrutscht oder sogar wehtut. Ebenso kann es sein, dass ein Pferd mit einer Kappzaumvariante besser klarkommt als mit einer anderen.

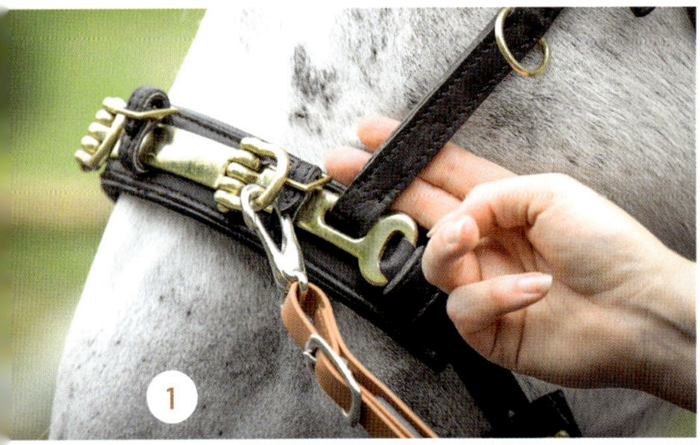

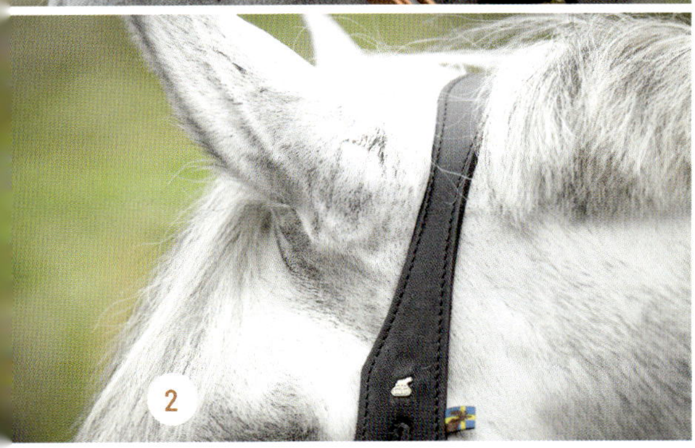

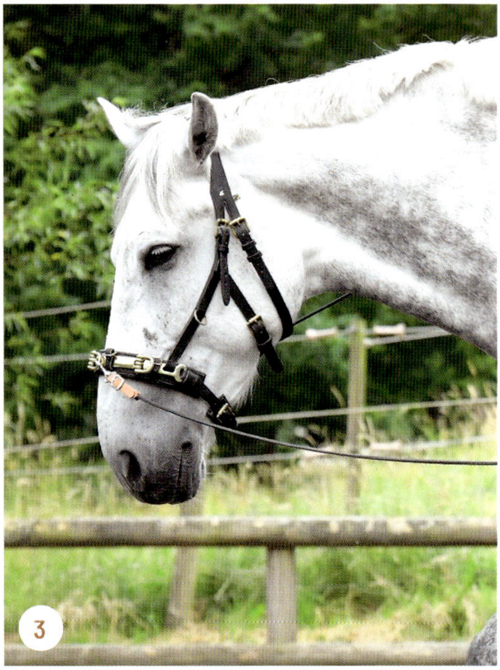

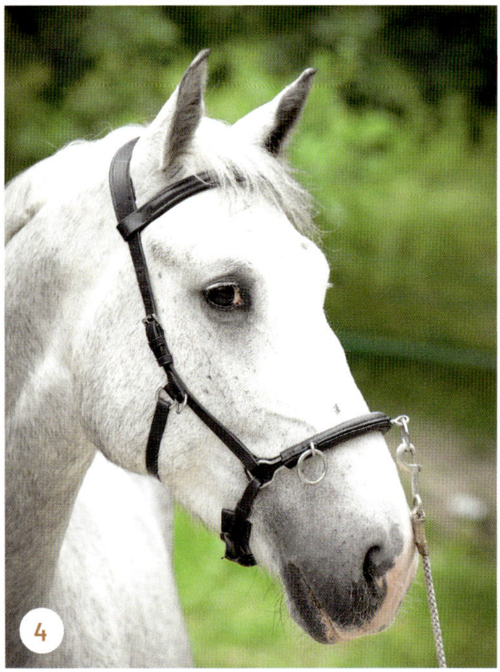

Bild 1: Nasenriemen, zwei Finger unter dem Jochbein

Bild 2: Anatomischer Ohrausschnitt

Bild 3: Ganaschenriemen

Bild 4: Backenstück, nicht über dem Jochbein

Der Kappzaum, kombiniert mit einem Gebiss

An manchen Kappzäumen finden sich seitlich an den Backenstücken Ringe, an denen sogenannte Bithanger zur Befestigung eines Gebisses eingeschnallt werden können. So kann die Wirkung des Kappzaums mit der des Gebisses kombiniert werden.

Für die Arbeit an der Doppellonge haben sich Verbindungsstücke bewährt zwischen den seitlichen Ringen am Kappzaum und dem Gebiss. Auf diesen Verbindungsstücken verläuft ein frei gleitender Ring, in den die Doppellonge eingeschnallt wird. Dadurch, dass die Longe in Richtung Longiergurt verläuft und der seitliche Kappzaumring weiter vorn am Kopf des Pferdes liegt als der Trensenring, ist der Weg zum Kappzaumring länger als der zum Gebiss. Damit der Ring auch hinter dem Gebiss noch frei gleiten kann, müssen die Verbindungsstücke daher lang genug sein. Nur so kann sich die Zugkraft der Doppellonge gleichmäßig auf Kappzaum und Gebiss verteilen.

Am Holzpferd können Sie mithilfe von zwei Waagen gut erkennen, dass sich die Kräfte relativ gleichmäßig verteilen. Am Kappzaum wurde eine Kraft von 0,860 kg und an der Trense von 0,800 kg gemessen.

Dadurch, dass sich die Zugkraft gleichmäßig auf Kappzaum und Gebiss verteilt, ist diese Kombination gut geeignet, um junge Pferde an das Gebiss heranzuführen. Z. B. können Sie diese Kombination im nächsten Schritt einsetzen, wenn die Arbeit ausschließlich am Kappzaum an der Doppellonge schon gut klappt. Die Kommunikation über das Gebiss wird mit der bereits bekannten Kommunikation über den Kappzaum kombiniert und wird dadurch von dem Pferd schneller verstanden. Auch für sensible Pferde kann diese Kombination gut geeignet sein, da nur die Hälfte der Zugkraft im Maul ankommt.

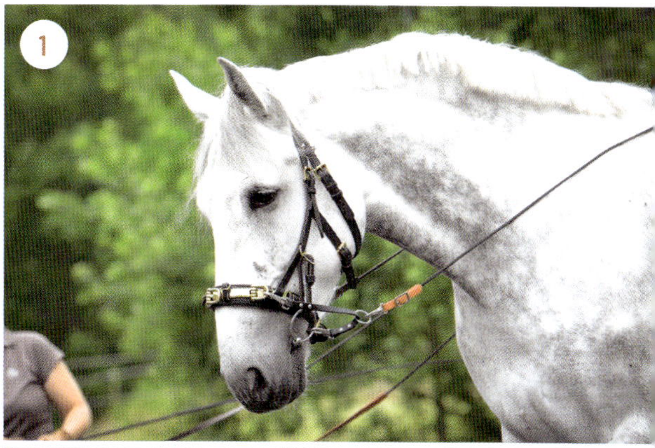

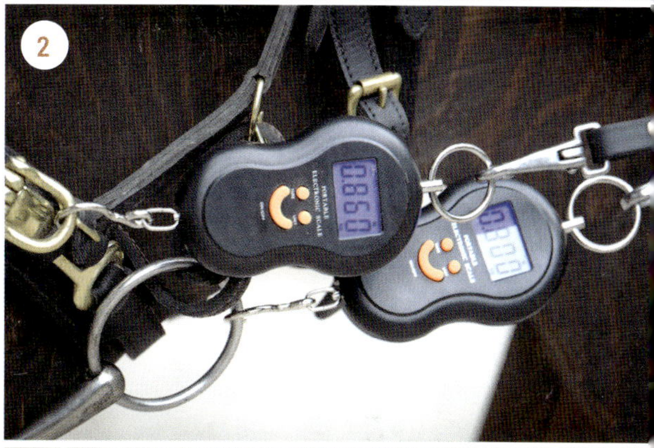

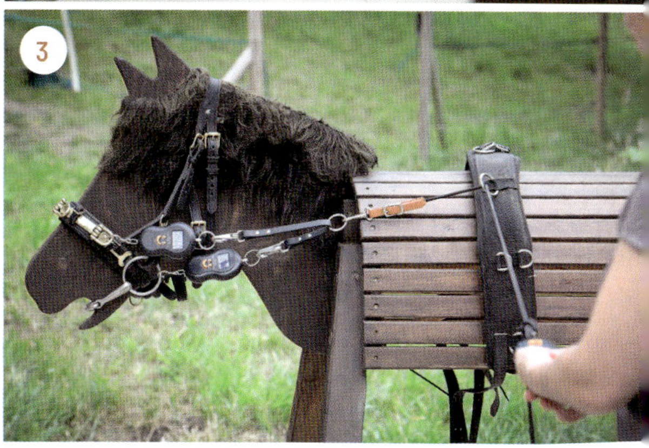

Bild 1: Verbindungsstück zwischen Kappzaum und Trense

Bild 2: Ergebnisse an den Waagen zeigen relativ gleichmäßige Werte.

Bild 3: Messung der Kräfteverteilung am Holzpferd

Pferde, die eher mit Gegendruck auf eine stellende Handhilfe reagieren, können mit dieser Variante sanft von Neuem lernen, welche Reaktion auf eine stellende Hilfe von ihnen erwartet wird, und diese dann mit der Zügelhilfe verbinden.

Auch bei der Kombination von Kappzaum und Gebiss ist wichtig, dass nicht einfach dauerhaft an der Doppellonge gezogen wird, sondern dass Sie mit den Longen in Kombination mit der Körperhilfe das Pferd am Maul möglichst leicht begleiten. Das Pferd darf auf keinen Fall in die Kurve gezogen werden, da es sich dann eng im Hals und der Ganasche macht und mit der Muskulatur gegen den Druck spannt.

Das Zaumzeug unter Verwendung eines Gebisses

Wenn mit dem Pferd am Gebiss gearbeitet werden soll, benötigen Sie ein normales Zaumzeug, das Sie auch zum Reiten nutzen. Beim Fahrpferd ist auch das Fahrkopfstück möglich. Allerdings ist der Einsatz der Körpersprache als Hilfe bei einem Fahrkopfstück mit Scheuklappen eingeschränkt, da das Pferd Sie mit Scheuklappen nur eingeschränkt wahrnehmen kann. Deshalb sollte das Kopfstück ohne Scheuklappen verwendet werden. Wird die Doppellongenarbeit als Vorbereitung für das Fahren eingesetzt, macht es im späteren Verlauf der Arbeit Sinn, auch ein Kopfstück mit Scheuklappen zu verwenden, um das Pferd daran zu gewöhnen.

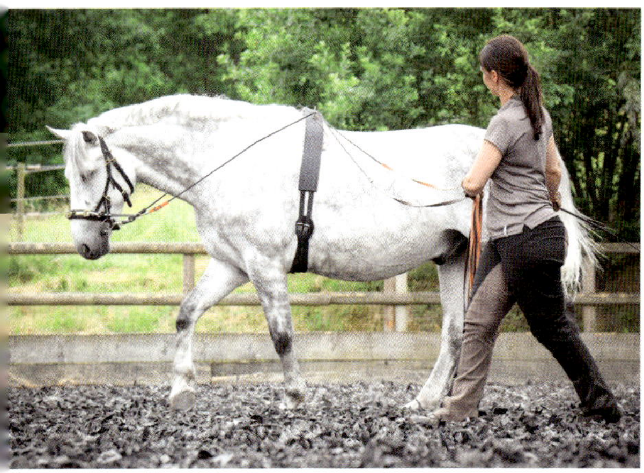

Einsatz von Körperhilfen bei weicher Begleitung der Doppellonge an Kappzaum und Trense mit der Hand

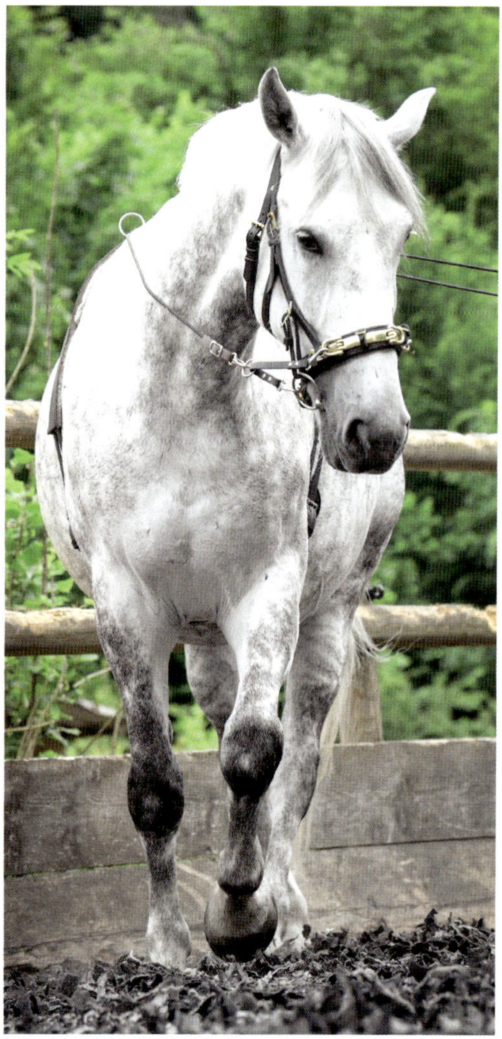

Pferd mit Kombination von Kappzaum und Trense auf der gebogenen Linie

Bild 1: Zwei Finger zwischen Nasenriemen und Nasenrücken

Bild 2: Zwei Finger zwischen Nasenriemen und Jochbein

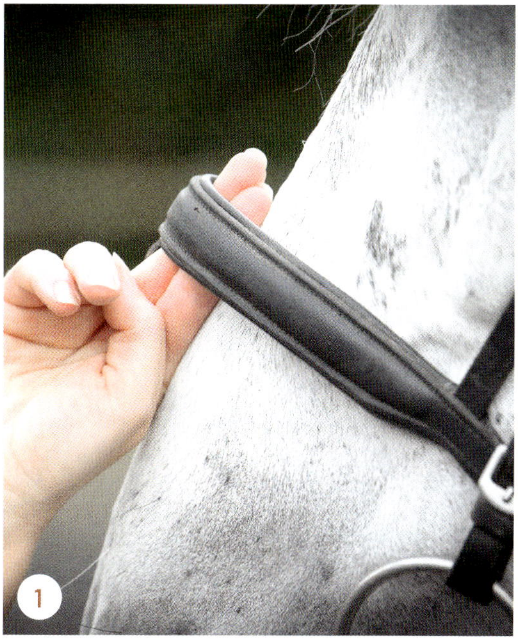

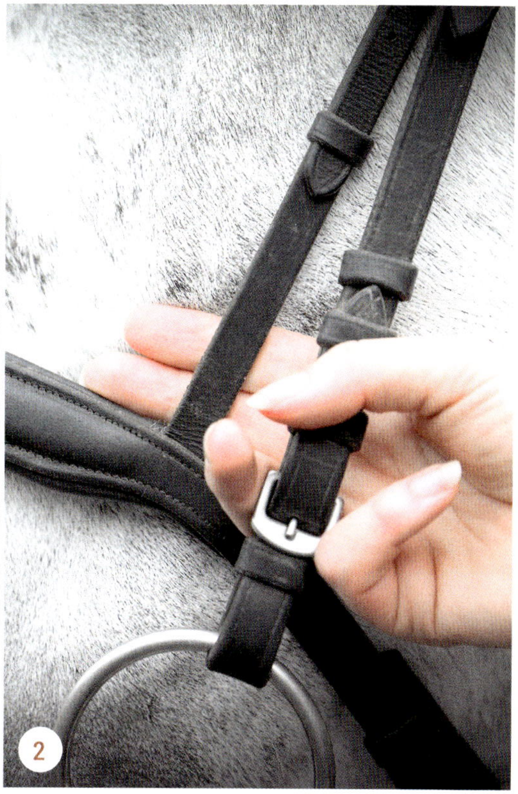

Auch beim Reit- oder Fahrzaum ist die Passform wichtig. Gerade bei den Reithalftern gilt es, die unterschiedlichen Ausführungen zu beachten. Bei einer englischen oder schwedischen Version ist es wichtig zu beachten, dass der Nasenriemen zwei Fingerbreit unter dem Jochbein sitzt. Das Hannoversche Reithalfter soll so verschnallt sein, dass es weder auf die Nüstern drückt noch die Atmung behindert.

Zwischen Reithalfter und Nasenrücken sollen zwei übereinanderliegende Finger passen, damit das Pferd ausreichend kauen kann. Diese Regel wird leider häufig aus Unwissenheit oder auch absichtlich nicht berücksichtigt. Zwei Finger, die irgendwo an der Seite gerade noch so zwischen Leder und Pferdekopf gequetscht werden können, entsprechen dieser Regel nicht. Die Backenstücke des Reithalfters dürfen, ebenso wie beim Kappzaum, nicht auf dem Jochbein aufliegen. Auch hier darf das Genickstück nicht an den Ohren einschneiden. Damit das Genickstück dem Pferd angenehm ist, gibt es in der Zwischenzeit viele Lösungen, wie etwa gepolsterte Genickstücke oder Aussparungen an den Ohren. Ebenso wichtig für eine Druckreduktion ist, dass der Nasenriemen locker genug sitzt und der Stirnriemen passt. Ist dieser zu kurz, schneidet auch ein Genickstück mit Aussparungen am Ohr ein. Der Kehlriemen sollte so verschnallt sein, dass er verhindert, dass das Zaumzeug vom Kopf gezogen werden kann. Häufig sitzt dieser Riemen deutlich zu locker. Eine Faust sollte zwischen ihn und den Pferdekopf passen.

Das Gebiss

Die Wahl des Gebisses hängt davon ab, mit welchem Gebiss Ihr Pferd auch beim Reiten oder Fahren zufrieden läuft. Sie können also das Gebiss nutzen, mit dem Ihr Pferd normalerweise zufrieden ist. Wird Ihr Pferd noch an ein Gebiss gewöhnt, müssen Sie das für Ihr Pferd passende Gebiss finden. Hierbei sollten Sie differenziert beobachten, ob Ihr Pferd sich wirklich zufrieden mit einem Gebiss bewegt oder ob es sich für Sie als Longenführer in der Hand nur „weicher" anfühlt, weil das Gebiss eigentlich schärfer wirkt und Ihr Pferd aus diesem Grund nicht so gern an das Gebiss herantritt.

Z. B. stimmt die landläufige Meinung, dass ein doppelt gebrochenes Gebiss für das Pferd deutlich weicher ist als eine Stange, nicht. Ein doppelt gebrochenes Gebiss kann je nach Handeinwirkung des Reiters oder Art der Verschnallung an der Longe deutlich quetschend auf die Laden wirken.

Stangen wiederum liegen je nach Bauart gleichmäßig auf Zunge und Lade auf, können aber bei einseitiger Zügelhilfe verkanten. Vorlieben für Gebisse können beim Pferd sehr unterschiedlich sein. Deshalb sollten Sie hier auf die Mimik des Pferdes achten und auf die Reaktion auf das Gebiss. Dehnt sich das Pferd zufrieden an das Gebiss heran? Oder hat es Angst davor oder drückt dagegen?

Bei der Beobachtung muss mit einfließen, ob das Pferd schon schlechte Erfahrungen mit Gebissen gemacht hat und wie fein der jeweilige Longenführer mit seiner Hand einwirkt. Um die Wirkung eines Gebisses selbst zu fühlen, kann es interessant sein, das Gebiss an einem Gewicht zu befestigen und dieses mit der Hand hochzuheben.

Einfach und doppelt gebrochene Gebisse, aber auch Stangen, wie eine Fahrkandare, können verwendet werden, wenn die Doppellonge von den Händen des Longenführers über die Leinenaugen am Longiergurt direkt ans Pferdemaul führt. Diese Verschnallung hat den gleichen Effekt wie die Zügel oder die Leinen beim Reiten oder Fahren.

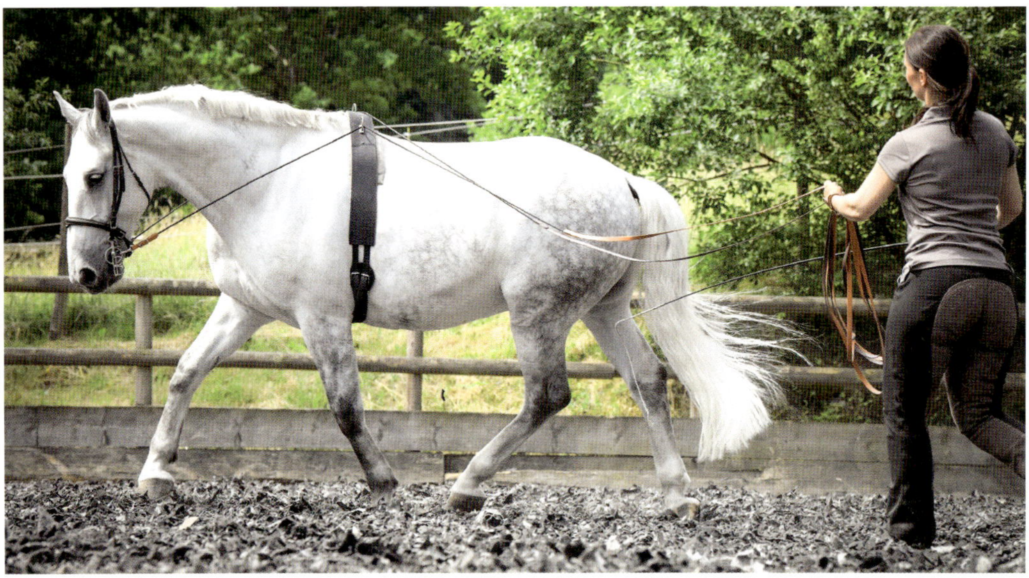

Pferd dehnt sich zufrieden an die Fahrkandare heran.

Sobald eine Verschnallung, wie etwa die V-Verschnallung, gewählt wird, bei der eine seitliche Kraft auf das Gebiss einwirkt, sollte ein Gebiss verwendet werden, das nicht aus dem Maul des Pferdes herausgezogen wird. Es kann dann eine Schenkeltrense oder ein spezielles Longiergebiss verwendet werden, allerdings sollte Ihnen bewusst sein, dass in diesem Fall trotzdem starke Kräfte auf das Maul des Pferdes wirken können.

Die Doppellonge

Doppellongen sind in vielen verschiedenen Ausführungen zu kaufen. Sie unterscheiden sich in der Art des verwendeten Materials und in ihrer Länge. Dadurch ergeben sich Unterschiede in der Griffigkeit, der Gleitfähigkeit, im Hinblick auf das Gewicht und die Dicke und Breite der Longe.

Material der Doppellonge

Viele Doppellongen bestehen zu einem Teil (dem, der vorn am Pferdekopf verläuft) aus Seil und gehen nach zwei, drei Metern in ein breiteres Material über, etwa aus Nylon- oder Baumwollgurt oder auch Biothane. Diese Version ist sinnvoll, da das Seil weniger Reibungswiderstand in den Leinenaugen bietet und dadurch besser gleitet.

Beim Gurtmaterial gibt es große Unterschiede in Bezug auf Weichheit und Dicke. Die Longen aus Gurtmaterial sind meist etwas breiter. So sind sie griffig und rutschen nicht durch die Hände, aber Sie haben durch die Dicke des Materials und die Breite der Longe viel in den Händen. Haben Sie als Longenführer kleinere Hände, führt das ggf. dazu, dass es Ihnen Probleme bereitet, die Longe zu halten. Speziell bei geringerem Abstand zum Pferd kann das zu Verkrampfungen der Hand und damit zu Schmerzen speziell im kleinen Finger führen, da Sie hier mehr Longenschlaufen in der Hand halten.

Die Longen, deren hinterer Teil aus Biothane besteht, sind häufig deutlich schmaler und dünner. Dadurch sind sie leicht und liegen angenehm in der Hand. Man kann sie auch mit kleinen Händen und vielen Longenschlaufen gut in der Hand halten.

Ein weiterer Vorteil von Biothane ist, dass Sie beide Longen in unterschiedlichen Farben bestellen können. Das hilft gerade am Anfang, wenn Sie sich während der Ausführung von Griffabfolgen zurechtfinden müssen. Sie sehen dann auf einen Blick, welches die linke Longe und welches die rechte ist. Allerdings sind Biothanelongen etwas glatter als die Baumwolllongen und rutschen daher schneller aus der Hand. Außerdem hat die Biothanelonge einen weiteren kleinen Nachteil: Es entsteht ein Geräusch, wenn beide Longen aneinanderschlagen. Manche Pferde lassen sich durch dieses Geräusch anfangs irritieren. Mit der Zeit gewöhnen sich aber die meisten daran.

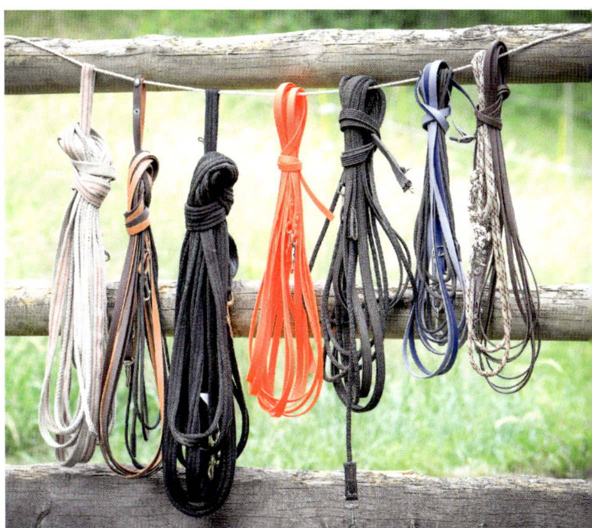

Es gibt unterschiedliche Ausführungen von Doppellongen, die sich in Material und Länge unterscheiden.

Es gibt auch Doppellongen, die durchgängig aus dem gleichen Material gearbeitet sind. Z. B. gibt es Versionen aus Softlongenmaterial oder aus Seil, ähnlich einem Bodenarbeitsseil. Diese Doppellongen sind griffig, gleiten aber schlechter durch die Ringe am Gurt und Sie haben viel Material in der Hand. Wenn Ihre Hand damit kämpfen muss, die Leinen zu greifen, ist es nicht mehr möglich, fein zu arbeiten. Durch die schlechtere Gleitfähigkeit an den Ringen am Gurt ist es auch nicht möglich, präzise Hilfen zu geben. Speziell das Nachgeben kommt oft nur verzögert beim Pferd an. Aus diesem Grund mag ich diese Doppellongen-Ausführungen nicht so gern.

Befestigung am Gebiss

Für die Befestigung der Longen am Gebiss gibt es ebenfalls unterschiedliche Varianten. So können Sie wählen zwischen Einschnallstrupfen, beweglichen Einschnallkarabinern mit einem Wirbel und unbeweglichen Einschnallkarabinern. Die Einschnallstrupfen haben den Vorteil, dass sie ruhig am Gebiss anliegen und nicht klappern. Die Karabiner hingegen haben den Vorteil, dass sie schnell an den Gebissring, aber auch nach dem Longieren an den Leinenaugen zu befestigen sind, falls Sie die Doppellonge am Longiergurt belassen. Den beweglichen Karabiner finde ich nicht sinnvoll, da sich die Longe durch den Wirbel oft verdreht.

Das Longenende

Auch die Ausführung der Enden einer Doppellonge variiert. So gibt es die Version der geschlossenen, durchgängigen Longe und verschiedene Arten von geteilten Longen. Bei Letzteren gibt es solche, die einfach zwei lose Enden haben. Andere sind mit einem Druckknopf oder einer Schnalle verbunden, um die Enden bei Bedarf voneinander lösen zu können. Geschlossene Longen lassen sich deutlich schöner in Longenschlaufen legen. Allerdings muss man hier darauf achten, dass man mit dem Fuß nicht in den Schlaufen steht. Geht das Pferd durch und bleibt in der geschlossenen Longe hängen, kann es zu schlimmen Verletzungen kommen. Persönlich ist für mich die geöffnete Longe mit dem Druckknopf die sinnvollste Variante, da man diese Longe geschlossen halten kann und sich im Fall eines Hängenbleibens der Druckknopf öffnen würde, während das bei der Schnalle nicht der Fall wäre.

Umlenkrollen

An manchen Doppellongen mit Seil im vorderen Bereich sind zusätzliche Umlenkrollen angebracht, bzw. gibt es diese zusätzlich zu kaufen. Die Umlenkrollen sollen dafür sorgen, dass die Doppellonge leichter gleitet und nicht in den klappbaren Ringen der Longiergurte hängen bleibt. Sie sind leicht in der Höhe zu verstellen, da sie mit Karabinerhaken an den Ringen befestigt werden und Sie nicht die gesamte Longe durchschlaufen müssen. Ich habe allerdings auch schon die Erfahrung gemacht, dass sich die Longe zwischen der Rolle und der Führung der Rolle verhakt. Aus diesem Grund nutze ich die Umlenkrollen nicht so gern und habe lieber stehende Leinenaugen am Longiergurt. In diesen gleitet die Longe immer frei.

Länge der Doppellonge

Doppellongen werden zwischen zwölf und 18 Metern Länge angeboten. Bei der Auswahl der Länge kommt es zum einen auf die Größe des Pferdes an. Bei einem kleinen Shetty greift man eher zu einer kürzeren Version als beim großen Warmblut, da die Strecke zwischen Kopf und Longiergurt weniger Longenlänge verbraucht. Zum anderen kommt es darauf an, ob Sie näher am Pferd arbeiten möchten oder mit größerem Abstand bzw. auch, wie groß der zur Verfügung stehende Longierplatz ist. Möchten Sie mit kleinerem Abstand am Pferd arbeiten, bietet sich eine kürzere Version an, da Sie dann nicht so viele Longenschlaufen in der Hand halten müssen.

Jeder Longenführer muss sich seine Doppellonge nach den eigenen Bedürfnissen aussuchen. Jeder hat andere Vorlieben. Mit einer Doppellonge, die bequem in der Hand liegt, sind feine Zügelhilfen viel leichter umzusetzen. Daher ist es wichtig, verschiedene Modelle zu vergleichen und auszuprobieren.

Der Longiergurt

Das Thema Longiergurt beim Longieren ist genauso schwierig und wichtig wie das Thema Sattel beim Reiten. Beim Longiergurt kommt allerdings erschwerend hinzu, dass die Auflagefläche auf dem Rücken viel geringer ist. Dadurch werden noch schneller Druckspitzen erzeugt, wenn die Passform nicht optimal ist. Die Überlegung, dass auf den Longiergurt kein Druck einwirkt, weil niemand drauf sitzt, ist so nicht ganz richtig. Immerhin wird auch der Longiergurt gegurtet, wodurch auf die Fläche, auf der er liegt, deutlich Druck einwirkt. Zusätzlich entsteht Druck in diesem Bereich, wenn Sie mit der Longe mal deutlicher einwirken.

Auch bei den Longiergurten gibt es eine große Auswahl an Varianten – sei es der Nylongurt, der normale Ledergurt, der Gurt mit Bügel und beweglichen Seiten. Ebenso können sich die Gurte in der Art der Polsterung unterscheiden.

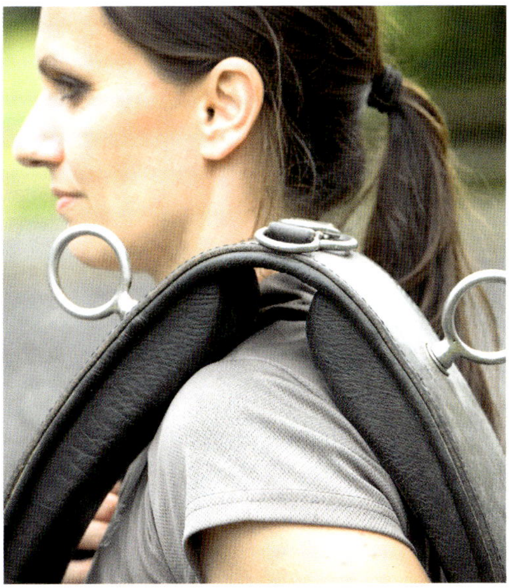

Um sich den Druck auf den Rücken des Pferdes zu verdeutlichen, können Sie den Longiergurt auf die eigene Schulter setzen. Unsere Schulter ist ähnlich breit wie die Wirbelsäule des Pferdes. Es überrascht, wie stark ein Gurt schon schmerzen kann, wenn er einfach nur auf der Schulter liegt, ohne, wie beim Pferd, festgegurtet zu sein.

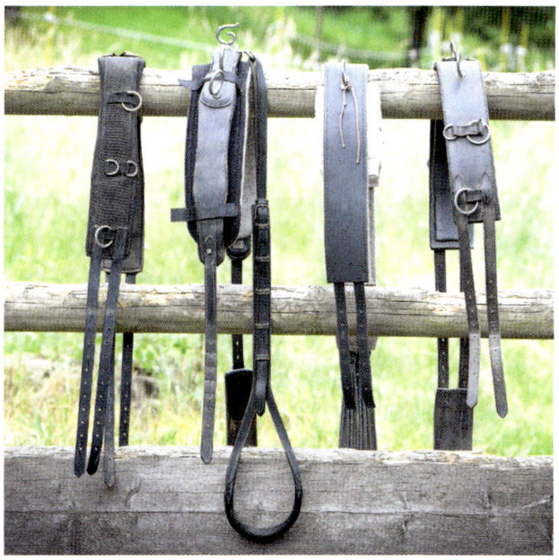

Von links nach rechts:

Nylongurt mit verschiedenen beweglichen Ringen

Kammdeckel mit stehenden Leinenaugen und Schweifriemen

Gurt aus Leder und Filz mit weichen Polstern und stehenden Leinenaugen

Zwischen den Kissen beweglicher Gurt mit vielen Ringen und zwei stehenden Leinenaugen

Der günstige Nylongurt hat den Vorteil, dass er weich und leicht ist. Allerdings liegt dieser fast immer auf den Dornfortsätzen auf, da sein Polster nicht dick ist. Das führt, in Verbindung mit der Tatsache, dass er sich beim kleinsten Leinenkontakt verdreht, beim Pferd zu Schmerzen.

Longiergurte, die beweglich zwischen den Kissen sind, haben oft den negativen Effekt, dass durch sie sowohl die Dornfortsätze als auch die Rückenmuskulatur stark gequetscht wird. Wenn die Polster noch aus starren Formteilen gefertigt sind, sind die Druckspitzen meistens stark. Bei gutem Aufbau eines solchen Gurts mit weichen Polstern an der richtigen Stelle kann der Gurt bei manchen Pferden allerdings trotzdem funktionieren. Auch Gurte mit einem beweglichen Stahlbügel zwischen den Kissen sind, obwohl sie genau damit beworben werden, nicht in einer Ausführung für jedes Pferd passend. Wenn der Bügel zwischen den Kissen zu schmal für ein breites Pferd ist, können diese Kissen ebenfalls die Dornfortsätze bzw. die Muskulatur seitlich quetschen. Auch sollte man großen Wert auf die Ausführung der Polster legen. Mit harten Formteilen kann dieser Gurt auch drücken, wenn der Bügel von der Breite her passen sollte. Mit einer weichen Polsterung und einem in der Breite passenden Bügel können diese Gurte aber wunderbar sitzen, da sie oben offen sind und nicht von dort auf die Dornfortsätze drücken. Nachdem mich lange Zeit keine Gurtvariante zum Longieren

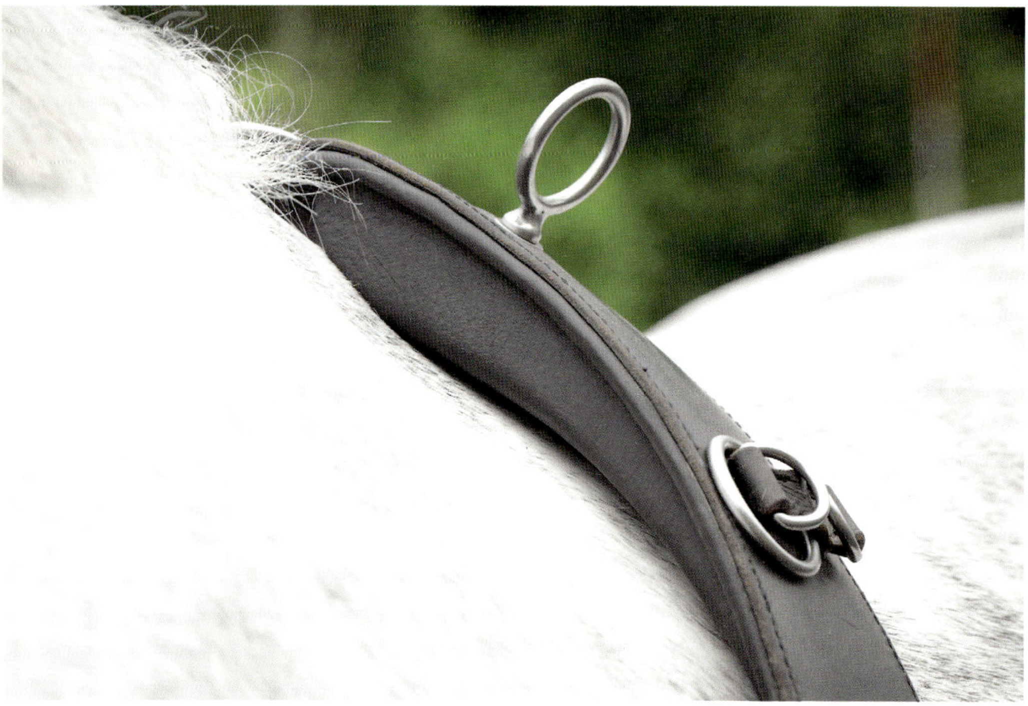

Hier sehen Sie deutlich, wie die Formteile des Longiergurts seitlich an den Dornfortsätzen des Widerristes starke Druckspitzen erzeugten. Darunter, auf Höhe des Trapezmuskels, liegt der Gurt nicht auf. Das Formteil passt nicht auf diesen Rücken. Durch das harte Polster werden am Druckpunkt deutliche Schmerzen erzeugt und das Pferd wird sich mit diesem Gurt nicht losgelassen bewegen können.

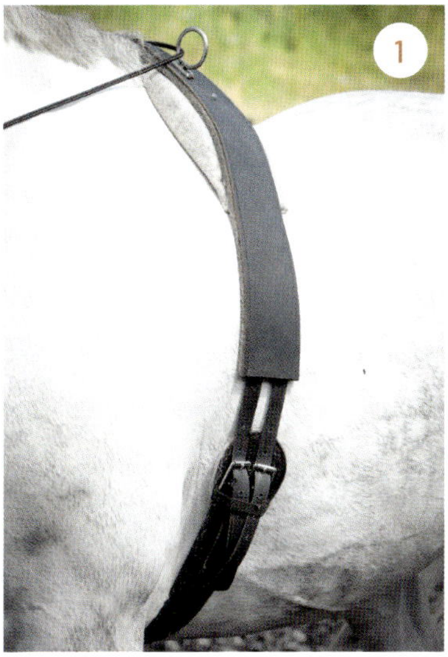

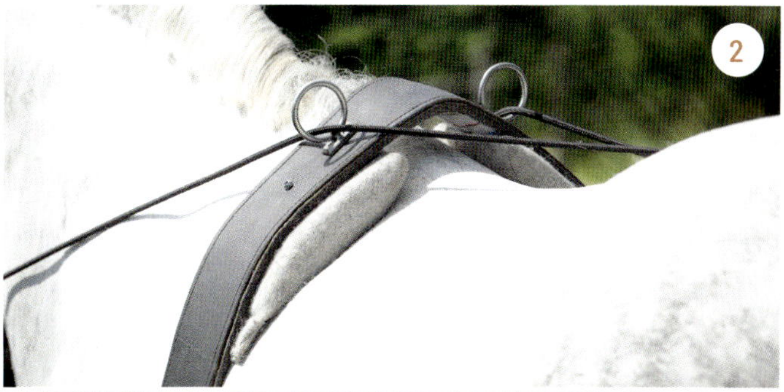

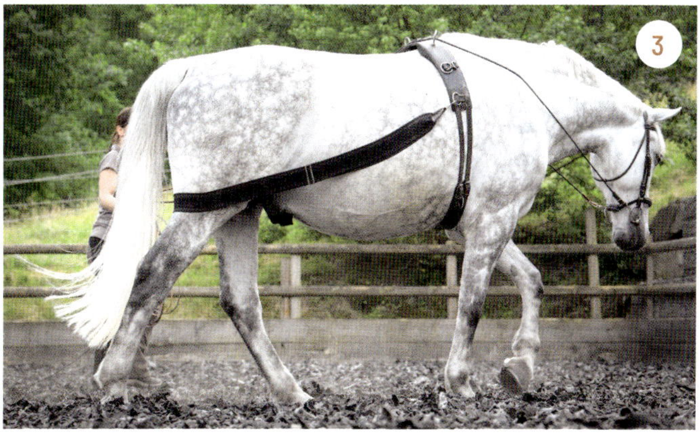

Bild 1: Kompletter Longiergurt

Bild 2: Stehende Leinenaugen, weiche, passende Polster, freier Wirbelkanal

Bild 3: Einsatz Körperbandage

richtig überzeugen konnte, habe ich mir schließlich einen Longiergurt nach meinen Wünschen anfertigen lassen. Die Oberseite meines Gurtes besteht aus Leder, die Unterseite und die Polster sind aus Filz gefertigt. Der Gurt hat ein angepasstes Kopfeisen, feste, stehende Leinenaugen und weiche, verstellbare Polster aus Filz mit Schaumstoffkern.

Der gesamte Gurt ist sehr leicht und weich gepolstert und passt sich so gut der Bewegung an. Bei den Leinenaugen lege ich großen Wert darauf, dass sie aufrecht stehen, damit die Longe gut durchgleiten kann. Ich benötige die Leinenaugen nur oben am Gurt, wie am Kammdeckel beim Fahren. Hier befinden sich die Longen in einer ähnlichen Position wie die Reiterhand.

Weitere Ringe sind meiner Meinung nach nicht notwendig. Ringe weiter unten verwende ich ausschließlich für eine Körperbandage, nicht für die Doppellonge. Hierzu gibt es noch weitere Erklärungen im Kapitel zu den Verschnallungsarten ab Seite 45.

Auf keinen Fall sollten Sie an der Qualität des Longiergurts sparen. Es passt allerdings auch nicht automatisch jeder Gurt, der viel Geld kostet, jedem Pferd. Reaktionen des Pferdes, etwa beim Gurten, verraten glücklicherweise oft schon viel über die Passform. Auch kann es helfen, die Hand unter die verschiedenen Teile des Gurtes zu halten, um mögliche Druckstellen zu ertasten.

Es ist also extrem wichtig, dass die Passform des Longiergurts dem Pferd entspricht. Nur wenn er gut sitzt, kann sich das Pferd losgelassen bewegen. Da nur ein losgelassenes Pferd Muskeln aufbauen kann, ist die Passform entscheidend für den Trainingserfolg der Doppellongenarbeit.

Handschuhe

Handschuhe sollten grundsätzlich bei jeder Arbeit mit dem Pferd getragen werden. Egal, ob das Pferd geführt oder longiert wird. Ohne Handschuhe besteht die Gefahr, dass der Führstrick oder die Longe, sollte das Pferd unkontrolliert davonstürmen, durch die Hand gezogen wird und schmerzhafte Verletzungen wie etwa Quetschungen hervorruft. Speziell beim Longieren können die Schlaufen der Longe in solch einer Situation durch die Hand des Longenführers rutschen und diese abschnüren.

Die Peitsche

Die Peitsche dient bei der Doppellongenarbeit als verlängerter Arm des Longenführers. Sie hilft dabei, die Körpersprache des Longenführers zu verdeutlichen und Hilfen so fein wie möglich zu geben. Um Peitschensignale präzise und damit fein ausführen zu können, benötigt es zum einen Übung im Umgang mit der Peitsche (hierauf gehe ich ab Seite 87 noch genauer ein), zum anderen muss die Peitsche angenehm in der Hand liegen. Sie sollte nicht zu schwer und in sich gut ausbalanciert sein. Das heißt, dass das Gewicht der Peitschenspitze so im Verhältnis zum Griff der Peitsche steht, dass sie nicht zu sehr nach vorn unten zieht. Dadurch ist sie auch angenehmer über längere Zeit zu halten und der Arm des Longenführers ermüdet nicht so schnell.

Die Länge der Peitsche ergibt sich aus dem jeweiligen Abstand, mit dem Sie longieren möchten. Daher ist es sinnvoll, für die Doppellongenarbeit mindestens zwei Peitschen zur Hand zu haben.

Als Peitsche können Sie eine normale Longierpeitsche für die Longenarbeit auf einem mittelgroßen Zirkel mit einem Radius von 4 bis 6 Metern verwenden. Wichtig ist, dass das Pferd bei ausgestrecktem Arm mit der Peitschenschnur berührt werden kann.

Außer der Longierpeitsche benötigen Sie für das Fahren vom Boden bzw. für die Langzügelarbeit mit Abstand eine Touchier- oder Fahrpeitsche. Das ist eine Bogenpeitsche mit kurzem Schlag, die eine Länge von 1,3 bis 1,8 Metern hat. Auch hier gilt, dass es Ihnen möglich sein muss, das Pferd mit ausgestrecktem Arm mit der Peitschenschnur zu berühren und gleichzeitig den nötigen Sicherheitsabstand zu den Hinterbeinen einzuhalten.

In der Handarbeitshaltung ist es angenehmer, eine kürzere Touchierpeitsche zur Verfügung zu haben. Alternativ können Sie die längere Touchierpeitsche auch weiter vorn greifen, um nicht so häufig die Peitschen wechseln zu müssen. Bei der klassischen Langzügelposition müsste es zwingend eine kürzere Peitsche oder Gerte sein. Wenn Sie auf einem großen Zirkel mit großem Abstand zum Pferd longieren möchten, ist es sinnvoll, auf eine lange Teleskoppeitsche zurückzugreifen.

Bei Pferden, die gut auf vorwärtstreibende Körpersignale und Peitschenhilfen reagieren und bei denen ich mir sicher bin, sie, um das Vorwärts zu erhalten, nicht berühren zu müssen, benutze ich eine Fahr- oder eine Touchierpeitsche. Damit kann ich in allen Positionen und allen Abständen zum Pferd longieren. Das hat den Vorteil, dass ich nicht bei jedem Positionswechsel die Peitsche tauschen muss.

Der Longierplatz

Der Platz, auf dem longiert werden soll, sollte umzäunt sein, damit Sie einen sicheren Bereich haben, in dem das Pferd sich auf die Arbeit konzentrieren kann. So können Sie die Gefahr, dass das Pferd abgelenkt wird, minimieren. Besonders gut eignet sich ein Reitplatz oder eine Reithalle mit einem Mindestmaß von 15 × 30 Metern. Je größer, desto besser. Steht kein Reitplatz zur Verfügung, können Sie auf einer Wiese mit mobilen Zaunpfählen eine geeignete Fläche einzäunen.

Ist das Pferd noch unerfahren, kann es sinnvoll sein, den Reitplatz zuerst auf der Hälfte abzutrennen oder in einen Roundpen oder eine Longierhalle zu gehen. Eine räumliche Begrenzung hat den Vorteil, dass das Pferd sich an der Bande orientieren kann und sein Drang, zur offenen Seite zu ziehen, erst einmal unterbunden wird. So vermeiden Sie Missverständnisse sowie dass Sie stärker korrigierend eingreifen müssen, und das Pferd kann sich in Ruhe an die neue Situation mit der Doppellonge gewöhnen.

Ist die erste Gewöhnung erfolgreich abgeschlossen, ergibt es Sinn, den kompletten Platz zu nutzen, um auch gerade Strecken, Hufschlagfiguren und später auch Übungen wie z. B. Vorhand- und Hinterhandwendungen oder Seitengänge longieren zu können und das volle Potenzial der Doppellongenarbeit zu nutzen.

Da Sie mit der Doppellonge relativ viel Platz benötigen und dadurch andere leicht stören sowie selbst schnell gestört werden könnten, empfiehlt es sich grundsätzlich, allein auf dem Reitplatz oder in der Halle zu arbeiten. In Anwesenheit anderer Pferde auf dem Platz sollten Sie entweder mit kurzem Abstand zum Pferd longieren oder eine Position mit Abstand hinter dem Pferd wählen, ähnlich wie beim Fahren vom Boden.

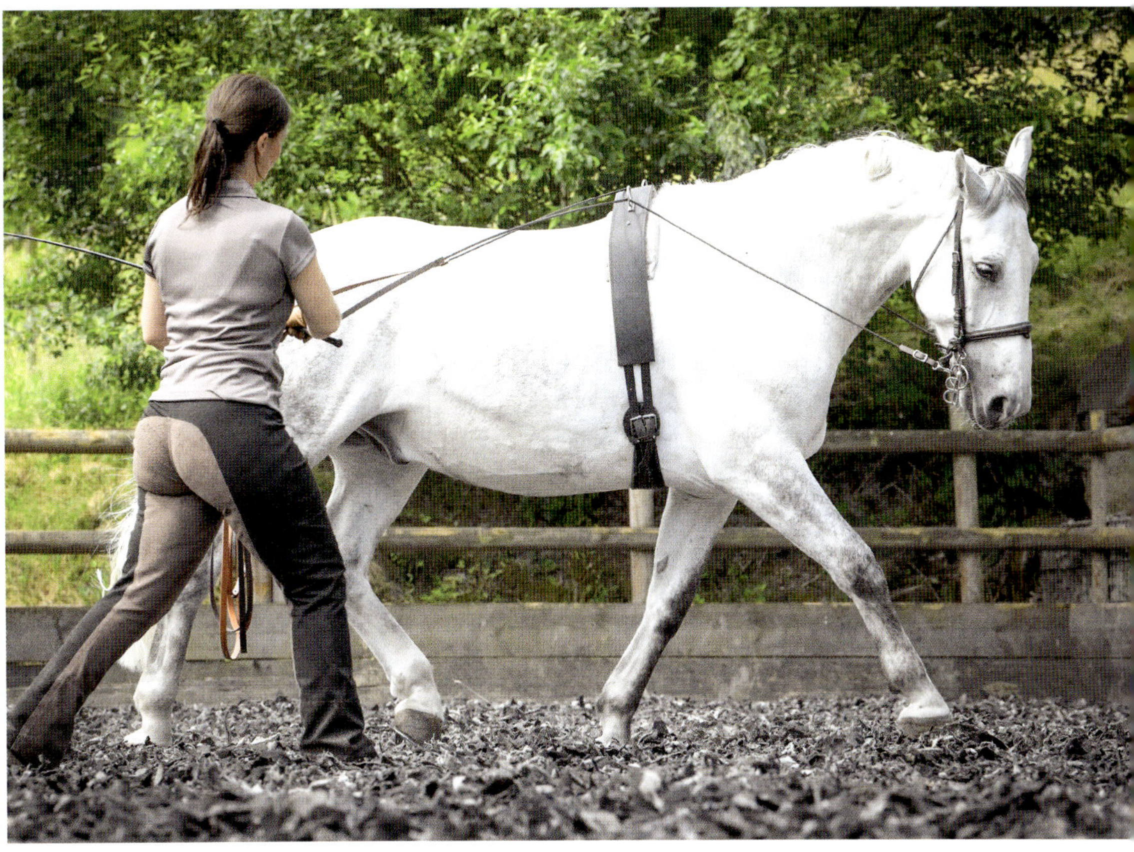

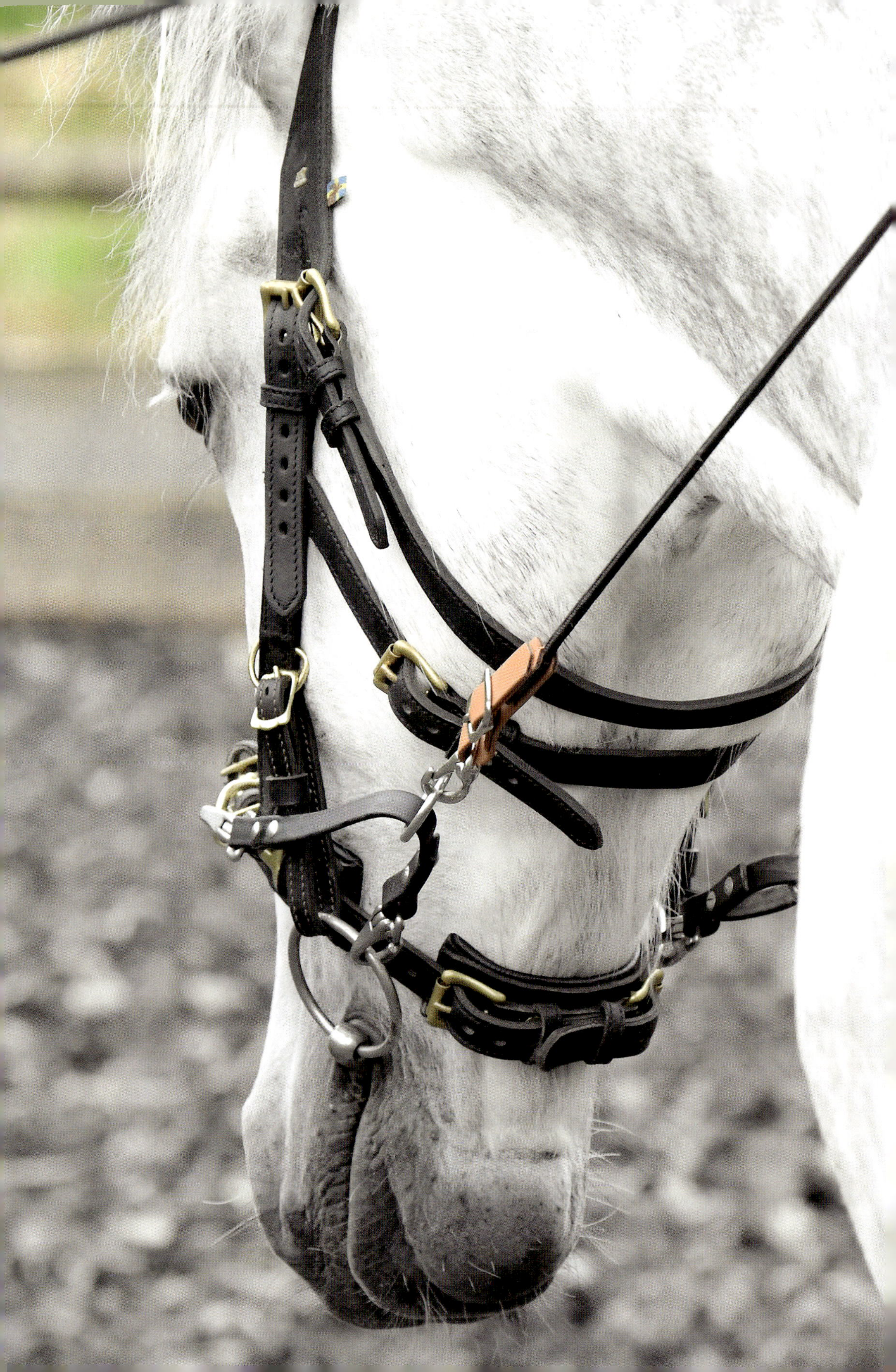

Die Verschnallungen der Doppellonge

Es gibt verschiedene Möglichkeiten, die Doppellonge am Pferd zu verschnallen. Sie unterscheiden sich vor allem darin, wie die Longen am Pferd laufen, und darin, in welcher Höhe die Doppellonge am Longiergurt eingeschnallt wird. Meist wird vermittelt, dass die Verschnallvariante und die Höhe, in der sie am Gurt verläuft, vom Ausbildungsstand des Pferdes, dem Ausbildungsziel und der gewünschten Halshaltung abhängen würde[3].

Ich möchte auf den kommenden Seiten die unterschiedlichen Möglichkeiten der Verschnallung und die dazugehörigen Lehrmeinungen[4] vorstellen. Natürlich hängt die Einwirkung auf das Pferd auch von der Anwendung und dem Einfühlungsvermögen des Longenführers ab, aber es gibt grundsätzliche Wirkungen der Verschnallungen, über die Sie sich bewusst sein sollten. Manche Varianten halte ich für sinnvoll, manche kann man getrost von vornherein verwerfen, da sie dem Pferd eher schaden als nutzen. Um Ihnen zu erklären, warum ich mit einigen Ansichten nicht konform gehe, werde ich bei jeder Variante, die ich Ihnen vorstelle, vor allem die Kräfteverteilung der Verschnallungen genauer unter die Lupe nehmen.

Kräfteverteilung der unterschiedlichen Verschnallungen

Um die Wirkung der einzelnen Verschnallungen zu verstehen, müssen physikalische Gesetzmäßigkeiten, die an der Doppellonge wirken, genauer betrachtet werden. Es handelt sich hierbei um Rollen, Flaschenzug, Hebel und Reibung.

Die Prinzipien der Rollen und des Flaschenzugs finden Sie an der Doppellonge bei den Umlenkungen der Longe durch ein Gebiss, durch die Leinenaugen am Longiergurt und an den Umlenkrollen.

Die Hebelwirkung findet durch die Einwirkung auf das Gebiss an allen Gelenken der Halswirbelsäule des Pferdes in horizontaler und vertikaler Ebene statt. Durch verschiedene Höhen der Verschnallungen entstehen unterschiedliche Hebelwirkungen in der vertikalen Ebene auf die Gelenke. In horizontaler Ebene wirken die Hebel in unterschiedlicher Stärke durch die Veränderung des Winkels der Doppellonge zum Hals des Pferdes.

Die Reibung findet stärker oder schwächer, je nach Beschaffenheit der Longe und der Gebiss- oder Longiergurtringe, an jedem Punkt statt, an dem die Doppellonge durch einen Ring oder eine Rolle umgelenkt wird. Die verschiedenen Prinzipien werden bei den Verschnallungen auch in Kombination genutzt.

[3] Richtlinien für Reiten und Fahren, Bd. 6, Longieren, FN Verlag, S. 152, 153, 154; Doppellonge – eine klassische Ausbildungsmethode, Wilfried Gehrmann, FN Verlag 2020, S. 37, S. 38, S. 58, S. 59, S. 60; Handbuch der Doppellongenarbeit, Horst Becker, Cadmos Verlag 2014, S. 29; Doppellongenarbeit – So macht man es richtig, Alfons J. Dietz / Daniela Bolze, Cadmos Verlag 2010, S. 14

[4] aus den verschiedenen Doppellongen-Lehrbüchern, siehe Literaturverzeichnis

Ich werde hier zuerst die grundsätzlichen Prinzipien erklären und beispielhaft zeigen, wo sie bei den Verschnallungen der Doppellonge vorkommen. Danach werden die einzelnen Verschnallungen und aufkommenden Fragen mithilfe dieser Prinzipien genauer betrachtet.

Feste Rolle, lose Rolle, Flaschenzug

Um die Richtung der Zugkraft, die einen Gegenstand bewegt, zu ändern oder zu verringern, verwendet man Rollen. Es gibt feste und lose Rollen. Feste Rollen sind immer fest verankert, sodass sich die Position der Rollen nicht ändern kann. Die losen Rollen haben keine Fixierung, sie werden vom Seil gehalten und sind daher beweglich. Kombiniert man die festen Rollen mit den losen Rollen, spricht man von einem Flaschenzug. Als Rollen dienen nicht nur die dafür bekannten Umlenkrollen. Die Verwendung jeglicher runder Form, um die ein Seil geführt werden kann, folgt dem gleichen Prinzip. Allerdings ist die Reibung bei einer Umlenkrolle in den meisten Fällen geringer (wenn sie sich leicht drehen lässt), als wenn das Seil nur um einen festen, runden Gegenstand, wie z. B. ein Leinenauge, geführt wird.

Feste Rolle

Bei der festen Rolle wird nur die Richtung der Kraft verändert. Die Zugkraft, die aufgewendet werden muss, ist genauso groß wie die Gewichtskraft durch die Last. Beispielsweise könnte die feste Rolle verwendet werden, wenn ein schwerer Eimer in den ersten Stock eines Hauses befördert werden soll. Dieser kann die Treppe oder die Leiter hochgetragen werden. Das ist aber sehr anstrengend. Mit einer festen Rolle, z. B. am Dachfirst befestigt, wird die Richtung der Zugkraft verändert und der Eimer kann bequem vom Boden aus nach oben gezogen werden. Auch wenn die Zugkraft genauso hoch ist wie die Gewichtskraft des Eimers, ist es einfacher, den Eimer mithilfe des gesamten Körpergewichts über ein Seil nach oben zu ziehen, anstatt ihn nach oben zu tragen.

Beim Prinzip der festen Rolle wird die Kraft durch das Seil also einfach weitergegeben. Bei Vernachlässigung der Reibung wird die Belastung nicht verändert oder geteilt. Die Gewichtskraft des Eimers hängt direkt am Seil. Am Punkt, der die feste Rolle hält, wirkt die Summe der beiden nach unten gerichteten Kräfte. Sie ist doppelt so hoch wie die Gewichtskraft des Eimers.

Bei der Doppellongenarbeit wird diese Variante immer dann verwendet, wenn eine Umlenkung an einem fixen Punkt befestigt ist. Das sind alle Umlenkungen der Longe über den Longiergurt oder über Umlenkrollen, die am Longiergurt befestigt sind.

Lose Rolle

Beim Prinzip der losen Rolle wird die aufzuwendende Seilkraft verkleinert. Hierbei ist die Rolle als loses Bauteil am Seil angebracht. Nehmen wir das Beispiel mit dem Eimer vom Prinzip der festen Rolle. Statt unten am Boden steht der Mensch nun oben im ersten Stock. Das Seil ist an einem Haken am Dachfirst befestigt. Am Eimer wird dann mit einem weiteren Haken die lose Rolle befestigt, über die das Seil, an dem der Eimer nach oben gezogen wird, wieder nach oben führt. Sind z. B. beide Seilenden oben am Dachfirst befestigt, verteilt sich die Last auf beide Hälften des Seils gleichmäßig. Das Gleiche gilt auch, wenn an einem Seilende gezogen wird. Für eine lose Rolle gilt bei parallel verlaufenden Seilen und bei Vernachlässigung der Reibung, dass die Zugkraft halbiert wird.

Obwohl also die gleiche Gewichtskraft bewegt werden soll wie bei der festen Rolle, ist die notwendige Zugkraft mithilfe der losen Rolle nur noch halb so groß. Allerdings hängt bei der losen Rolle das Gewicht des Eimers auch nicht direkt am Seil, sondern an der Rolle.

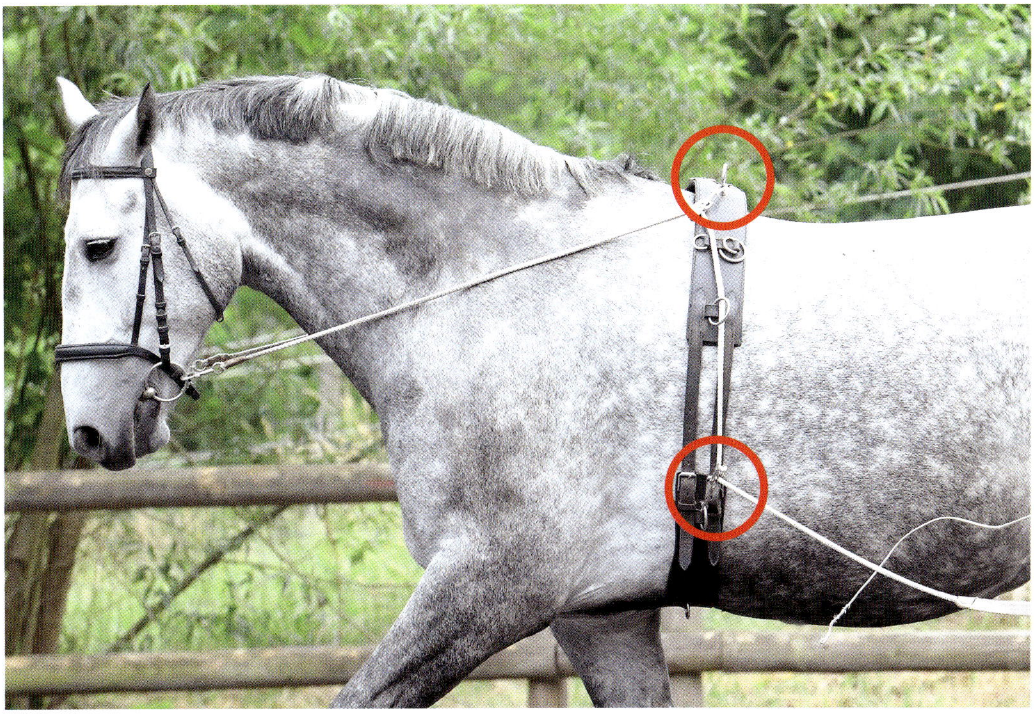

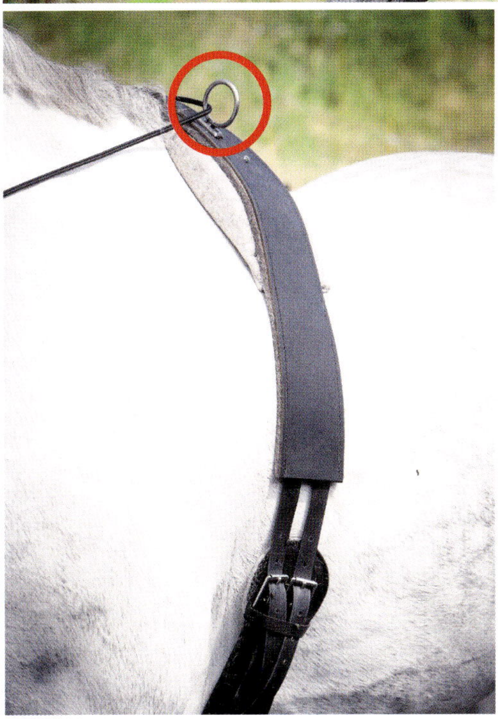

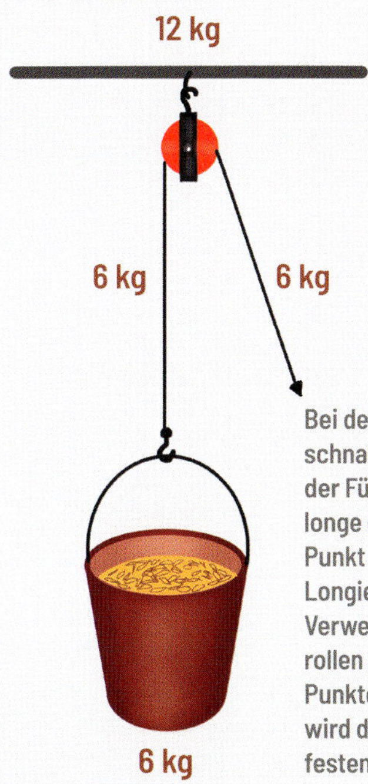

Bei der direkten Verschnallung, also bei der Führung der Doppellonge durch einen fixen Punkt (Leinenauge) am Longiergurt und bei der Verwendung von Umlenkrollen an ebenfalls fixen Punkten am Longiergurt, wird das Prinzip der festen Rolle angewendet.

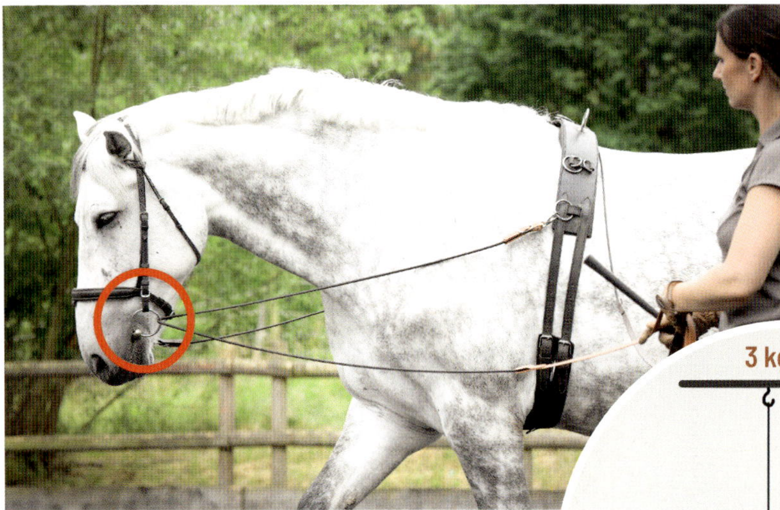

Bei der V-Verschnallung wird das Prinzip der losen Rolle angewendet. Der Gebissring stellt die lose Rolle dar. Die Befestigung am Gurt ist der fixe Punkt und der Longenführer übt die Zugkraft aus.

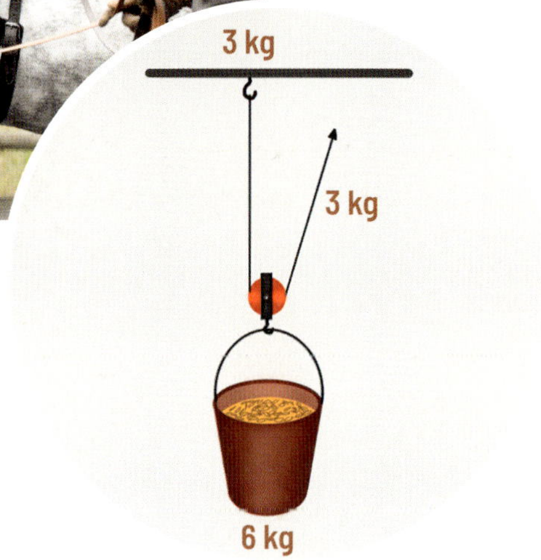

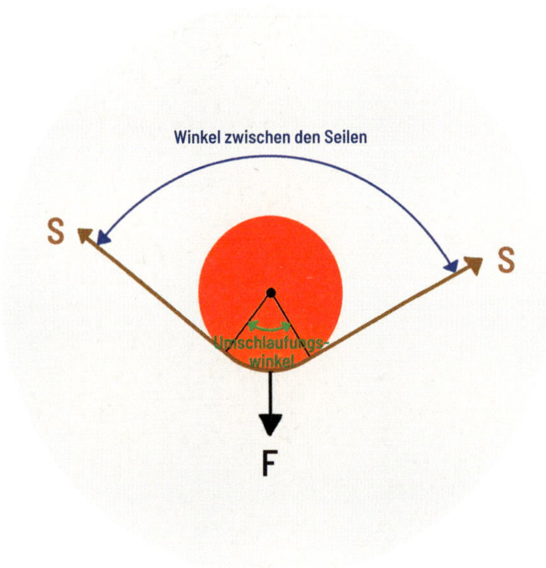

Sobald die Seile weiter auseinanderverlaufen, vergrößert sich der Winkel zwischen ihnen, während sich der Umschlaufungswinkel verkleinert. Dabei vergrößert sich die Seilkraft S, die Gewichtskraft F verringert sich. Bei 120 Grad zwischen den Seilen und einem Umschlaufungswinkel von 60 Grad gibt es ein Kräftegleichgewicht, überall wirken dann die gleichen Kräfte, z. B. zwei Kilo. Ist der Winkel zwischen den Seilen größer als 120 Grad, so ist die Kraft F kleiner als die Seilkraft S.

Bei der Betrachtung der losen Rolle geht man immer von parallel verlaufenden Seilen aus. Dabei beträgt der Winkel zwischen den Seilen null Grad. Das Seil läuft genau um die halbe Rolle; somit beträgt der Umschlaufungswinkel an der Rolle 180 Grad. Bei Vernachlässigung der Reibung ist die Kraft F doppelt so groß wie die Kraft S. Genau wie auf dem Bild oben ist die Kraft F am Eimer sechs Kilo schwer und die Seilkraft S jeweils drei Kilo.

Flaschenzug

Beim Flaschenzug werden feste und lose Rollen kombiniert. Hierfür gibt es viele verschiedene Varianten. Mithilfe dieser Kombinationen lässt sich die Richtung der Zugkraft verändern und die notwendige Zugkraft verringern, da die Gewichtskraft der Last noch stärker verteilt wird, je mehr Rollen eingebaut werden.

Befestigt man das Ende, an dem eigentlich gezogen wird, verteilt sich die Gewichtskraft der Last auf alle tragenden Seile. Das wären in der hier unten gezeigten Abbildung zwei Stück. Das heißt, dass in diesem Beispiel eines Flaschenzugs die notwendige Zugkraft nur noch die Hälfte der Gewichtskraft der Last betragen würde.

Wenn wir wieder zu unserem Bild von dem Haus zurückkehren, zieht der Mensch diesmal wieder von unten mithilfe des eigenen Körpergewichts. Es ist aber nur noch die Hälfte der Zugkraft im Vergleich zur festen Rolle notwendig, um den Eimer nach oben zu ziehen.

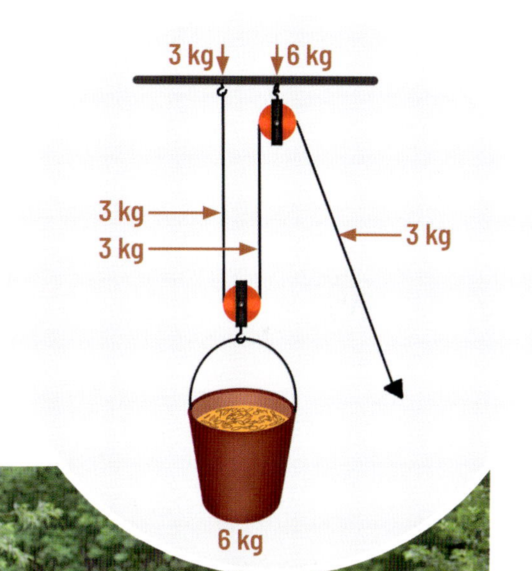

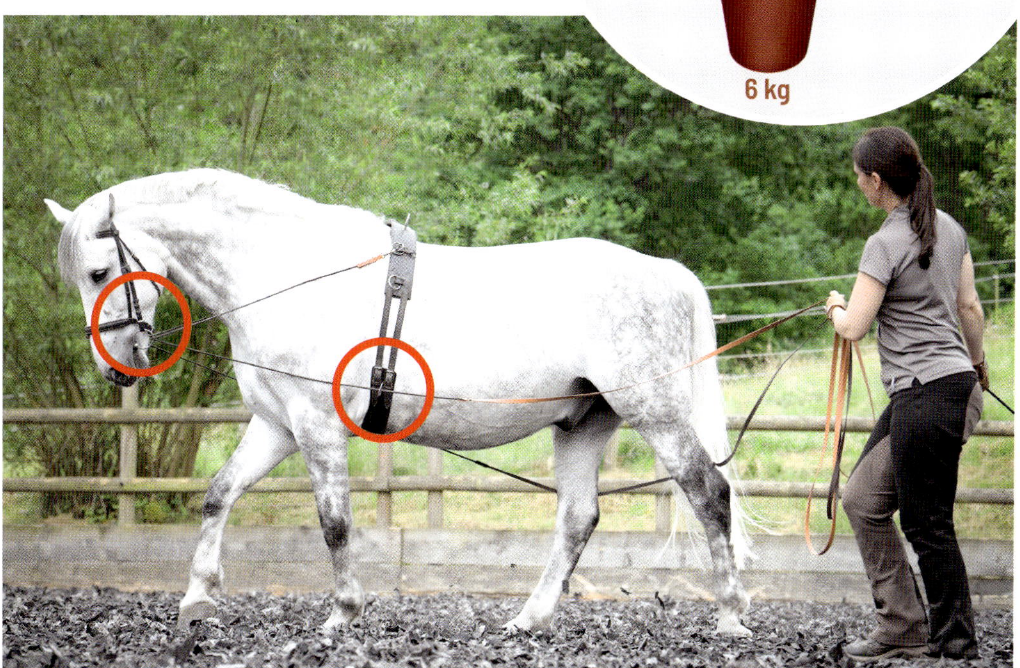

Bei allen Verschnallungen, die vom Longiergurt über das Gebiss wieder zum Longiergurt und erst dann zur Hand des Longenführers verlaufen, wird das Prinzip eines Flaschenzugs angewandt. Hier fungiert der Gebissring als lose Rolle und der Ring am Longiergurt als feste Rolle, über die die Longe umgelenkt wird.

Hebel

Als Hebel (Kraftarm – blaue Linie) wird der Abstand zwischen der Kraftwirkungslinie (blau gestrichelte Linie) und dem Drehpunkt der Bewegung bezeichnet. Der Hebel wirkt immer im rechten Winkel auf die Kraftwirkungslinie. Hebel helfen dabei, mit wenig Aufwand viel Kraft zu erzeugen. Mit Hebeln werden im Alltag viele Dinge erleichtert, zum Beispiel beim Schneiden, beim Nüsseknacken, beim Transportieren.

Der Hebel verlängert hierbei den Weg, den eine Kraft zurücklegt, und verringert sie dadurch. Es gibt bei allen Hebeln einen Lastarm und einen Kraftarm. Der Lastarm ist der Hebelarm, auf den die Kraft der Last wirkt, die bewegt werden soll. Der Kraftarm ist der Hebelarm, auf den die Kraft wirkt, mit der bewegt werden soll. Im Allgemeinen gilt: Je länger der Kraftarm im Verhältnis zum Lastarm ist, desto kleiner die Kraft, die aufgebracht werden muss.

Es gibt verschiedene Arten von Hebeln. Es gibt einseitige (wie ein Nussknacker) und zweiseitige (wie eine Zange). Außerdem gibt es gerade Hebel (wie eine Schubkarre) und Hebel mit einem Winkel (wie eine Sackkarre). Bei einseitigen Hebeln weisen alle beteiligten Kräfte auf dieselbe Seite des Drehpunkts. Bei zweiseitigen Hebeln weisen die beteiligten Kräfte in entgegengesetzte Richtungen.

Bei der Doppellongenarbeit, aber auch beim Reiten oder in der Handarbeit, sprich, bei allen Versionen, bei denen mit einem Zügel auf den Kopf und den Hals des Pferdes eingewirkt wird, kommen Hebelkräfte zum Einsatz. Hierbei wird der einseitige Hebel verwendet. Dieser Hebel kann in der vertikalen Ebene wirken (Kopf wird in Richtung Brust nach unten bewegt), aber auch in der horizontalen Ebene (Kopf wird auf die Seite bewegt).

Einseitiger Hebel

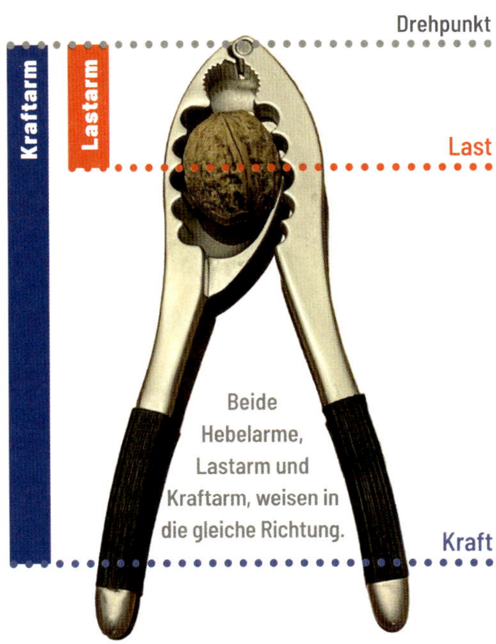

Zweiseitiger Hebel

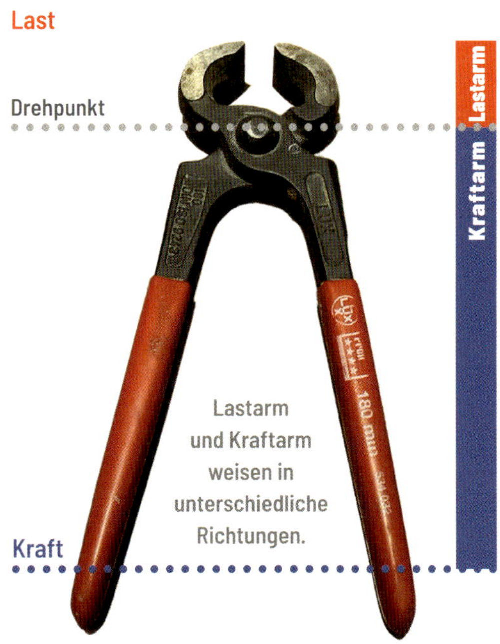

Sie können sich z. B. den Pferdekopf als den einen Griff eines Nussknackers vorstellen und den Hals als den anderen. Der Drehpunkt kann jedes einzelne Gelenk in der Halswirbelsäule sein. (Beispielhaft wurde hier das zweite Gelenk, das Atlantoaxialgelenk zwischen dem ersten und zweiten Halswirbel ausgewählt.) Als Last fungiert hier die Muskelkraft des Pferdes um das Gelenk herum, die gegen die Kraft der Longe hält, um den Kopf nicht zu stark anwinkeln zu müssen. Die Kraft ist die Zugkraft der Longe zwischen Kopf (Gebiss oder Kappzaum) und dem Leinenauge am Longiergurt. Kopf und Hals drehen hier in der vertikalen Ebene nach unten mit der Nase in Richtung Brust.

Bei der Hebelkraft, die in der horizontalen Ebene wirkt, können Sie sich auch wieder einen Nussknacker vorstellen, der aber nicht vom jeweiligen Gelenk nach unten verläuft, sondern im rechten Winkel zum Pferdekörper. Dieser Hebel sorgt dafür, dass sich der Hals in eine Richtung auf die Seite bewegt. Der Drehpunkt ist dann wieder eines der Gelenke der Halswirbelsäule. Als Last fungiert wieder die Muskelkraft um das Gelenk herum, die gegen die Kraft der Longe wirkt. Die Kraft ist auch hier wieder die Zugkraft der Longe, allerdings in seitwärtsweisender Funktion.

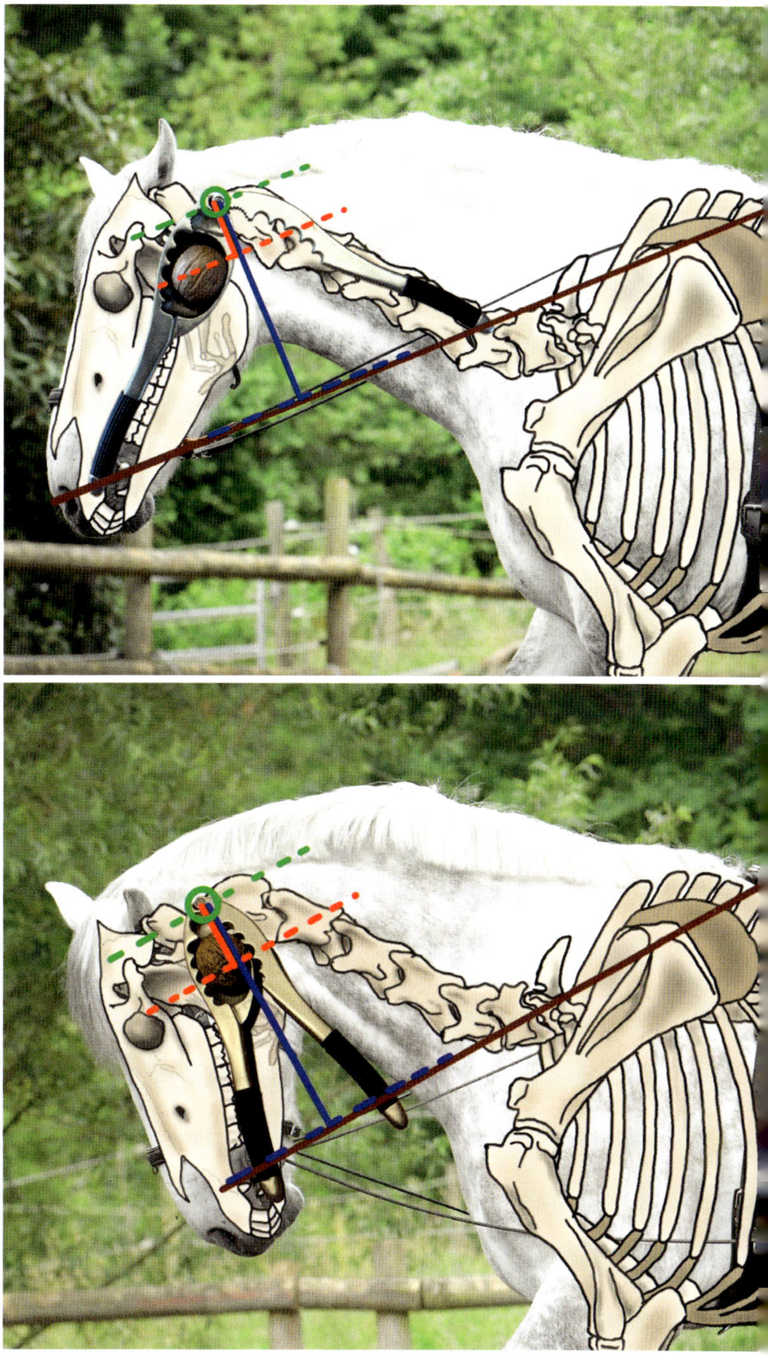

Hebelwirkung auf Kopf- und Halsbereich des Pferdes in der vertikalen Ebene

Um auszuprobieren, wie ein Hebel auf die eigene Muskelkraft wirkt, können Sie eine Milchpackung in die Hand nehmen. Diese Milchpackung wiegt ein Kilo. Positionieren Sie die Milchpackung ganz nah an der Schulter, können Sie sie relativ lange halten. Sobald Sie aber versuchen, dieselbe Milchpackung mit nach vorn ausgestrecktem Arm zu halten, ist die eigene Kraft deutlich schneller aufgebraucht und Sie müssen den Arm senken.

Die Reibung

Wenn zwei Körper sich berühren und bewegt werden sollen, dann haften oder gleiten sie aneinander entlang. Da die Körper nicht komplett glatt sein können, wirken zwischen den beiden Körpern Kräfte, die als Reibungskräfte bezeichnet werden. Diese Reibungskräfte wirken immer entgegen der Bewegung der Kraft, die den Körper bewegen möchte (Zugkraft).

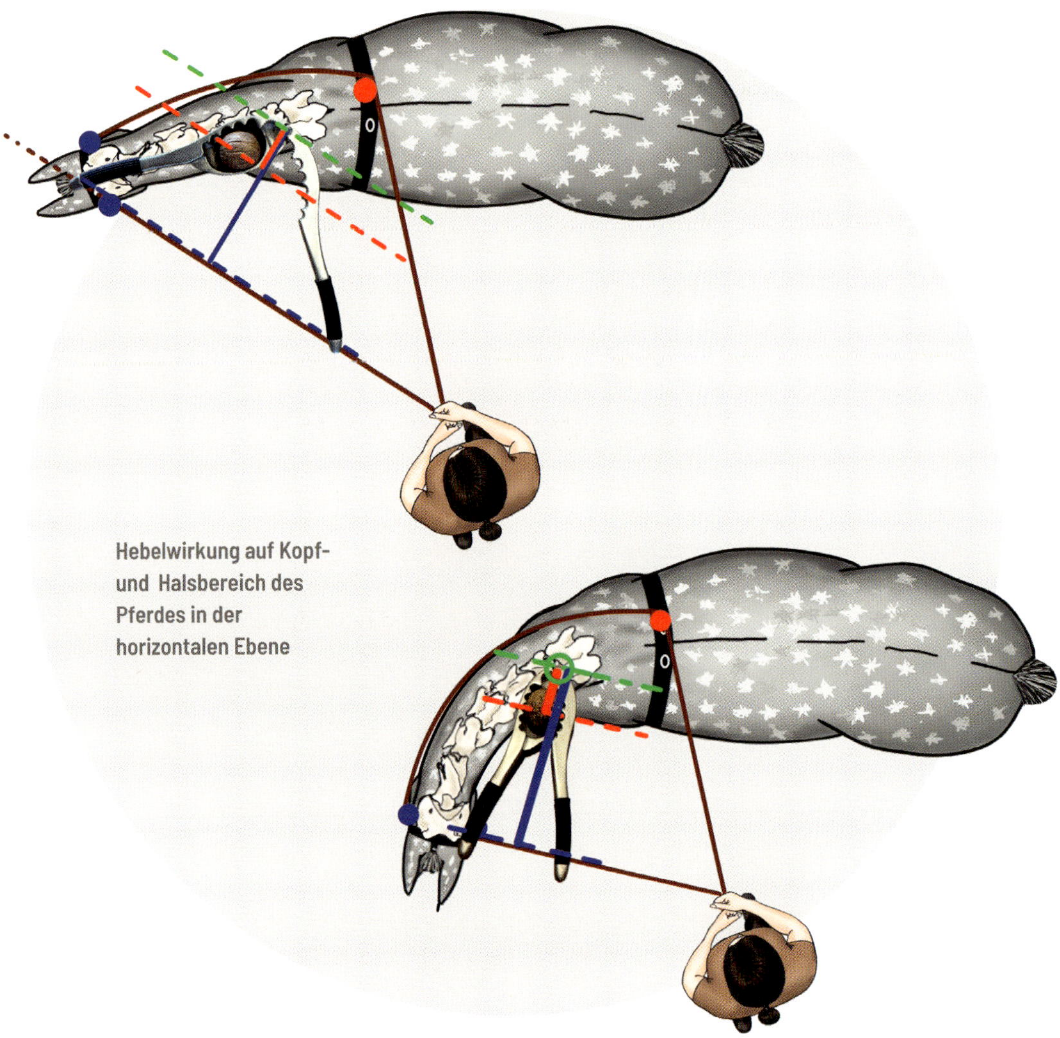

Hebelwirkung auf Kopf- und Halsbereich des Pferdes in der horizontalen Ebene

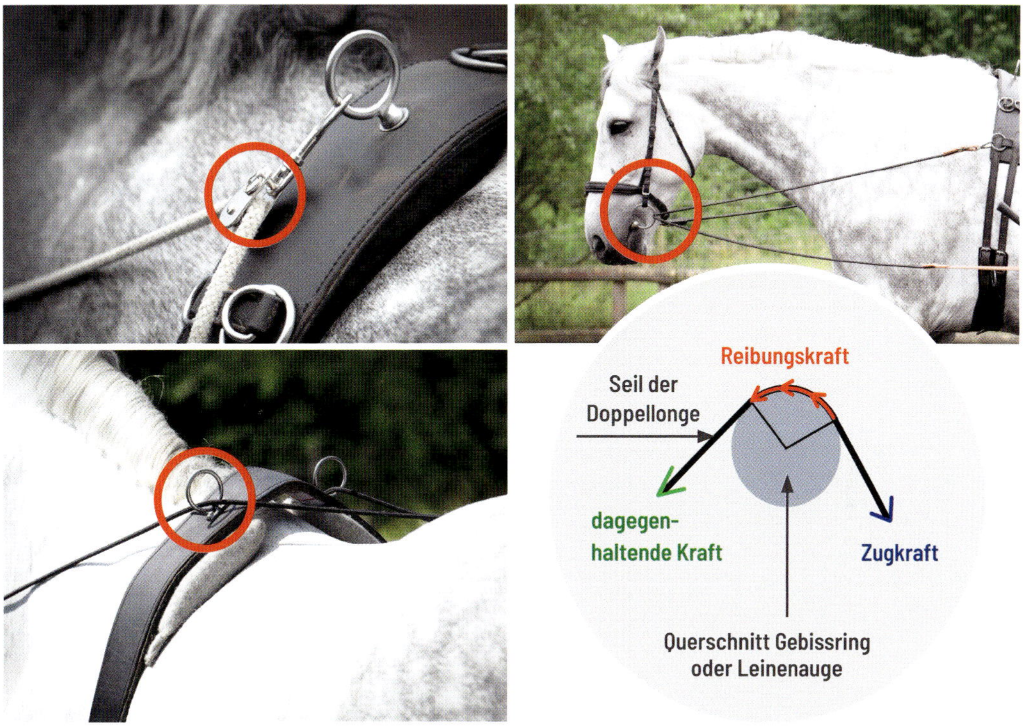

Der graue Kreis stellt den Querschnitt durch das Metall eines Gebissringes oder eines Leinenauges dar. Die dagegenhaltende Kraft könnte das Pferd sein, die Zugkraft der Longenführer mit seiner Zügelhilfe. In dem Fall wirkt die Reibungskraft in Richtung des Pferdes, und der Longenführer muss mehr Zugkraft aufbringen als das Pferd.

Eine von vielen verschiedenen Reibungsvarianten ist die Seilreibung. Diese findet bei der Doppellongenarbeit z. B. an der Umlenkrolle, im Leinenauge oder im Gebissring statt.

Seilreibung entsteht, wenn ein biegbares Seil um einen runden Gegenstand geschlungen wird und an beiden Seilenden Kräfte wirken. Auf der einen Seite wirkt die Zugkraft, auf der anderen Seite die dagegenhaltende Kraft. Die Reibungskräfte wirken in Richtung der dagegenhaltenden Kraft, daher muss auf der anderen Seite eine größere Zugkraft aufgebracht werden, um das Seil zu bewegen. Die Zugkraft muss größer sein als die dagegenhaltende Kraft und die Reibungskraft zusammen, um das Seil zu bewegen. Wie stark die Reibungskraft ist, hängt davon ab, wie die Oberflächen der beiden Körper beschaffen sind und an wie viel Fläche sie sich berühren. Je glatter die beiden Flächen sind und je weniger sie sich berühren, desto geringer ist die Reibungskraft.

Nachdem ich die physikalischen Prinzipien, die bei den verschiedenen Verschnallungen wirken, nun erklärt habe, können wir die Verschnallungen deutlich besser kritisch hinterfragen. Die einzelnen Verschnallungen werde ich nun nacheinander erklären unter Berücksichtigung der jeweils vorherrschenden Lehrmeinung. Ich möchte herausfinden, inwieweit diese sich durch die Anwendung der physikalischen Gesetzmäßigkeiten bestätigen lässt, und versuchen, dabei aufkommende Fragen zu beantworten.

Die V-Verschnallung oder Remontenverschnallung

Bei der V-Verschnallung oder auch Remontenverschnallung wird die innere Longe von der Hand des Longenführers zuerst durch das Gebiss oder den Kappzaum geführt und von dort aus im Longiergurt verschnallt. Die äußere Longe führt von der Hand aus über den Rücken des Pferdes in einen äußeren Ring des Longiergurts und von dort zum Gebiss oder zum Kappzaum.
Bei dieser Art der Verschnallung ist die Verbindung des Pferdes mit den Longen auf der Innenseite und der Außenseite unterschiedlich. Aufgrund dessen ist es nicht möglich, einen fließenden Handwechsel mit dieser Verschnallungsvariante zu longieren. Sie müssen bei einem Handwechsel die Longen umschnallen.

Die V-Verschnallung oder Remontenverschnallung wird als die Verschnallung vermittelt[5], die sich für die ersten Schritte des Pferdes mit der Doppellonge am besten eignet. Schon der Name Remontenverschnallung suggeriert, dass diese Art der Verschnallung sich besonders bei jungen Pferden bewährt hat und es sich folglich um die für das Pferd sanfteste und angenehmste Verschnallung handeln muss.

Bei dieser Verschnallung soll gerade dem noch unerfahrenen Pferd Stellung und Biegung deutlich leichter fallen, da die Hilfen auch seitlich zum Longenführer wirken, nicht nur zum Gurt des Pferdes. Das Pferd soll durch diese Verschnallung die stellende Longenhilfe kennenlernen. Es heißt, auf die Zunge des Pferdes erfolge kein direkter Druck[6] und die Hilfen für das Pferd seien verständlicher und weicher als bei der direkten Verschnallung. Zudem wird die These aufgestellt, dass es mit dieser Verschnallung einfacher sei, die Longen anzunehmen und nachzugeben, da sie innen direkt zum Gebiss laufen und nicht über den Longiergurt umgelenkt würden.

Variante der V-Verschnallung

Bei der Variante der V-Verschnallung verläuft die innere Longe von der Hand direkt an den Kappzaum oder an das Gebiss. Verwenden Sie hierbei ein Gebiss, sollten Sie sich für ein Longiergebiss oder eine Schenkeltrense entscheiden, damit es nicht aus dem Maul gezogen werden kann. Die Einwirkung nach hinten an der inneren Longe entfällt komplett.

Anwendung der physikalischen Grundsätze auf die V-Verschnallung

Bei der V-Verschnallung wird an der inneren Longe das Prinzip der losen Rolle am Gebiss verwendet und an der äußeren Longe das der festen Rolle am Longiergurt. Da die Unterschiede der Verschnallungen hauptsächlich an der inneren Longe stattfinden, wird zunächst nur diese betrachtet.

Bei Vernachlässigung der Reibung und, wie auf Seite 46 erklärt, parallel zu den an der Umlenkrolle (den Gebissring) verlaufenden Seilen (180 Grad) wäre die Kraft, die im Maul des Pferdes ankommt, genau doppelt so groß, wie

[5] FN Richtlinien für Reiten und Fahren Band 6, Longieren, FN-Verlag, 2022, S. 152, 163; FN Richtlinien für Reiten und Fahren Band 5, Fahren, FN-Verlag, 2020, S. 149; Doppellonge – eine klassische Ausbildungsmethode, Wilfried Gehrmann, FN-Verlag, 1998, S. 45–46; Kreative Doppellongenarbeit, Karin Tillisch, Cadmos Verlag, 2019, S. 25, 26, 32; Handbuch der Doppellongenarbeit, Horst Becker, Cadmos Verlag, 2019, S. 65; Hohe Schule mit der Doppellonge, Philippe Karl, Cadmos Verlag, 2010; Doppellongenarbeit, Alfons J. Dietz / Daniela Bolze, Cadmos Verlag, 2002, S. 14

[6] Handbuch der Doppellongenarbeit, Horst Becker, Cadmos 2014, S. 65; Doppellongenarbeit - So macht man es richtig, Alfons J. Dietz / Daniela Bolze, Cadmos Verlag 2010, S. 14; Hohe Schule mit der Doppellonge, Philippe Karl, Cadmos Verlag 2010, S. 32

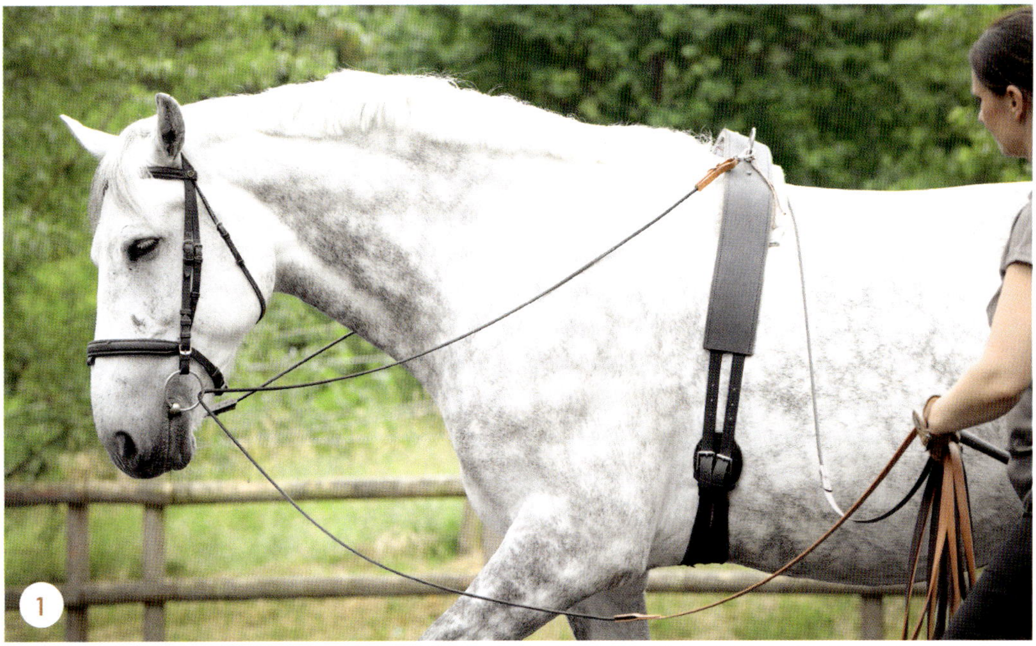

1

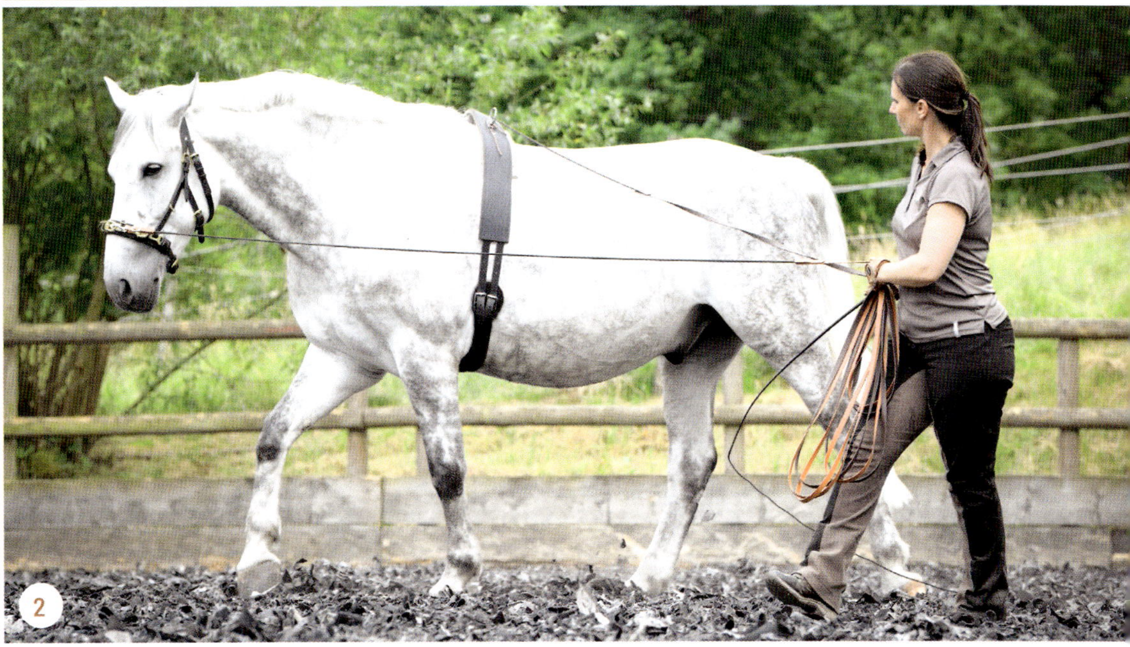

2

Bild 1: Die innere Longe führt von der Hand über das Gebiss zum Longiergurt, die äußere Longe von der Hand über den Gurt zum Gebiss (V-Verschnallung).

Bild 2: Die innere Longe führt von der Hand direkt an den mittig auf dem Nasenrücken angebrachten Ring des Kappzaums (Variante der V-Verschnallung).

der Longenführer an Zugkraft auf die Longe ausübt. Dadurch, dass die Longen aber nicht im 180-Grad-Winkel an das Gebiss laufen, wird die auf das Gebiss wirkende Kraft im Verhältnis etwas weniger. Trotzdem ist sie noch deutlich höher als die Zugkraft des Longenführers. Es wirkt nicht nur die Zugkraft des Longenführers auf das Maul, sondern auch zusätzlich die Kraft, die rückwärts in Richtung Gurt wirkt.

Die Skizzen sind immer mit einer Zugkraft des Longenführers von 3,5 kg und einer geschätzten Reibungskraft von 0,29 mµ berechnet.

Außer der losen Rolle am Gebiss wirkt noch die Hebelkraft bei Verwendung der V-Verschnal-

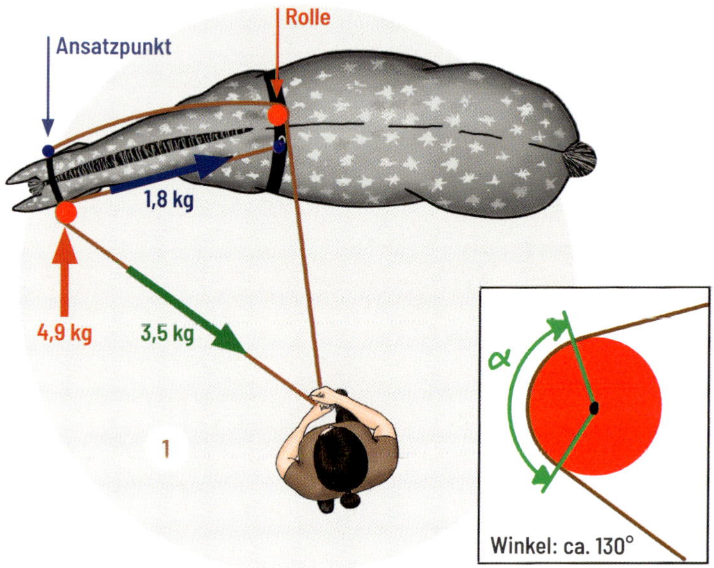

Bild 1:
Steht der Longenführer eher auf Höhe des Longiergurts, ist die Auflagefläche am Gebiss kleiner (Umschlingungswinkel ist geringer). Durch die Umlenkung an der losen Rolle am Gebiss des Pferdes wirken auf das Maul deutlich höhere Kräfte als die einwirkende Zugkraft des Longenführers.

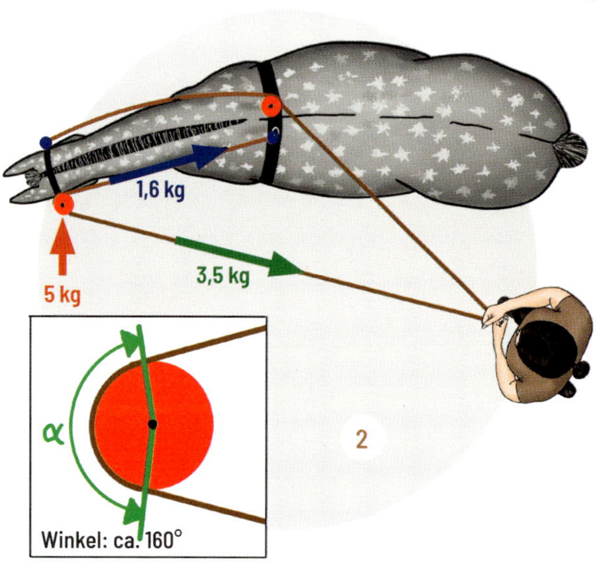

Bild 2:
Verändert der Longenführer seine Position in Richtung Hinterhand des Pferdes, vergrößert sich die Auflagefläche am Gebissring (lose Rolle). Dadurch erhöht sich nochmals die Kraft, die auf das Maul einwirkt. Je weiter hinten der Longenführer einwirkt, desto größer ist die Kraft auf das Maul. Ohne Reibung wären es 3,5 kg beim Longenführer, 6,9 kg am Maul und 3,5 kg am Gurt.

	OHNE REIBUNG		MIT REIBUNG	
Winkel	**Maul**	**Gurt**	**Maul**	**Gurt**
100	5,4	3,5	4,4	2,1
120	6,1	3,5	4,8	1,9
130	6,3	3,5	4,9	1,8
140	6,6	3,5	5,0	1,7
160	6,9	3,5	5,0	1,6
180	7,0	3,5	4,9	1,4

In dieser Tabelle sehen Sie die Veränderungen der Kräfte bei einer Zugkraft von 3,5 kg des Longenführers an Maul und Gurt. Je größer der Winkel der Auflagefläche an der Umlenkung, desto größer ist die Kraft, die bei gleichbleibender Einwirkung auf das Maul des Pferdes wirkt. Außerdem sehen Sie, wie viel Kraft durch die Reibungskraft verloren geht. Der Longenführer muss für das gleiche Kraftergebnis am Maul mehr Zugkraft aufbringen. Das Gleiche gilt umgekehrt, wenn das Pferd der Zugkraft entgegenwirken möchte.

lung. Dadurch, dass die kraftauswirkende Longe nicht parallel zum Hals verläuft, sondern mit einem größeren Winkel, wirken große Hebelkräfte auf die Gelenke der Halswirbelsäule. Dadurch lässt sich der Hals sehr einfach auf die Seite bewegen. Das Pferd ist auch einfacher abzuwenden und der Longenführer hat eine deutlich größere Einwirkung, falls das Pferd versucht, aus dem Zirkel auszubrechen oder sich loszureißen. Hierbei ist es wichtig zu verstehen, dass ein Hebel bei gefühlvoller Anwendung nicht grundsätzlich schlecht ist. Allerdings ist er in Kombination mit z. B. der Umlenkung am Gebiss ein sehr mächtiges Instrument, über dessen Einwirkung Sie sich bewusst sein müssen.

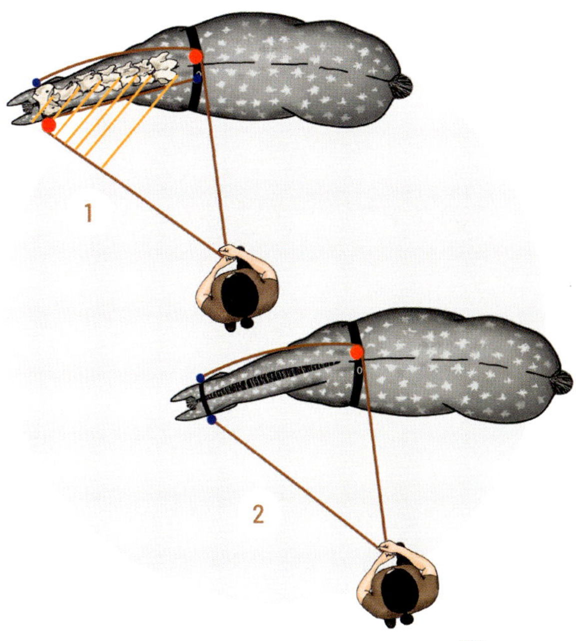

Bild 1:
An dieser Skizze sieht man deutlich, dass die Hebel (Kraftarme) immer größer werden, je näher das Gelenk der Halswirbelsäule dem Rumpf ist. Die Hebel sind sehr groß. Das Pferd hat kaum eine Chance, gegen diese Hebel in Kombination mit der Verstärkung der Kraft durch die Umlenkung am Gebiss anzugehen.

Bild 2:
Bei der Variante der V-Verschnallung, bei der die innere Longe direkt am Gebiss oder am Kappzaum verschnallt ist, wirkt dort nur die reine Zugkraft des Longenführers. Es gibt keine Kraft in Richtung des Longiergurts. Die innere Longe wirkt damit wie eine einfache Longe, die am Kappzaum verschnallt ist. Die Hebelkräfte auf die Halswirbelsäule sind die gleichen, egal ob es sich um die einfache Kappzaumlonge, die normale V-Verschnallung oder die Variante der V-Verschnallung handelt, da der Winkel der Longe zum Hals der gleiche ist.

Die direkte Verschnallung über den Rücken

Bei der direkten Verschnallung über den Rücken wird die innere Longe von der Hand des Longenführers durch einen Ring an der Innenseite des Longiergurts zum Gebiss oder zum Kappzaum geführt. Die äußere Longe läuft von der Hand über den Rücken durch einen Ring an der Außenseite des Gurtes und von dort zum Gebiss oder Kappzaum.

Bei dieser Art der Verschnallung sind somit beide Longen auf der Außen- und Innenseite gleich verschnallt. Dadurch ist es möglich, einen fließenden Handwechsel zu longieren, ohne die Longen umschnallen zu müssen.

Sind die Longen relativ tief am Gurt eingeschnallt, wird diese Verschnallung teilweise als Zwischenschritt zwischen der V-Verschnallung und der direkten Verschnallung, bei der die äußere Longe hinter der Hinterhand verläuft, verwendet. Sind beide Longen ganz oben am Gurt eingeschnallt, wird diese Verschnallung als diejenige bezeichnet, die der Reiterhand am nächsten kommt[7].

[7] FN Richtlinien für Reiten und Fahren Band 6, Longieren, FN-Verlag, 2022, S. 153-154

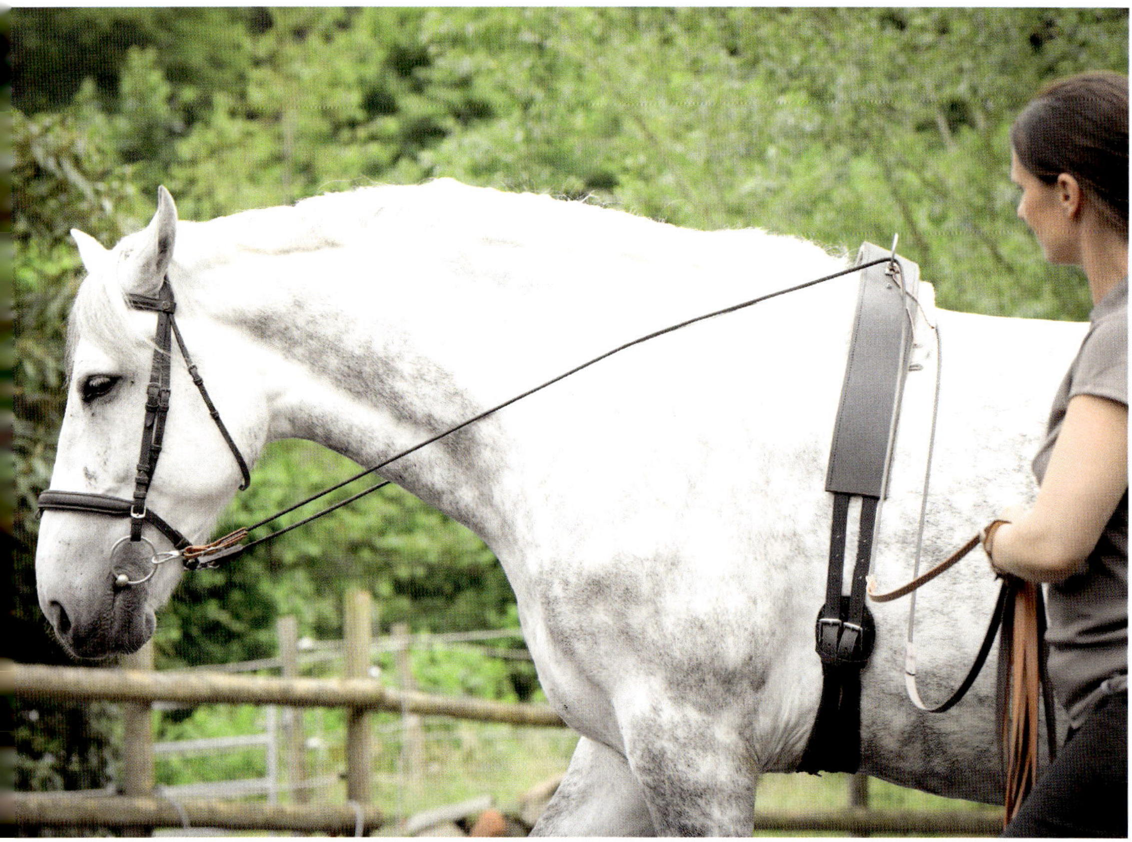

Beide Longen führen von der Hand über den Longiergurt zum Gebiss. Die äußere Longe verläuft über den Rücken.

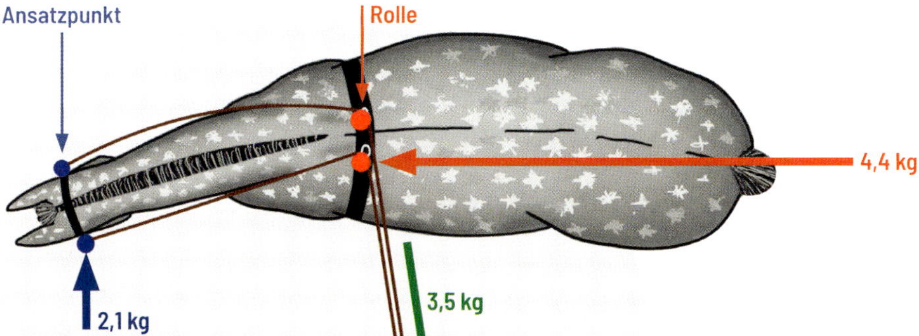

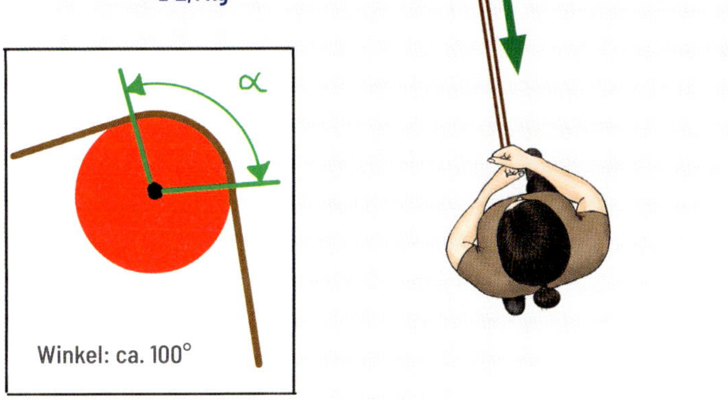

Steht der Longenführer eher auf Höhe des Longiergurts, ist die Auflagefläche am Leinenauge des Longiergurts größer. Daher ist auch die Reibungskraft am Longiergurt höher, je weiter vorn der Longenführer in Richtung Kopf steht. Die Seilkraft am Gebiss ist durch die Reibung kleiner als die Zugkraft, die der Longenführer einsetzt.Ohne Reibung wären es 3,5 kg beim Longenführer, 3,5 kg am Maul, 5,4 kg am Gurt.

Im Vergleich zur Remontenverschnallung hört sich der Begriff „direkte Verschnallung" so an, als wäre sie härter und somit unangenehmer für das Pferd. Diese Verschnallung fühlt sich oft auch fester in der Hand des Longenführers an. Beim „Stellen und Biegen" und auch beim Abwenden reagiert das Pferd nicht so „leicht" auf die Hilfe wie bei der V-Verschnallung. Darum wird oft behauptet,[8] diese Verschnallung sei für das Pferd anspruchsvoller, da keine seitliche Einwirkung vorhanden ist und die Kraft nur in Richtung des Gurtes wirkt. Aus diesem Grund wird oftmals dazu geraten, diese Verschnallung erst nach dem Einsatz der V-Verschnallung zu verwenden. Bei dieser Form der Verschnallung passiert es häufiger, dass der Longiergurt in Richtung Hals des Pferdes gezogen wird oder nach innen über den Rücken in Richtung der Zugkraft der Longen verrutscht.

Anwendung der physikalischen Gesetzmäßigkeiten auf die direkte Verschnallung

Bei der direkten Verschnallung wird an beiden Longen das Prinzip der festen Rolle am Longiergurt verwendet.

Da die feste Rolle die Kraft nur umleitet, wäre bei Vernachlässigung der Reibung die Zugkraft des Longenführers identisch mit der Kraft, die beim Pferd im Maul ankommt. Da aber in der Realität bei einer Umlenkung immer Reibungskräfte entstehen, werden diese Werte wieder mit einem Wert für die Reibung berechnet, der in Versuchen mit Waagen, die ich an einem Holzpferd durchgeführt habe, ungefähr herauskam.

Die Zugkraft wirkt ausschließlich in Richtung Longiergurt. Es gibt keine seitliche Einwirkung.

[8] Handbuch der Doppellongenarbeit, Horst Becker, Cadmos Verlag, 2019, S. 65, 83

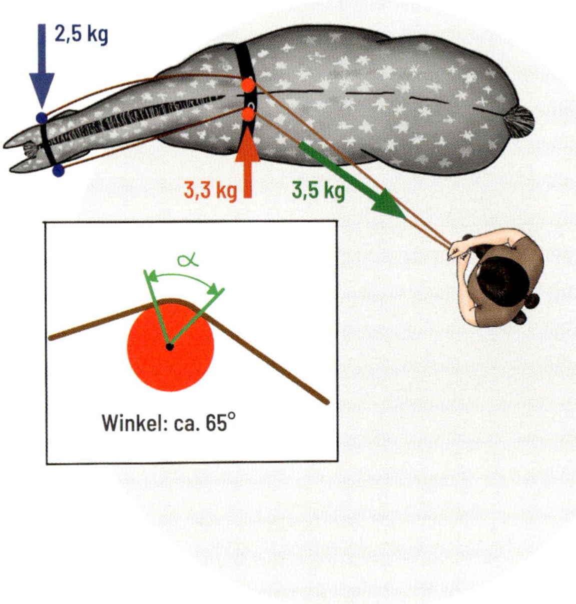

	OHNE REIBUNG		MIT REIBUNG	
Winkel	**Maul**	**Gurt**	**Maul**	**Gurt**
0	3,5	0,0	3,5	0,0
40	3,5	2,4	2,9	2,3
65	3,5	3,8	2,5	3,3
85	3,5	4,7	2,3	4,0
100	3,5	5,4	2,1	4,4
130	3,5	6,3	1,8	4,9

Bei einer Zugkraft des Longenführers von 3,5 kg entstehen die hier angegebenen Werte. Hier sieht man wieder die Veränderungen der Kräfte an Maul und Gurt. Je kleiner der Winkel der Auflagefläche an der Umlenkung ist (Longenführer geht bei 0 Grad hinter die Hinterhand des Pferdes), desto mehr nähert sich die Kraft am Maul der Zugkraft des Longenführers an, da die Reibung durch weniger Auflagewinkel geringer wird.

Positioniert sich der Longenführer eher auf Höhe der Hinterhand, ist die Auflagefläche am Leinenauge kleiner (Umschlingungswinkel ist kleiner). Je weiter sich die Position des Longenführers in Richtung Hinterhand verschiebt, desto geringer ist daher auch die Reibungskraft am Longiergurt. Die Seilkraft am Gebiss ist durch die Reibung trotzdem kleiner als die Zugkraft, die der Longenführer einsetzt. Erst wenn der Longenführer direkt hinter dem Pferd läuft, ist die Kraft am Gebiss genauso groß wie die Zugkraft. Ohne Reibung wären es 3,5 kg beim Longenführer, 3,5 kg am Maul, 3,8 kg am Gurt.

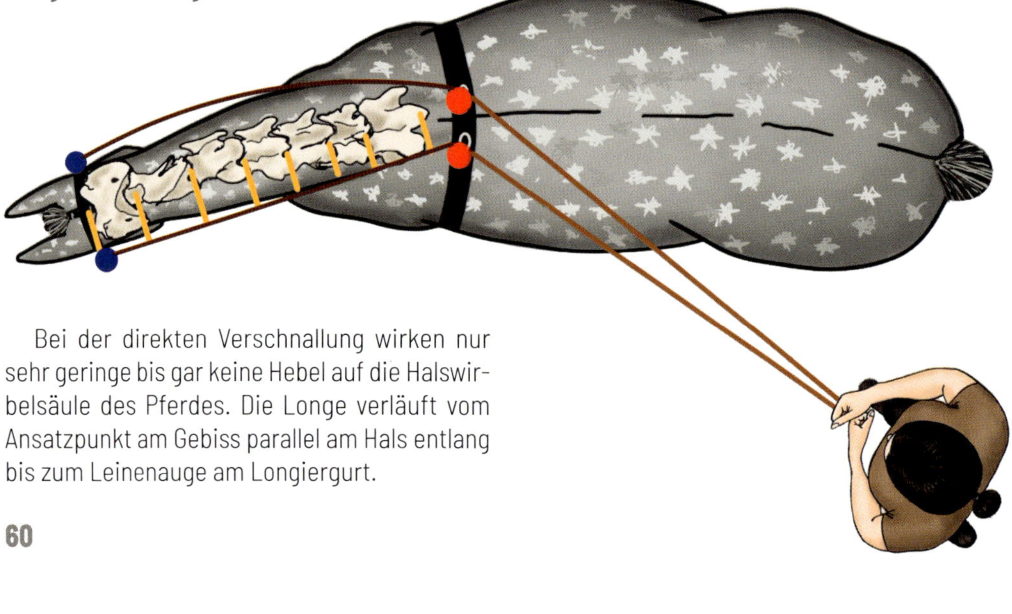

Bei der direkten Verschnallung wirken nur sehr geringe bis gar keine Hebel auf die Halswirbelsäule des Pferdes. Die Longe verläuft vom Ansatzpunkt am Gebiss parallel am Hals entlang bis zum Leinenauge am Longiergurt.

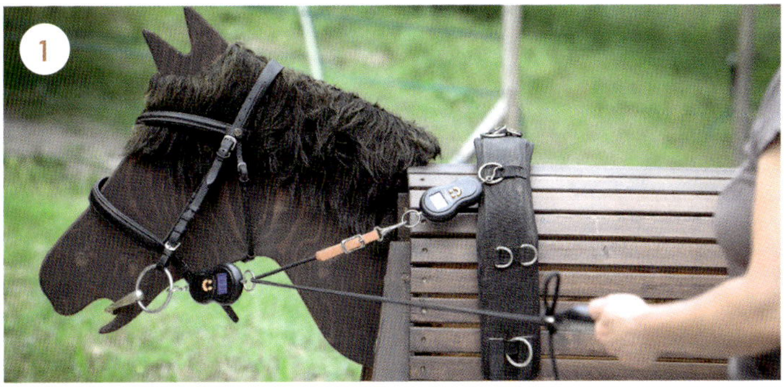

Messungen
V-Verschnallung

Bild 1: Komplettansicht

Bild 2: Kraft am Maul

Bild 3: Kraft am Longiergurt

Bild 4: Zugkraft an der Hand des Longenführers

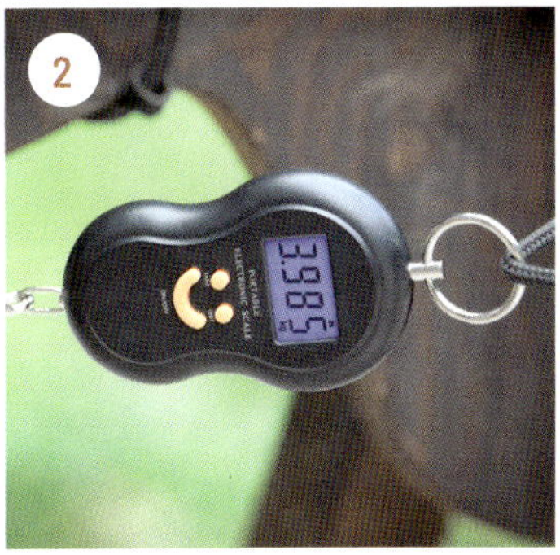

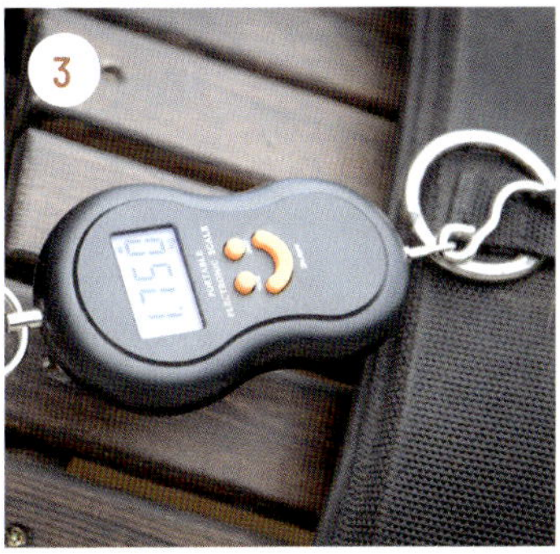

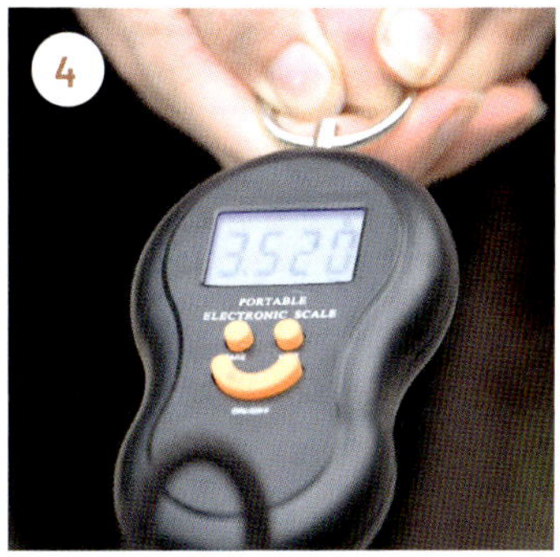

Messungen
direkte Verschnallung

Bild 1: Komplettansicht

Bild 2: Kraft am Maul

Bild 3: Kraft am Longiergurt

Bild 4: Zugkraft an der Hand des Longenführers

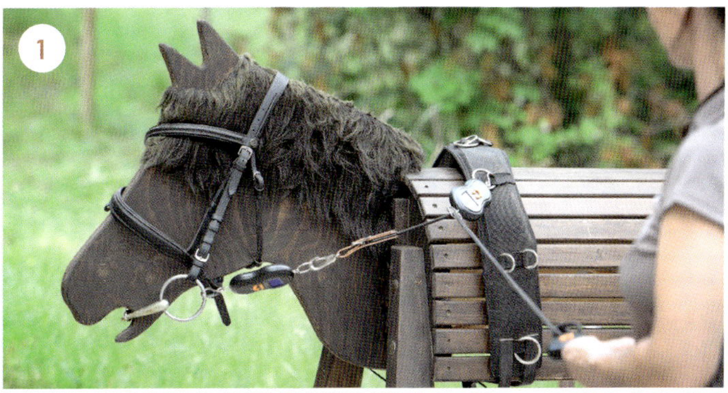

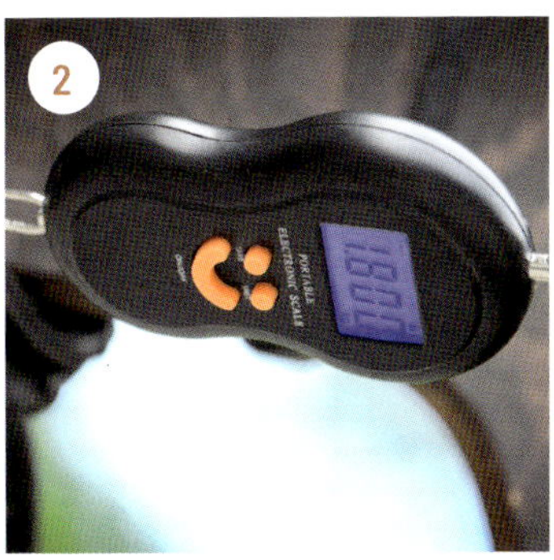

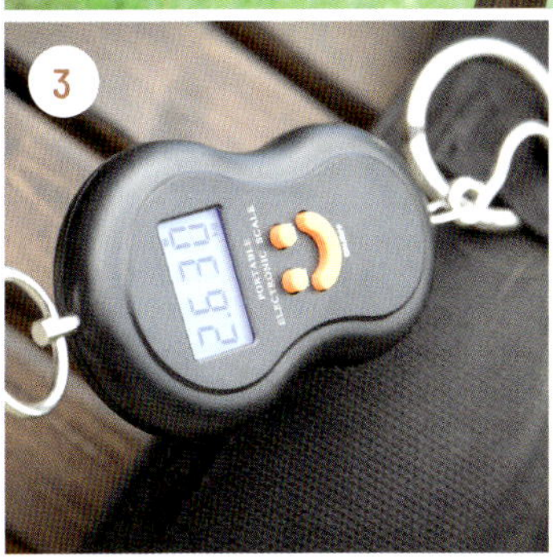

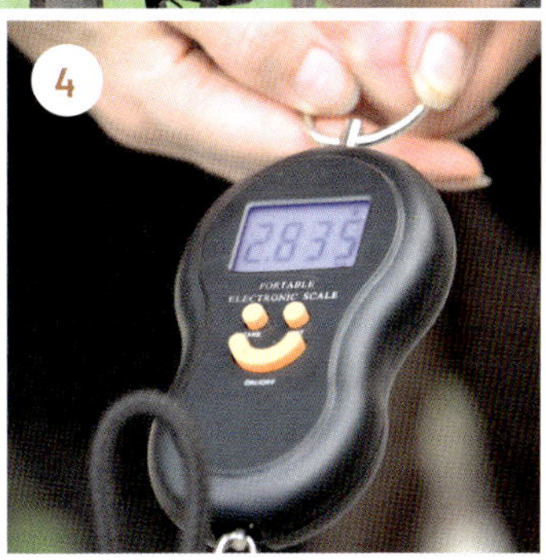

Fragen, die sich im Vergleich der Verschnallungen stellen

Ist die V-Verschnallung für das Pferd wirklich weicher als die direkte Verschnallung oder fühlt sie sich in der Hand des Longenführers nur weicher an bzw. umgekehrt?

Bei der ersten Variante der V-Verschnallung wirkt am Maul des Pferdes eine deutlich höhere Kraft ein als die vom Longenführer über die Zugkraft auf die innere Longe ausgeübte. Die Kraft, die auf das Maul des Pferdes wirkt, besteht sowohl aus der Zugkraft des Longenführers als auch aus der Kraft, die rückwärts in Richtung Longiergurt wirkt. Außerdem wirken noch große seitliche Hebel auf die Halswirbelsäule des Pferdes. Im Vergleich hierzu ist die Seilkraft, die am Maul des Pferdes bei der direkten Verschnallung ankommt, geringer als die Zugkraft, die der Longenführer einsetzt. Dafür ist die Kraft, die auf den Gurt wirkt, größer. Bei dieser Variante wirken fast keine Hebelkräfte. Daher ist es meiner Meinung nach so, dass sich die V-Verschnallung in der Hand des Longenführers deutlich weicher anfühlt, als sie beim Pferd im Maul ankommt. Der Gurt rutscht wenig, da auf diesen wenig Kraft einwirkt. Die direkte Verschnallung wirkt dagegen fester in der Hand des Longenführers, aber beim Pferd kommt weniger Seilkraft im Maul an. Der Gurt rutscht bei dieser Version eher mal, da die Kraft, die auf den Gurt ausgeübt wird, größer ist. Das heißt, dass die Annahme, die V-Verschnallung (Remontenverschnallung) sei weicher für das Pferd als die direkte Verschnallung, nicht zutrifft. Das Gegenteil ist der Fall.

Etwas anders sieht es mit der zweiten Variante der V-Verschnallung aus. Bei dieser Version wirken die genau gleichen Kräfte am Maul (oder am Kappzaum) wie die Zugkraft, mit der der Longenführer an der Longe einwirkt. Hier gibt es keine Umlenkung, die die Kraft verstärken könnte, und es wirkt auch keine Kraft in Richtung Longiergurt ein. Die Hebel wirken trotzdem auf die Halswirbelsäule. Die Einwirkung ist aber vergleichbar mit einer einfachen, am Kappzaum befestigten Longe, mit dem Unterschied, dass die zusätzliche äußere Longe den Pferdehals in der Bewegung begrenzt. Diese Version der V-Verschnallung finde ich für Jungpferde sinnvoll, die viel Energie haben und bei denen es an Balance fehlt. Bei ihnen besteht die Gefahr, dass sie mit der direkten Verschnallung zu Beginn eng im Hals werden. Sie ziehen oft noch stark nach außen, wodurch unweigerlich mehr Druck in der Hand des Longenführers entsteht. Nachteilig ist lediglich, dass bei den Handwechseln die innere Longe immer umgeschnallt werden muss.

Ist es für das Pferd in der V-Verschnallung wirklich leichter, im Vergleich zur direkten Verschnallung, die seitliche Einwirkung zu verstehen, oder wirkt der größere Hebel auf den Pferdekopf ein?

Auf jeden Fall wirkt bei der V-Verschnallung ein größerer seitlicher Hebel auf den Pferdekopf ein als bei der direkten Verschnallung. Bei der ersten Variante der V-Verschnallung können Kopf und Hals schnell gewendet werden, aber sie kann mit dem horizontalen Hebel, kombiniert mit der größeren Kraft der Umlenkung, schnell gegen das Pferd verwendet werden. Es kann sich nicht gegen die Haltung wehren. Das ist besonders kritisch zu betrachten, da es dem Longenführer gegebenenfalls nicht auffällt, wenn das Pferd keine Kraft mehr hat und deshalb die Haltung verändern möchte, weil nur wenig Kraft in seiner Hand ankommt.

Bei der zweiten Variante der V-Verschnallung lassen sich Kopf und Hals aufgrund des seitlichen Hebels ebenfalls leicht wenden. Zu diesem vertikalen Hebel addiert sich aber nicht, wie bei der ersten Variante der V-Verschnallung, noch zusätzlich die Kraft der Umlenkung. Dadurch ist das Pferd im Ganzen einfach zu wenden, aber es kommt weniger zu Missverständnissen aufgrund zu hoher Krafteinwirkung, und das Pferd kann sich aus dieser Haltung befreien, falls es sie nicht mehr halten kann. Bei der direkten Verschnallung wirkt nur die parallel zum Hals verlaufende Seilkraft auf das Gebiss. Diese ist weniger stark als die Zugkraft des Longenführers und es werden keine Hebelkräfte verwendet. Das Pferd muss daher erst lernen, dass es sich, statt „enger" im Hals zu werden, im Genick stellen soll, wenn der Mensch eine stellende Zügelhilfe gibt. Das gelingt systematisch und für das Pferd verständlich besonders gut über Erklärungen der Longenhilfen im Stand.

Ich bin daher der Meinung, dass das Pferd die Hilfe bei der V-Verschnallung nicht besser versteht, sondern der größere Hebel auf den Kopf- und Halsbereich einwirkt.

Wirkt wirklich bei der V-Verschnallung weniger Druck auf die Zunge des Pferdes ein im Vergleich zu der direkten Verschnallung?

Bei der ersten Variante der V-Verschnallung besteht eine deutliche Einwirkung auf die Zunge des Pferdes, da die Kraft, die nach hinten zum Gurt und über die Umlenkung in Richtung Longenführer wirkt, relativ groß ist. Außerdem wirkt zusätzlich zur Kraft der Umlenkung auch der Hebel. Bei der zweiten Version der V-Verschnallung wirkt weniger Druck auf die Zunge des Pferdes, da hier nur die seitliche Kraft wirkt. Die erste Variante der V-Verschnallung wirkt sogar deutlich stärker auf die Zunge als die direkte Verschnallung, aber dafür übt die zweite Variante der V-Verschnallung deutlich weniger Druck auf die Zunge aus.

Kann man wirklich einfacher nachgeben mit der V-Verschnallung als bei der direkten Verschnallung, und, wenn ja, wohin wird nachgegeben, nach vorn oder eher zur Seite?

Bei der zweiten Version der V-Verschnallung ist das Nachgeben des Zügels sehr einfach, da die direkte Zugkraft der Hand am Maul oder an der Nase ankommt und keinerlei Reibung stattfindet. Geben Sie nach, kann sich das Pferd nach vorne dehnen, aber auch den Kopf nach außen wenden. Bei der ersten Version der V-Verschnallung wirken zwei Kräfte auf das Gebiss oder den Kappzaum ein: die Zugkraft des Longenführers auf die Seite und die Kraft zum Longiergurt nach hinten. Geben Sie nach, so löst sich zuerst die Kraft aus Richtung des Longenführers und danach die Kraft aus Richtung des Gurtes. Daher wenden die Pferde, speziell wenn vorher etwas Druck auf der inneren Longe bestand, oft zuerst eher den Kopf nach außen, bevor sie sich nach vorne dehnen. Bei der direkten Verschnallung wirkt keine seitliche Kraft, daher wirkt das Nachgeben auch nur nach vorne, wohin sich das Pferd dehnen kann. Bei der direkten Verschnallung sowie der ersten Variante der V-Verschnallung entsteht Reibung. Geben Sie den Zügel nach, wirkt der Zügelzug in die entgegengesetzte Richtung (das Pferd zieht die Zügel bzw. die Longe nach vorn) und das Pferd muss die zusätzliche Reibungskraft überwinden, wenn es sich dehnen möchte. Daher hängt das Ankommen der nachgebenden Hilfe am Pferdemaul auch davon ab, wie schwer die Longe ist und wie sie beschaffen ist, ebenso von der Beschaffung von Leinenauge bzw. Gebiss oder Kappzaum. Die nachgebende Zügelhilfe ist am einfachsten bei der zweiten Variante der V-Verschnallung umzusetzen. Bei der direkten Verschnallung kommt sie meiner Meinung nach trotzdem besser am Pferdemaul an als bei der normalen V-Verschnallung.

Lernt das Pferd die stellende Hilfe durch die vorangehende V-Verschnallung oder ist der Effekt, sobald der seitliche Hebel fehlt, wieder verschwunden?

Der Hebel der V-Verschnallung fehlt natürlich, und damit auch die seitliche Einwirkung. Aber das Pferd kann gelernt haben, sich besser auszubalancieren, und dadurch ist der Drang nach außen nicht mehr so stark, was sich positiv auf die direkte Verschnallung auswirken kann.

Die Verschnallung der äußeren Longe um die Hinterhand

Bei den bisher beschriebenen Verschnallungen wurde die äußere Longe von der Hand des Longenführers über den Rücken des Pferdes in den äußeren Ring des Longiergurts geleitet.

Es gibt die Möglichkeit, bei beiden vorher genannten Varianten die äußere Longe um die Hinterhand des Pferdes laufen zu lassen. Die äußere Longe läuft von der Hand des Longenführers um die Hinterhand in einen Ring an der äußeren Seite des Longiergurts und von dort zum Gebiss oder zum Kappzaum.

Die äußere Longe soll in der Beuge zwischen Ober- und Unterschenkel liegen und nicht unter das Sprunggelenk gelangen. Sie soll auch nicht zu weit nach oben rutschen, da sie sich ansonsten gern unter der Schweifrübe verklemmt und die Pferde in Panik geraten können. Diese Verschnallung wird kontrovers diskutiert und somit auch genauso kontrovers gelehrt. Für die einen ist die Verschnallung der äußeren Longe um die Hinterhand die sofort angestrebte Verschnallung der Doppellonge. Für die anderen ist diese Verschnallung nahezu ein No-Go.

Die Befürworter argumentieren damit, dass das Pferd bzw. seine Hinterhand mit der äußeren Longe sehr gut eingerahmt werden kann und die Hinterhand zum Untertreten angeregt wird. Die Pferde würden sich schnell lösen und sich schön rund machen, da sie von vorn und von hinten eingerahmt sind. Ebenso wird diese Verschnallung dafür verwendet, zukünftige Fahrpferde an die Berührung der Stränge an den Hinterbeinen und auch an das Einfangen der Longe mit dem Schweif zu gewöhnen[9].

[9] FN Richtlinien für Reiten und Fahren Band 6, Longieren, FN-Verlag, 2022, S. 153, 169; FN Richtlinien für Reiten und Fahren Band 5, Fahren, FN-Verlag, 2020, S. 148; Doppellonge – eine klassische Ausbildungsmethode, Wilfried Gehrmann, FN-Verlag, 1998, S. 55, 75; Handbuch der Doppellongenarbeit, Horst Becker, Cadmos Verlag, 2019, S. 66; Doppellongenarbeit – So macht man es richtig, Alfons J. Dietz/Daniela Bolze, Cadmos Verlag, 2002, S. 14

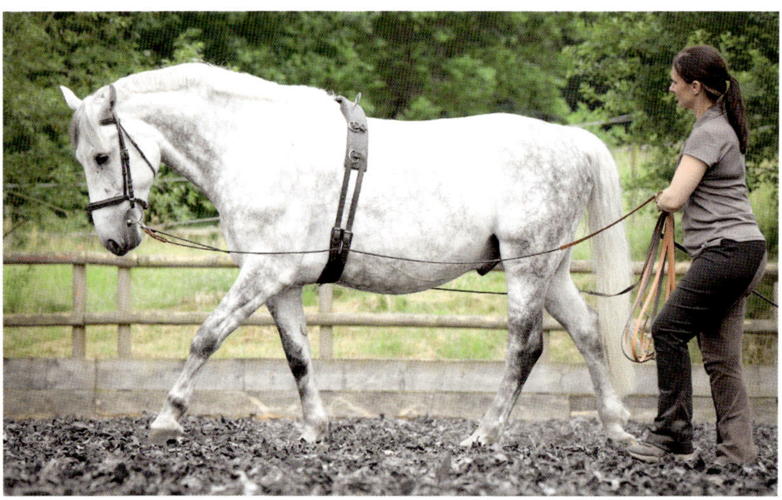

Die äußere Longe verläuft um die Hinterhand herum. Die innere ist hier direkt verschnallt. Die V-Verschnallung der inneren Longe wäre hier ebenfalls möglich.

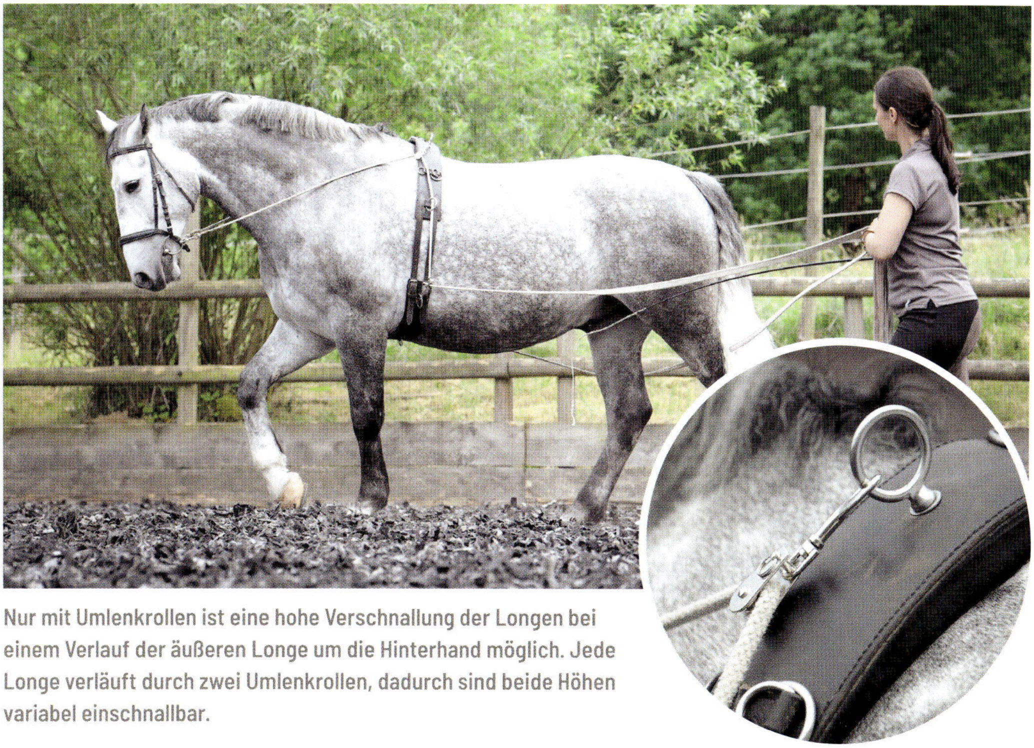

Nur mit Umlenkrollen ist eine hohe Verschnallung der Longen bei einem Verlauf der äußeren Longe um die Hinterhand möglich. Jede Longe verläuft durch zwei Umlenkrollen, dadurch sind beide Höhen variabel einschnallbar.

Die Gegner argumentieren damit, dass das Pferd durch jeden Schritt oder Tritt der Hinterhand einen Ruck an der äußeren Longe ins Maul bekommt und sich dadurch quasi selbst in die Tiefe riegelt. Ebenso wird gesagt, dass es nicht möglich ist, an der äußeren Longe eine konstante weiche Verbindung aufzubauen, und das Pferd nicht lernen wird, sich vertrauensvoll an die Hand zu dehnen[10].

Es ist nur möglich, die äußere Longe an der vorgegebenen Stelle zu führen, wenn beide Longen entweder sehr tief am Pferd direkt durch die Ringe ans Gebiss laufen oder wenn mit Umlenkrollen gearbeitet wird. Hierbei werden die Longen (die innere direkt von der Hand, die äußere von der Hand um die Hinterhand) durch eine Umlenkrolle geführt, die tief am Gurt befestigt ist, sodass die äußere Longe an der richtigen Stelle zu liegen kommt. Danach werden die Longen beide senkrecht am Gurt nach oben zu einer weiteren Umlenkrolle und von dort zum Gebiss geführt.

Anwendung der physikalischen Gesetzmäßigkeiten

Bei der Verschnallung der äußeren Longe um die Hinterhand gibt es die Möglichkeit, die Longen tief am Gurt zu verschnallen. Dadurch wirkt sie auf beiden Seiten, als wäre tief unten am Gurt eine feste Rolle befestigt. Die zweite Möglichkeit ist, auf jeder Seite zwei Umlenkrollen zu nutzen. Eine oben am Gurt und eine unten am Gurt. Bei allen vier Umlenkrollen handelt es sich ebenfalls um feste Rollen.

[10] Arbeit an der Doppellonge, Die Reitschule, Heinrich Bergmann-Scholvien, Müller Rüschlikon, 2011, S. 34

Da die feste Rolle die Kraft nur umleitet, wäre bei Vernachlässigung der Reibung die Zugkraft des Longenführers bei beiden Varianten identisch mit der Kraft, die beim Pferd im Maul ankommt. Da aber in der Realität auch hier wieder bei einer Umlenkung immer Reibungskräfte entstehen, werden auch diese Werte wieder mit einem Wert von 0,29 μ für die Reibung berechnet, der in Versuchen mit Waagen ungefähr herauskam.

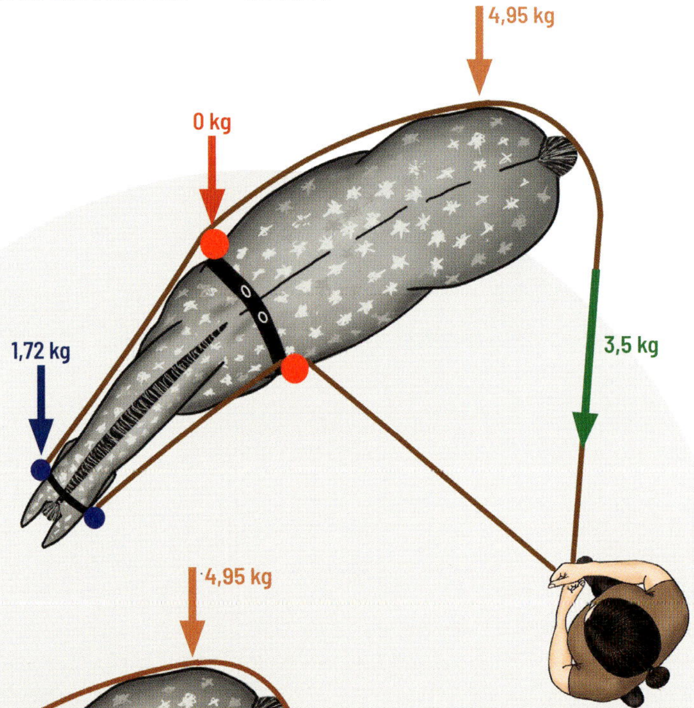

Bei der Variante, bei der die Rollen ganz tief sitzen, hat die äußere Longe an der Rolle einen Umschlingungswinkel von annähernd 0 Grad und damit fast keine Reibung. Allerdings liegt die Longe dahinter sehr großflächig am Pferd an und hat dadurch eine große Reibung und auch eine Umlenkung.

Die innere Rolle verhält sich wie die innere Longe bei der direkten Verschnallung.

Durch die Reibung ist die Seilkraft am Maul geringer als die Zugkraft des Longenführers.

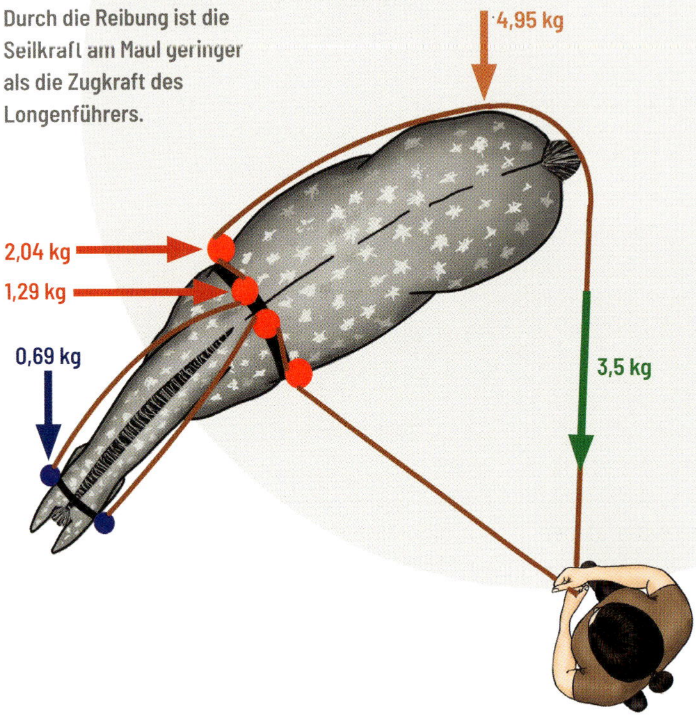

Bei der Variante mit den Umlenkrollen haben alle vier Rollen ungefähr einen Winkel von 90 Grad. Das heißt, auch an den äußeren Longen findet Reibung statt. Hinzu kommt die Reibung bzw. die Umlenkung, die am Pferd erzeugt wird. Auch hier ist die Seilkraft am Maul geringer als die Zugkraft der Hand. In die Gegenrichtung muss das Pferd aber diese Reibung auch wieder überwinden, um bei einem Nachgeben die Longe zu nehmen.

Über die Messergebnisse speziell bei der Verwendung von den zwei Umlenkrollen auf beiden Seiten stolpert man anfangs ein bisschen. Es hört sich grundsätzlich gut an, dass beim Pferd von einem Zug von 3,5 kg nur 0,69 kg im Maul ankommen. Allerdings dreht sich dieser Wert auch um, wenn das Pferd die Longe entgegen der Zugrichtung ziehen möchte, um den Hals länger zu machen. Das bedeutet, dass das Pferd ebenfalls mit 3,5 kg ziehen muss, damit beim Longenführer 0,69 kg an der Hand ankommen. Das Pferd hat es eher schwerer, sich entgegen der Longe zu strecken. Ebenso kommt ein Nachgeben des Longenführers nur sehr verzögert beim Pferd an, da sich die Longe durch die große Reibung und zwei Umlenkungen nicht selbstständig lockert. Bei der direkten Verschnallung, bei der auch am Maul weniger Kraft ankommt durch die Reibung, lockert sich die Longe bei einem Nachgeben des Longenführers deutlich schneller, da die Longe nur durch ein großes Leinenauge geführt wird. Aus diesem Grund sollte diese Verschnallung definitiv nur mit Umlenkrollen verwendet werden, ohne diese würde sich die Longe noch viel schwerer wieder lockern.

Wenn die äußere Longe um die Hinterhand nach innen verläuft und der Longenführer sich an einer Longierposition und nicht hinter dem Pferd befindet, wirkt eine sehr große Bewegung des Hinterbeins auf die äußere Longe ein. Wenn man die Bilder auf S. 68 anschaut, fällt auf, dass das äußere Hinterbein sich in der Höhe des Longenverlaufs um mindestens 30 cm vor und zurück bewegt. Das Gleiche macht natürlich auch das innere Hinterbein. An dieser Longe ist ständig eine sehr große Bewegung, die vorn im Maul ankommt. Um das abzumildern, wird empfohlen, die äußere Longe lockerer zu führen. Dadurch ist es aber, meiner Meinung nach, eher schwer möglich, eine konstante, weiche und nicht sprunghafte Verbindung zum Maul zu haben[11].

Auf diesen Bildern sieht man außerdem, dass speziell bei der Verschnallung ganz unten am Gurt ein großer Hebel in der vertikalen Ebene auf die Halswirbelsäule wirkt. Hierzu wird gleich noch bei den Höhen der Verschnallung Weiteres erklärt.

[11] FN Band 6 Longieren, S. 155, 165; FN Band 5, S. 150; Wilfried Gehrmann, S. 47

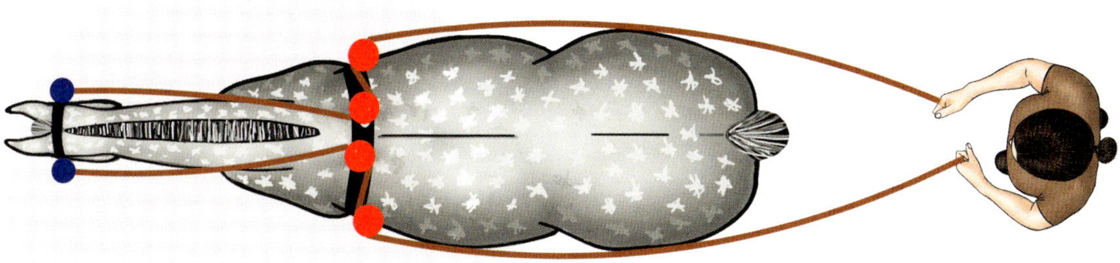

Bei der Variante, bei der der Longenführer hinter dem Pferd herläuft, fällt die Reibung an der Hinterhand des Pferdes weg. Wenn der Longenführer eine Zugkraft von 3,5 kg ausübt, kommt bei beiden Seiten am Maul 1,41 kg an. Bei einem Nachgeben des Longenführers wird sich aber auch hier die Longe durch die zwei Umlenkungen und die hohe Reibung nur langsam und auf Gegenzug des Pferdes lockern.

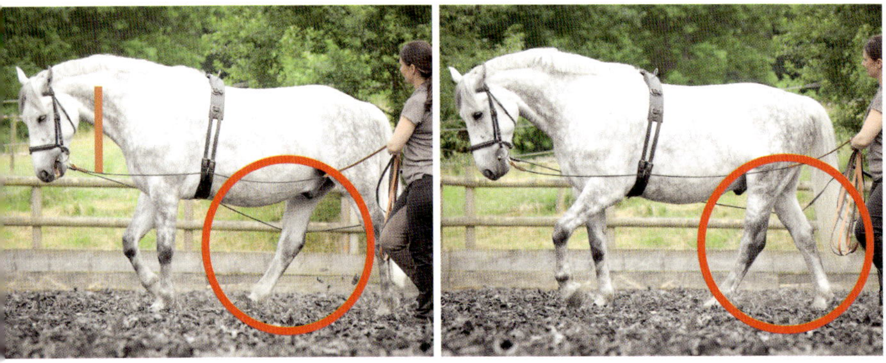

Die Hinterbeine bewegen sich mindestens um 30 cm vor und zurück. Diese Bewegung wird bei jedem Schritt über die äußere Longe direkt als Ruck ans Pferdemaul weitergegeben. Der Hebel auf die komplette Halswirbelsäule ist sehr groß.

Fragen zur Verschnallung der Longe um die Hinterhand

Bekommt das Pferd wirklich durch jeden Schritt einen Ruck ins Maul?

Ja, tatsächlich bekommt das Pferd bei jedem Schritt einen Ruck ins Maul durch die Bewegung der Hinterhand.

Wenn ja, wie stark? Und wie schlimm ist das?

Die Bewegung im Maul ist mehr als deutlich sichtbar. Sobald die Longe um die Hinterhand eher ansteht, ist der Ruck stärker, hängt die Longe durch, ist der Ruck schwächer, aber die Verbindung zum Maul nicht mehr fühlend. Jedes Annehmen wäre jetzt auch wieder mit einem stärkeren Ruck und damit auch gegebenenfalls im Ergebnis mit Vermeidungsverhalten des Pferdes in der Anlehnung verbunden, da der Weg bis zum Kontakt mit dem Pferdemaul länger ist und wie beim Reiten auch ein springender Zügel deutlich härter einwirkt.

Kann die äußere Longe die Hinterhand des Pferdes nach außen begrenzen?

Über die äußere Longe findet die erste Umlenkung der Zugkraft statt, wodurch eine hohe Kraft auf die Hinterhand ausgeübt wird. Dieser Zusammenhang erklärt, dass die Hinterhand mit der Longe deutlich nach außen begrenzt wird. Manchen Pferden ist dieser Druck aber deutlich zu viel und sie tendieren dazu, der äußeren Longe mit der Hinterhand nach innen auszuweichen.

Speziell auf der steifen Seite des Pferdes kann das zum Problem werden. Läuft man hinter dem Pferd, kann man mit der Longe die Hinterhand sehr viel gezielter begrenzen. Allerdings sollte man dabei beachten, dass mehr Druck auf das Maul ausgeübt wird, wenn man die Longe z. B. bei einem Seitengang als Begrenzung einsetzt.

Kann die äußere Longe die Hinterhand zum Untertreten anregen?

Die äußere Longe kann durch die Kraft der Umlenkung das äußere Hinterbein auch zum Untertreten anregen. Allerdings wird das Innere wohl eher nicht im gleichen Maß dazu angeregt. Daher ist dieses Vorgehen meiner Ansicht nach kontraproduktiv, da man gerade auf gebogener Linie eher das innere Hinterbein zum Untertreten anregen möchte als das äußere und durch ein verstärktes Untertreten des äußeren Beins, ohne dass das innere gleichermaßen aktiviert wird, der Takt gestört wird.

Hat die Verwendung von Umlenkrollen Auswirkungen auf die Kraftverteilung der Longenhilfen?

Durch die Reibung an den Umlenkrollen wird die Zugkraft des Longenführers zum Gebiss des Pferdes hin verringert. Allerdings gilt das Gleiche auch umgekehrt. Wenn sich die Zugkraft des Longenführers durch Reibung von 3,5 kg auf 0,7 kg am Maul verändert, gilt das auch in die andere Richtung. Zieht das Pferd mit 3,5 kg, kommen in der Hand des Longenführers hiervon nur 0,7 kg an. Das heißt, der Longenführer merkt vom Zug des Pferdes nur sehr wenig bzw. muss das Pferd deutlich mehr Kraft aufwenden, um die Zügel zu verlängern.

Gibt es Alternativen, über die man die Vorteile nutzen kann, ohne die Nachteile in Kauf nehmen zu müssen?

Es gibt die Möglichkeit, eine Körperbandage zu verwenden, um das Pferd vermehrt zum Untertreten anzuregen. Diese wirkt auf beide Hinterbeine gleichmäßig und ohne Verbindung zum Maul, die das Pferd durch springenden Zügel oder zu festen Zügelzug mit regelmäßigem Ruck im Maul stört und abstumpft. Auch Übungen, die geeignet sind, das Pferd zum Untertreten zu animieren bzw. eine Abkippung des Beckens zu erreichen, können eingesetzt werden. Das Begrenzen der Hinterhand kann mit dem Einsatz von Körperhilfen oder visuellen Bodenreizen wie Gassen erreicht werden. Die Gewöhnung des Fahrpferdes an die Stränge kann auch durch einen lose um die Hinterhand geführten Strang, der auf beiden Seiten am Gurt befestigt wird, gelöst werden.

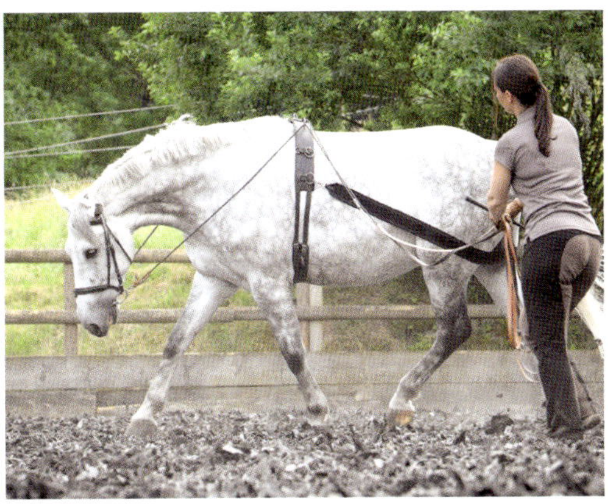

Körperbandage als Alternative zur äußeren Longe, um die Hinterhand zu aktivieren

Mehrfache Verschnallungen zwischen Gurt und Gebiss

Außer der beschriebenen V-Verschnallung und der direkten Verschnallung mit der äußeren Longe über den Rücken oder hinter der Hinterhand findet man in den Reithallen und auf den Reitplätzen noch einige andere Verschnallungen, die auf irgendeine Weise von der Hand zum Gurt, danach zum Gebiss und wieder zurück zum Gurt führen. So gibt es etwa eine Variante, bei der die Longe von der Hand oben durch einen Ring auf dem Widerrist am Gurt läuft, von dort zum Gebiss und von dort wieder an einen seitlichen Ring unten am Gurt auf Buggelenkshöhe führt, wo die Longe befestigt wird (Abb. S. 70). Bei einer anderen Variante ist der Verlauf von der Hand bis zum Gebiss identisch, wird dann aber zwischen den Vorderbeinen mittig unter dem Rumpf am Gurt befestigt (Abb. S. 70). Bei diesen beiden Versionen verlaufen beide Longen zuerst über den Rücken. Alternativ kann man aber auch Varianten beobachten, bei denen die innere Longe von der Hand direkt an den auf Buggelenkshöhe sitzenden Ring am Gurt führt und anschließend über das Gebiss entweder nach oben an den Longiergurt oder nach unten zwischen die Vorderbeine. Die äußere Longe läuft dann um die Hinterhand. Die Version, die nach oben an den Longiergurt führt, wird auch als Korrekturzügel bei Ausbildungsmängeln gelehrt, die allerdings viel Einfüh-

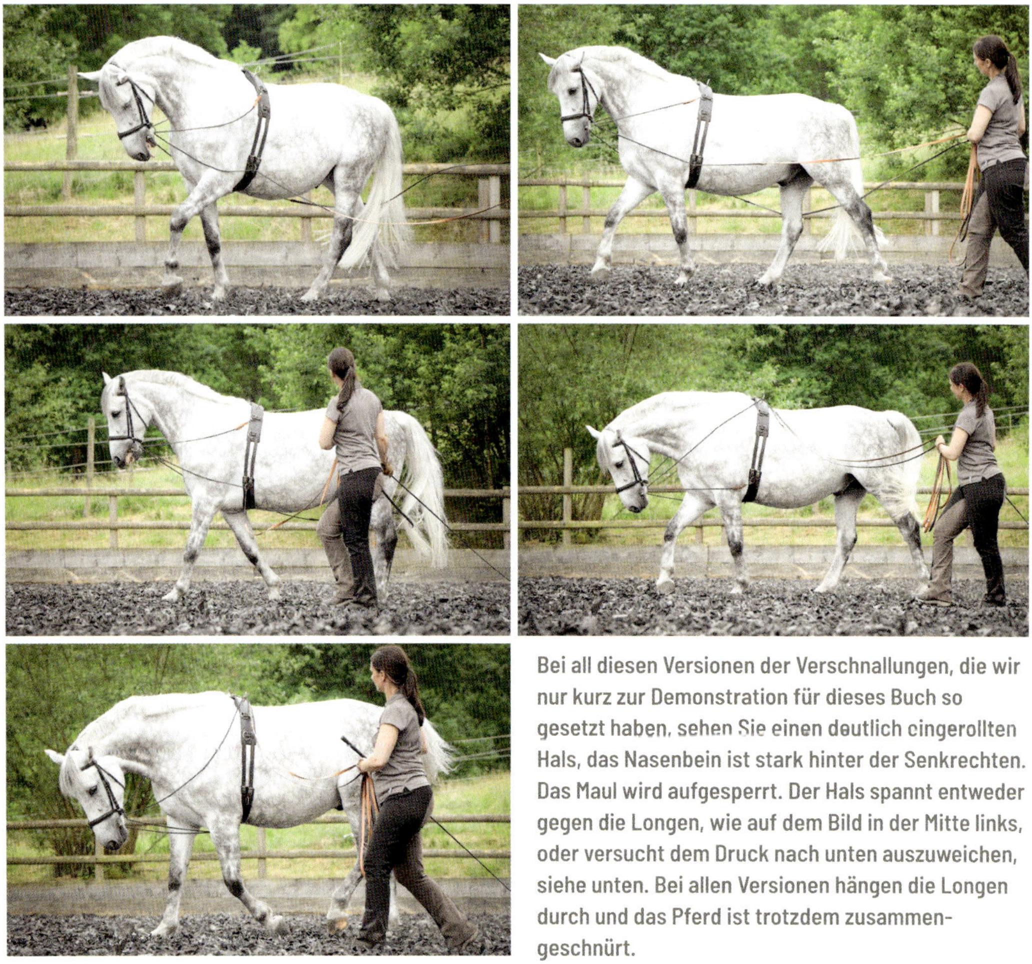

Bei all diesen Versionen der Verschnallungen, die wir nur kurz zur Demonstration für dieses Buch so gesetzt haben, sehen Sie einen deutlich eingerollten Hals, das Nasenbein ist stark hinter der Senkrechten. Das Maul wird aufgesperrt. Der Hals spannt entweder gegen die Longen, wie auf dem Bild in der Mitte links, oder versucht dem Druck nach unten auszuweichen, siehe unten. Bei allen Versionen hängen die Longen durch und das Pferd ist trotzdem zusammengeschnürt.

lungsvermögen und Erfahrung vom Longenführer erfordere[12].

Die Wirkung dieser Verschnallungen entspricht der eines Schlaufzügels. Hinzu kommt, dass an der Doppellonge eine größere Dynamik herrscht sowie Fliehkräfte, die auf das Pferd einwirken. Beim Reiten mit Schlaufzügeln, bei dem das Pferd schon extremen Kräften ausgesetzt ist, ist der Reiter aber noch Teil der Dynamik, und auf ihn wirken die gleichen Fliehkräfte wie auf das Pferd. Beim Longieren steht der Mensch in der Bahn und die Kräfte wirken nur auf das Pferd. Zieht das Pferd dadurch nach außen weg, hält der Longenführer gern mal dagegen oder kommt nicht schnell genug hinter dem Pferd her. So entsteht sehr schnell ein verschnürtes Pferdepaket. Das Pferdewohl ist mit diesen Verschnallungen stark beeinträchtigt. Beim Reiten würde man wohl kaum auf die Idee kommen, auf dem puren Schlaufzügel zu reiten, doch bei der Doppellonge wird es leider immer wieder praktiziert.

[12] FN Richtlinien für Reiten und Fahren Band 6, Longieren, FN-Verlag, 2022, S. 172

Diese Arten der Verschnallung sind auf jeden Fall abzulehnen. Selbst bei durchhängenden Longen und mit Umlenkrollen zur Verminderung der Reibung kann nur viel zu langsam bis überhaupt nicht nachgegeben werden. Sie sehen bei den Bildern auf Seite 70, dass das Pferd aktiv gegen die Longe ziehen müsste, um sich strecken zu können. Die Longe wird aber erst mal nur am oberen Teil nachgeben. Nach vorn müsste das Pferd deutlich gegen die Reibungskraft anziehen. Weil sich die Kräfteverteilung wieder umdreht, müsste es dafür deutlich mehr Kraft aufwenden, als der Longenführer in der Hand spürt.

Das Pferd hat keine Chance, dieser Verschnallung zu entkommen, und dem Menschen ist das Ausmaß der Situation für das Pferd eventuell überhaupt nicht bewusst, da er in der Hand nicht viel Widerstand spürt und sich das Pferd ja recht „leicht" longieren lässt.

Die Anwendung der physikalischen Gesetzmäßigkeiten

Bei allen Varianten, die vom Longenführer zum Gurt über das Gebiss wieder zum Gurt führen, wird das Prinzip des Flaschenzugs angewendet. Vom Longenführer führt die Longe in die erste Umlenkung am Gurt. Hier wirkt eine feste Rolle. Von dort aus wird sie am Gebiss wieder zurück zum Gurt umgelenkt. Hier wirkt dann die lose Rolle. Zusammen stellt das einen Flaschenzug dar.

Bei Vernachlässigung der Reibung wirkt am Gebiss eine Kraft, die doppelt so groß ist wie die Zugkraft, mit der der Longenführer auf die Longe einwirkt. Da es aber auch hier zu Reibung kommt, verringert sich gerade bei dieser Variante die Kraft am Seil und an den Umlenkrollen massiv. Berechnet man also die dabei entste-

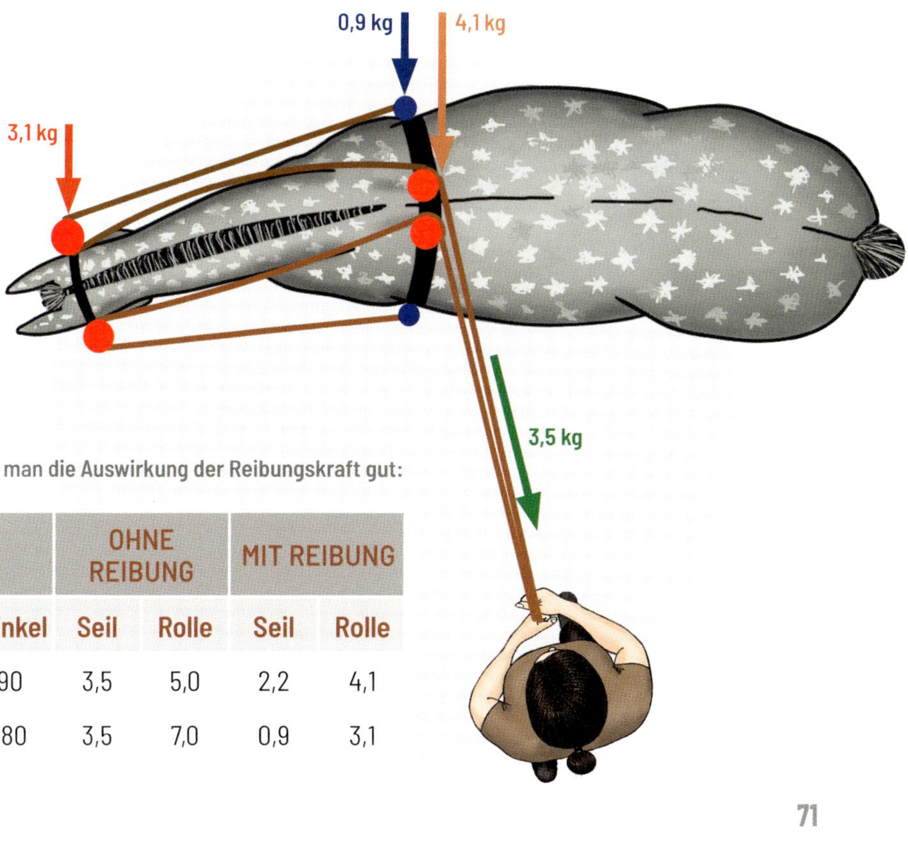

In dieser Tabelle sieht man die Auswirkung der Reibungskraft gut:

		OHNE REIBUNG		MIT REIBUNG	
	Winkel	Seil	Rolle	Seil	Rolle
1. Umlenkung	90	3,5	5,0	2,2	4,1
2. Umlenkung	180	3,5	7,0	0,9	3,1

hende Reibung mit dem Wert 0,29 μ mit ein, kommt bei einer Zugkraft von 3,5 kg des Longenführers am Maul zwar im Vergleich zu 7 kg ohne Reibung noch eine Kraft von 3,1 kg an, und am Ende des Seils (Befestigungspunkt am Gurt) bleibt mit Reibung nur noch eine Kraft von 0,9 kg übrig, das Pferd muss aber umgekehrt 3,5 kg aufbringen, um beim Longenführer eine Kraft von 0,9 kg in der Hand am Ende des Seils zu erzeugen. Durch die erneute Rückführung der Longe zum Gurt wirkt außerdem ein großer Hebel auf das Genick und die gesamten Gelenke der Halswirbelsäule.

Einschnallhöhe der Longen

An vielen Longiergurten gibt es viele verschiedene Ringe in unterschiedlichen Höhen, um Hilfszügel oder auch die Doppellonge einzuschnallen. Als Longenführer haben Sie also sowohl für die V-Verschnallung als auch für die direkte Verschnallung die Möglichkeit, die Longen von ganz tief am Gurt bis ganz hoch am Gurt einzuschnallen.

Nach Lehrmeinung[13] gilt die ganz tief am Gurt eingeschnallte Doppellonge als ideale Höhe für das Longieren von jungen Pferden und zum Lösen des Pferdes. Auch für die Cool-down-Phase nach der Arbeit wird diese Höhe empfohlen. Manche Ausbilder longieren ausschließlich in dieser Höhe.

Wenn das Pferd in dieser tiefen Position zu eng im Hals wird, soll die Longe, individuell auf das Pferd abgestimmt, weiter oben verschnallt werden. Der oberste Ring wird für die Aufrichtung mit dem Genick als höchsten Punkt empfohlen. Wo die Longe eingeschnallt wird, soll also auf das Pferd abgestimmt werden, um das beste Ergebnis der Halshaltung zu erreichen.

Möchten Sie die Longe auf mittlerer Höhe des Rumpfes einschnallen, können Sie die äußere Longe um die Hinterhand nur noch mit Umlenkrollen nutzen, da die Longe ansonsten zu weit am Hinterbein nach oben rutscht und unter der Schweifrübe festklemmt. Auch die Einschnallhöhe der Longen möchte ich daher unter der Anwendung der physikalischen Gesetze betrachten.

Anwendung der physikalischen Gesetze auf die Einschnallhöhen der Longe

Um zu beurteilen, wie sich die unterschiedlich hoch eingeschnallten Longen auf Pferd und Longenführer auswirken, müssen Sie die jeweils wirkenden Hebelkräfte auf die Gelenke der Halswirbelsäule betrachten.

Ein Hebel wird immer im rechten Winkel zu der Linie bestimmt, auf die die Kraft wirkt. Das ist in diesem Fall die Longe zwischen dem Gebiss und dem Leinenauge am Longiergurt. Von den einzelnen Gelenken der Halswirbelsäule kann dann der Hebel eingezeichnet werden. Je länger die eingezeichnete Linie ist, desto größer ist der Hebel, der auf das Gelenk bzw. die Muskulatur um das Gelenk wirkt.

Die Hebelkräfte sind bei den tiefen Verschnallungen also deutlich größer als bei den hohen Verschnallungen (siehe Abb. S. 74). Das Pferd hat wenig Chancen, sich gegen diese zu wehren, wenn es eine Position des Halses und des Kopfes nicht mehr halten kann. Wie auf den Fotos auf Seite 73 gezeigt, spannt das Pferd zuerst mit der Muskulatur dagegen, dann sucht es eine andere Lösung und weicht dem Druck aus. Die Stirnlinie ist dann deutlich hinter der Senkrechten. Als diese Fotos entstanden, war eindrücklich zu beobachten, wie sich der Kopf trotz sehr lockerer Longen immer weiter hinter die Senkrechte bewegte, je niedriger die Longen verschnallt wurden.

[13] FN Richtlinien für Reiten und Fahren Band 6, Longieren, FN-Verlag, 2022, S. 151; Doppellonge – eine klassische Ausbildungsmethode, Wilfried Gehrmann, FN-Verlag, 1998, S. 36, 37, 45

V-Verschnallung | **Direkte Verschnallung**

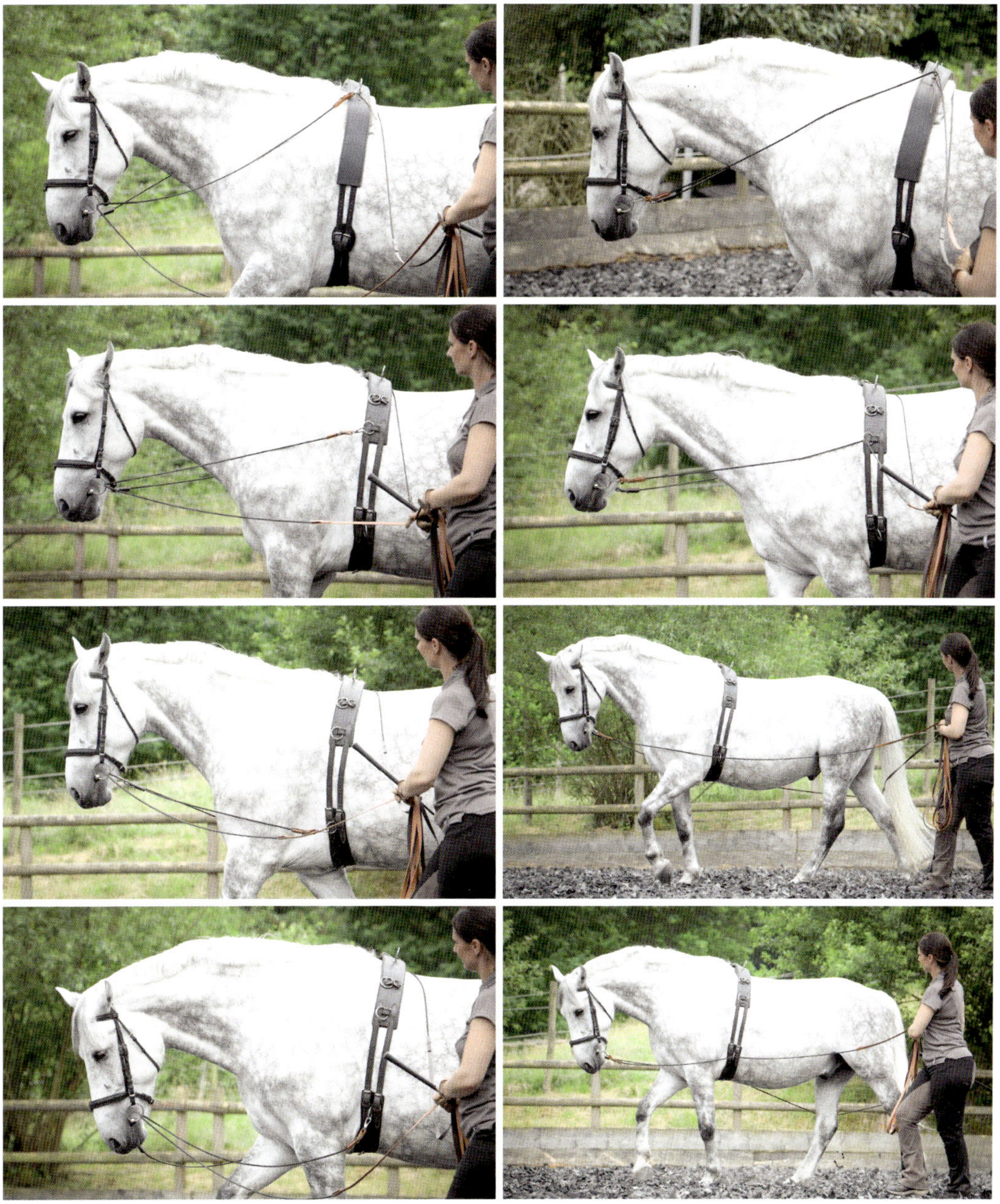

Von oben nach unten wird auf den Bildern die Höhe der Verschnallung sukzessive nach unten verändert. Bei beiden Verschnallungen sieht man den gleichen Effekt. Je tiefer die Longe verschnallt wird, desto stärker spannt das Pferd zunächst mit den Halsmuskeln gegen den Druck von unten. Dann weicht es dem Druck aus und läuft mit dem Kopf hinter der Senkrechten.

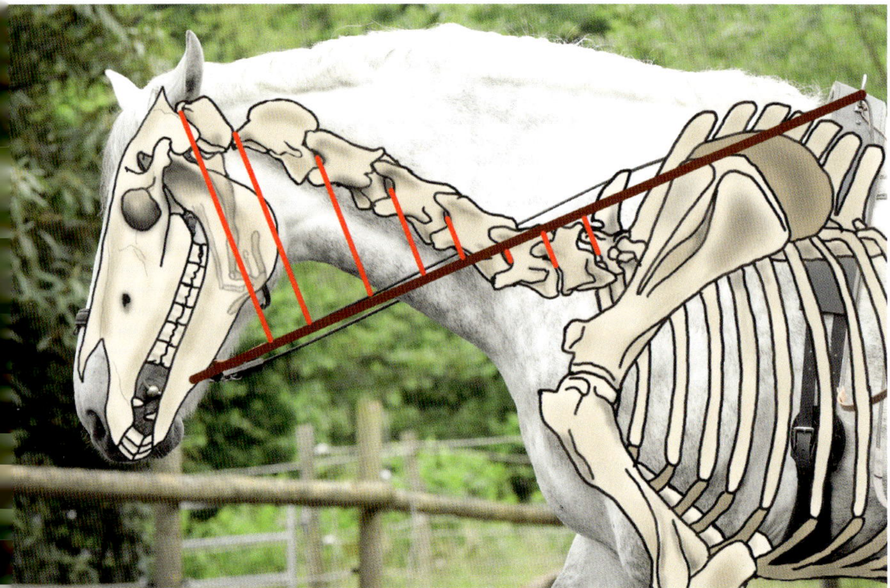

Hebel bei hoher Verschnallung

Bei der hohen Verschnallung ist der Hebel an den vorderen Gelenken am größten. Je weiter hinten am Hals die Gelenke liegen, desto geringer ist der Hebel. Das Drehmoment, also das Produkt aus Kraft mal Hebelarm, das auf das jeweilige Gelenk wirkt, wird zum Rumpf hin kleiner.

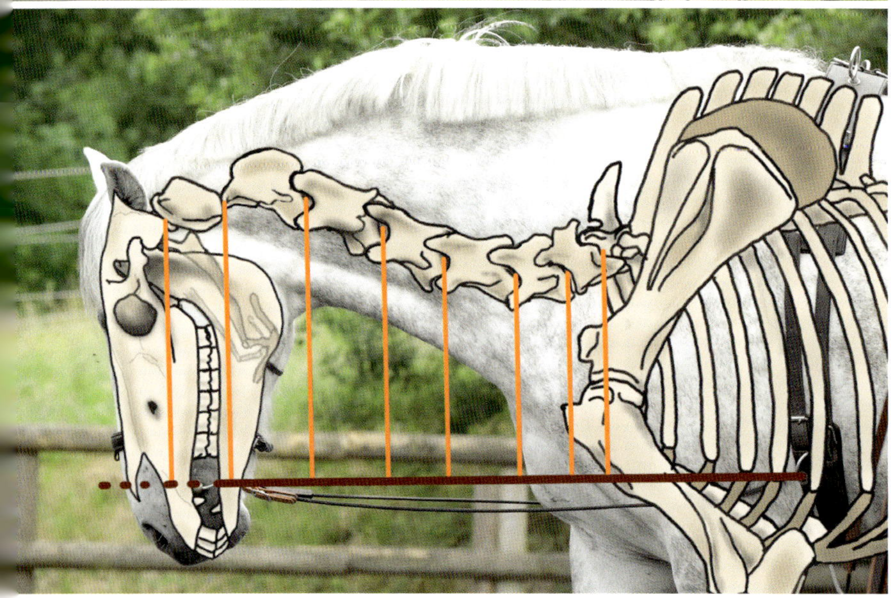

Hebel bei tiefer Verschnallung

Bei der tiefen Verschnallung ist der Hebel am Atlanto-Okzipital-Gelenk ähnlich groß wie bei der hohen Verschnallung. Alle weiteren Hebel sind deutlich größer als bei der hohen Verschnallung und dadurch auch das Drehmoment auf das Gelenk und die umliegende Muskulatur.

Fragen, die sich zur Einschnallhöhe stellen

Würde man beim Reiten zum Lösen des Pferdes die Hände auf Buggelenkshöhe oder sogar Ellbogenhöhe des Pferdes halten?

Wohl eher nicht. Wahrscheinlich würden Reitlehrer oder auch andere Außenstehende feststellen, dass der Kopf damit nur nach unten gezogen wird. Bei der Doppellongenarbeit ist es nicht anders.

Löst sich das Pferd in der tiefen Haltung besser oder weicht es dem Druck von unten aus?

An den Hebelkräften sehen Sie, dass das Pferd keine andere Wahl hat, als Kopf und Halsbereich in eine tiefe Position zu bringen und dem Druck auszuweichen. Dadurch kommt der Kopf oft hinter die Senkrechte. Eine korrekte Dehnungshaltung wird auf diese Art und Weise eher nicht erzeugt. Das Pferd senkt zwar Kopf und Halsbereich, um dem Druck auszuweichen, meist aber handelt es sich dabei nicht um das entspannte „Fallenlassen" des Halses, das man sich eigentlich wünscht. Das Pferd dehnt sich nicht nach vorn.

Wie ist die Einwirkung des Gebisses in den unterschiedlichen Höhen?

Bei hoher Verschnallung wirkt das Gebiss vermehrt in den Maulwinkel, so wie es sein sollte. Je tiefer die Longen verschnallt werden, desto mehr wirkt die Longe durch das Gebiss auf die Laden und auf die Zunge.

Kann das Pferd in der hohen Verschnallung nur in Aufrichtung longiert werden?

In der hohen Verschnallung verlaufen die Longen ähnlich einem Zügel beim Reiten. Man kann mit der Hand in der Position über dem Hals in Aufrichtung reiten, aber sehr wohl auch in Dehnungshaltung. Durch Nachgeben der Longe in den richtigen Momenten kann an der hohen Verschnallung, genauso wie beim Reiten, in tieferen Einstellungen longiert werden. Sollte das Pferd sich nicht nach unten dehnen, muss eher ein Schritt in der Ausbildung zurückgegangen werden, als die Longe tiefer zu schnallen, damit der Kopf schneller „unten" ist.

Verändert sich die Krafteinwirkung auf den Pferdekopf bei unterschiedlich eingeschnallter Höhe?

Die Kraft, die am Seil wirkt, verändert sich nicht. Sie wird durch die Verschnallungsart bestimmt. Das Drehmoment ändert sich jedoch durch die veränderten Hebel. Das Pferd benötigt mehr Muskelkraft, um einem größeren Drehmoment zu begegnen.

Verändert sich die Wirkung einer nachgebenden Zügelhilfe je nach Einschnallhöhe?

Wird z. B. die äußere Longe tiefer verschnallt und trotzdem noch über den Rücken geleitet, verändert sich die Wirkung der nachgebenden Zügelhilfe, da die Longe viel deutlicher umgelenkt wird, um von einer tieferen Verschnallung über den Rücken zu führen. Dadurch wird der Umschlingungswinkel des Seils größer und die Reibung wird ebenfalls größer. Dadurch hat es das Pferd wieder schwerer, sich nach vorn zu dehnen, und die Longe lockert sich nur schwer von allein.

Ist die tiefe Verschnallung für junge Pferde sinnvoll?

Ein junges Pferd sollte so ausgebildet werden, dass es irgendwann von allein eine physiologische Selbsthaltung einnehmen kann. Kann es das noch nicht, sollte über zielführende Lektionen und Übungen nachgedacht werden, die dem Pferd die korrekte Haltung näherbringen oder sogar erst ermöglichen, z. B. durch eine größere Balance. Ich persönlich arbeite lieber mit visuellen Bodenreizen oder Mobilisationsübungen an der Hand oder Ähnlichem, um dem Pferd die Möglichkeit zu geben, diese richtige Haltung selbst zu finden. Dadurch ist das Ergebnis deutlich nachhaltiger. Durch den Einsatz der großen Hebelkräfte bei der tiefen Verschnallung ist zwar das Ergebnis einer tiefen Kopf-Hals-Haltung schnell gegeben, aber das Pferd hat den Sinn dahinter wahrscheinlich nicht verstanden.

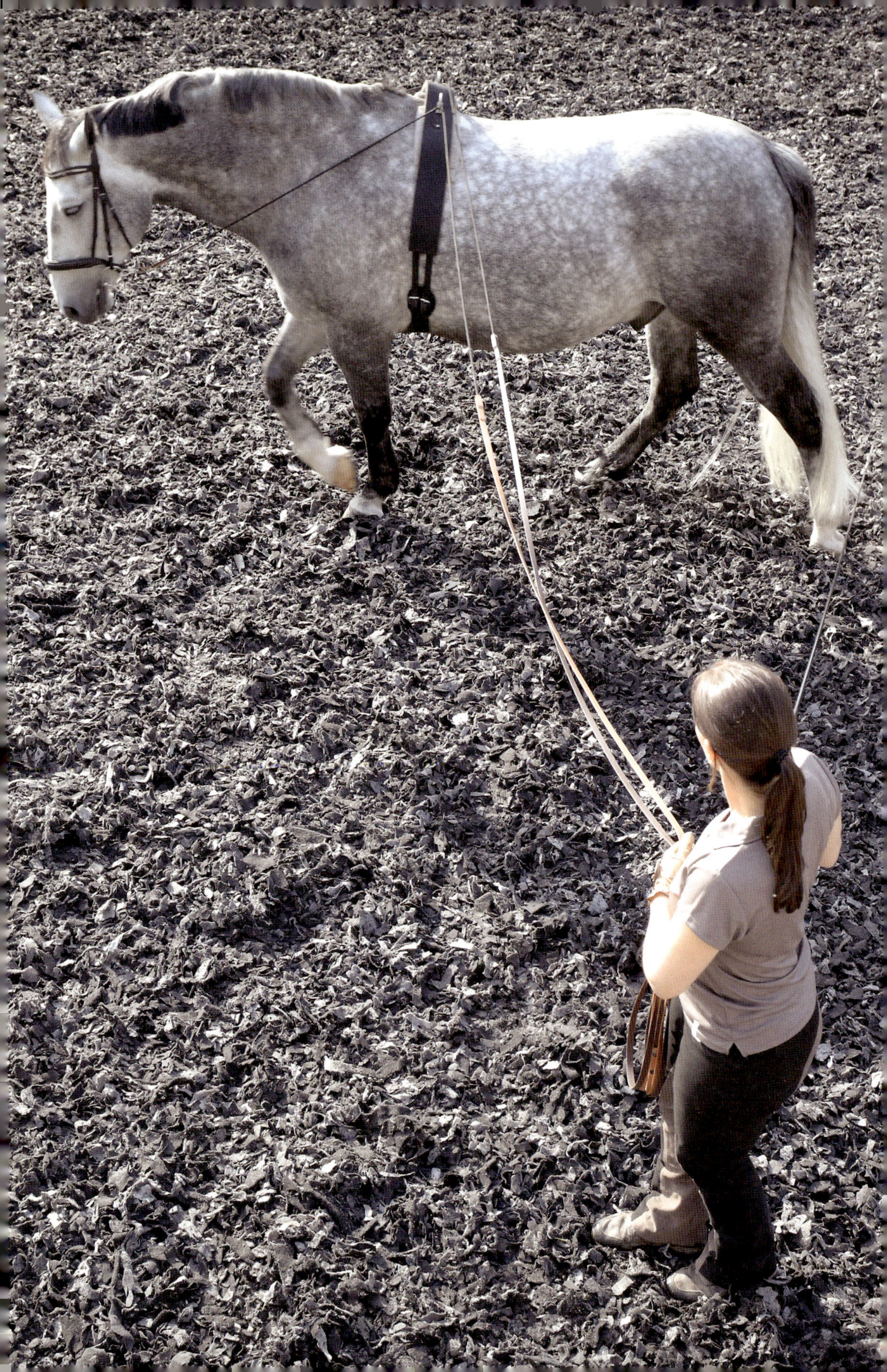

Die Hilfen bei der Arbeit an der Doppellonge

Im Folgenden möchte ich die einzelnen Hilfen erklären, die bei der Arbeit mit dem Pferd angewendet werden können. All diese Hilfen können auch bei der Doppellongenarbeit Einsatz finden und müssen richtig aufeinander abgestimmt und mit dem richtigen Timing gegeben werden. Die ab Seite 19 erklärten Lernformen lassen sich auf alle Hilfen sowie auf den kompletten Umgang mit dem Pferd anwenden.

Viele Menschen unterschätzen vor allem den Stellenwert der Körpersprache in der Arbeit mit der Doppellonge, wie ich immer wieder feststellen muss. Aber gerade sie bestimmt den erfolgreichen Einsatz dieser Form des Trainings.

Die Körpersprache

Pferde kommunizieren untereinander durch fein abgestimmte Körpersprache. Sie verständigen sich über Mimik, Gestik, Körperhaltung und die im Raum eingenommene Position miteinander. Die Kommunikation untereinander erfolgt über Blicke, Mimik (z. B. Ohrenspiel, Maulbewegungen), Bewegungsenergie (z. B. wenn sich ein Pferd auf das andere zubewegt). Reagiert das Gegenüber auf Zeichen nicht, werden die ausgesendeten Signale deutlicher. Selbstsichere Pferde benötigen oft nur einen ernsten Blick oder das Zucken eines Ohres, um ein anderes Pferd dazu zu bewegen, seinen Standort zu verändern. Je sicherer Pferde auftreten, desto weniger Aufwand müssen sie betreiben, um andere davon zu überzeugen, ihren Entscheidungen zu vertrauen. Sie vermitteln ihren Artgenossen mit ihrem ruhigen Auftreten Sicherheit - etwas, das für das Fluchttier Pferd höchste Bedeutung hat. Pferde schließen sich also eher einem Pferd an, das ihnen Sicherheit vermittelt als einem Pferd, das andere durch aggressives Auftreten zu beeindrucken versucht.

Das Wissen über die Kommunikation und die Prioritäten von Pferden kann uns beim Umgang und in der Arbeit mit dem Pferd weiterhelfen. Möchten wir mit dem Pferd in irgendeiner Form kooperieren, müssen wir auch wissen, wie wir ihm Sicherheit vermitteln. Möchten wir mit ihm kommunizieren, geschieht dies am leichtesten über Körpersprache. Das Pferd nimmt kleinste Veränderungen in der Körperhaltung des Menschen wahr - seine Mimik und Gestik, seine Körperenergie und seine individuelle Stimmung. Beherrscht der Mensch seinen Körper so, dass er eindeutige Signale senden kann, ist unsere Körpersprache für das Pferd die natürlichste Hilfe. Die Bedeutung von Stimmhilfen, Longenimpulsen und abstrakteren Peitschensignalen muss das Pferd erst lernen. Und auch wenn der Mensch einen anderen Körperbau hat als das Pferd und es dadurch erst einmal lernen muss, unsere Erscheinung einzuordnen, versteht es eine Kommunikation über die Positionierung des Körpers im Raum oder über Körperenergie intuitiv.

Leider ist sich der Mensch seiner Körpersprache im Umgang mit dem Pferd oft nicht bewusst. Wir haben die Möglichkeit, uns verbal auszudrücken. Deshalb spielt die Körpersprache in der zwischenmenschlichen Kommunikation eine eher untergeordnete Rolle. Wir setzen sie selten bewusst ein. Und doch nutzen wir sie: Menschen, die wir gut kennen, sehen wir z. B. meist schnell an, ob es ihnen gut geht oder nicht, ohne dass diese sich dazu äußern müssen. Auch ob gesprochene Worte ehrlich gemeint oder geheuchelt sind, lässt sich häufig an der Körpersprache des anderen ablesen.

Unser Körper sendet ständig Signale. Gerade im Umgang mit dem Pferd muss sich der Mensch bewusst machen, dass er über den Körper ständig mit dem Pferd kommuniziert. Auch schon bei einem einfachen Herausführen des Pferdes aus der Box.

Wir sollten uns daher bewusst machen, welche Möglichkeiten Körpersprache bietet, unsere eigene Körpersprache gut reflektieren und uns selbst darin trainieren, nicht aus Versehen und aus Unwissenheit dem Pferd widersprüchliche Hilfen zu geben, etwa mit der Hand oder der Peitsche etwas anderes zu vermitteln als mit dem restlichen Körper.

Sendet der Mensch widersprüchliche Signale, bedeutet das für das Pferd Stress, da es nicht weiß, welcher Hilfe es folgen soll. Der Stress vermehrt sich für das Pferd, wenn der Mensch seine Widersprüchlichkeit in der Hilfengebung nicht erkennt, sein Verhalten nicht reflektiert, den Fehler beim Pferd sucht und es bestraft. Folge ist entweder ein Abstumpfen des Pferdes oder es wird hektischer und unsicherer. Bei ungewollten Reaktionen des Pferdes sollten Sie immer zuerst Ihre Körpersprache in Zusammenhang mit den restlichen Hilfen auf Übereinstimmung und Klarheit überprüfen.

Genauso wie das Pferd unsere Körpersprache beachtet, sollte der Mensch die Körpersprache des Pferdes beim Longieren im Blick haben. Das Pferd kündigt alle seine Handlungen mit Körpersignalen an. Augen, Ohren, Mimik, Schweifhaltung – all dies zeigt, ob das Pferd entspannt ist und sich loslässt, aber auch, ob dem Pferd eine Situation zu viel ist und sie möglicherweise gefährlich werden kann. Diese kann schon vorher entschärft werden, wenn auf die Körpersignale des Pferdes geachtet wird.

Die Kommunikation über Körpersprache setzt sich aus mehreren Bereichen zusammen. Ein wichtiger Punkt ist die Körperposition des Menschen im Raum im Verhältnis zum Pferd: vor dem Pferd, hinter dem Pferd, neben dem Pferd ... In all diesen Positionen kann der Longenführer sich wieder unterschiedlich positionieren, z. B. über Körperdrehungen: Er kann sich zum Pferd hindrehen, sich parallel dazu bewegen oder sich von ihm wegdrehen. Zusätzlich kann der Longenführer noch über seine Körperspannung und seine Bewegungsenergie kommunizieren, also über sein Auftreten und seine mentale Energie.

Die Körperposition im Raum – die fünf Arbeitsbereiche am Pferd

Den meisten Pferdemenschen ist in Bezug auf die eigene Körpersprache bekannt, dass die eigene Positionierung in verschiedenen Arbeitsbereichen am Pferd Relevanz hat. Während der Arbeit mit dem Pferd kann sich der Mensch in unterschiedlichen Bereichen vor, neben oder hinter ihm bewegen. Es gibt fünf dieser Bereiche. Jedem wird eine grundsätzliche Wirkung des Menschen auf das Pferd zugeschrieben:

Bereich 1 – Vor dem Pferd

In diesem Bereich wirken Sie bremsend bzw. rückwärtsweisend auf das Pferd.

Bereich 2 – Hals und vorderer Schulterbereich des Pferdes

In diesem Bereich können Sie das Weichen der Vorhand auslösen und Sie können eine leicht bremsende Wirkung haben.

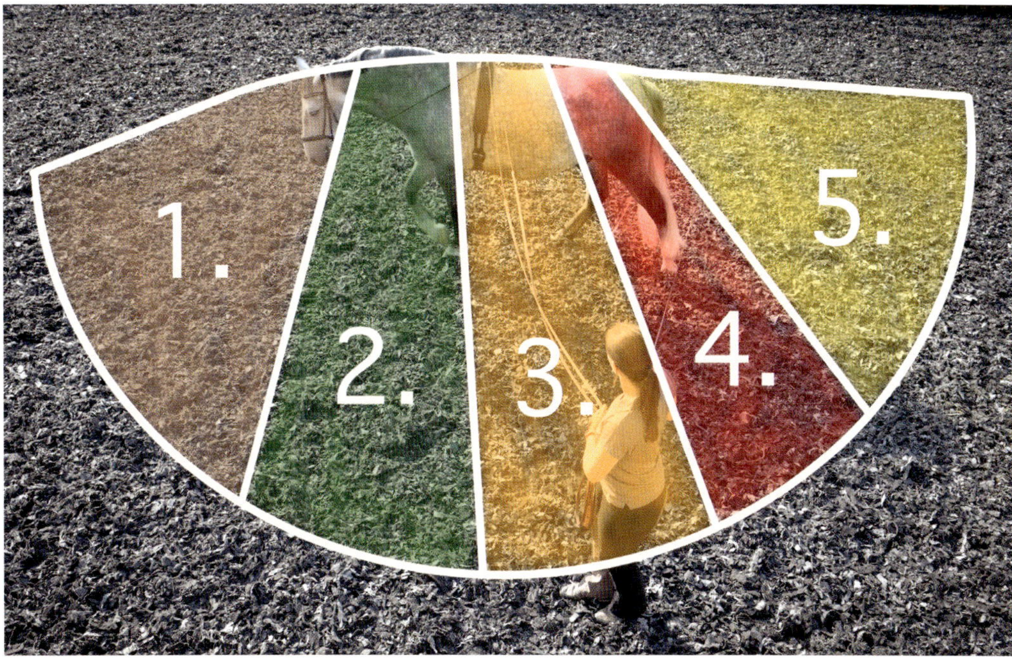

Die fünf Arbeitsbereiche, in denen sich der Longenführer positionieren kann

Bereich 3 – Hinterer Schulterbereich bis vor die Flanken des Pferdes

In diesem Bereich können Sie eine Seitwärtsbewegung auslösen. Sie befinden sich ansonsten in einem neutralen Bereich, das heißt, Sie bremsen und treiben nicht.

Bereich 4 – Flanken und komplette Hinterhand des Pferdes

In diesem Bereich können Sie das Weichen der Hinterhand auslösen und haben eine leicht treibende Wirkung. Im hinteren Teil dieses Bereichs beginnt der tote Winkel der Sicht eines Pferdes. Sobald Sie sich in diesen Bereich begeben, versucht das Pferd seine Position zu verändern, um Sie im Blick zu behalten, wodurch das Abwenden oder der Beginn einer Volte eingeleitet werden kann.

Bereich 5 – Hinter dem Pferd

In diesem Bereich haben Sie eine treibende Wirkung auf das Pferd.

Wenn Sie sich die Arbeitsbereiche anschauen, werden Sie feststellen, dass Sie sich in diesen Bereichen befinden können, ohne die oben beschriebene Wirkung auszulösen. So können Sie sich etwa im Bereich 1 befinden, um ein Pferd zu führen, und es läuft hinter Ihnen her, ohne dass Sie es bremsen. Oder Sie versuchen, es aus diesem Bereich heraus anzuhalten, und es reagiert einfach nicht. Sie können sich im Bereich 2 befinden, wenn Sie an der Doppellonge neben dem Pferd herlaufen, ohne dass die Vorhand nach außen wendet. Beim Fahren vom Boden oder der Langzügelarbeit befinden Sie sich im Bereich 5, ohne dass das Pferd ständig beschleunigt.

Aber wie kann das sein? Sind die vorher beschriebenen Wirkungsweisen falsch?

Nein, die Wirkungsweisen dieser Bereiche entsprechen den oben erklärten. Allerdings kommt es darauf an, wie Sie sich in diesen Bereichen verhalten, mit welcher Intention, mit welcher Bewegungsrichtung Ihrer Körperenergie und mit welchem Energielevel und ob Sie über Ihren auf das Pferd gerichteten Blick in diesem Bereich einwirken. Beim Versuch des Anhaltens im ersten Bereich kann es z. B. passieren, dass Sie ungewollt angespannt sind und sich immer noch mehr verspannen, je weniger das Pferd reagiert wie gewünscht. Die Körperspannung ist dann so hoch, dass die Zeichen für das Pferd auf „Vorwärts" stehen. Die Relevanz der Position zum Körper des Pferdes tritt in den Hintergrund. Abgesehen davon ist es auch möglich, dass Sie eine bestimmte Verhaltensweise gewollt oder ungewollt konditionieren, die sich eigentlich gegensätzlich zu Ihrer Position im Arbeitsbereich verhält.

Die Intention

Es ist ein Unterschied, mit welcher Intention Sie sich in diesen Arbeitsbereichen befinden. Möchten Sie im Arbeitsbereich 3, dass sich das Pferd an der Doppellonge auf dem Zirkel bewegt oder dass es sich seitwärts von Ihnen wegbewegt? Möchten Sie im vierten Arbeitsbereich die Hinterhand weichen lassen oder möchten Sie eine Volte einleiten? Möchten Sie im zweiten Arbeitsbereich entspannt neben dem Pferd herlaufen oder erreichen, dass die Vorhand weicht? Je nach Intention wird sich Ihr Körper in diesen Arbeitsbereichen verhalten. Die Intention ist also immer Grundlage dafür, welche Sendungsrichtung Ihre Körperenergie einnimmt. Sie bestimmen z. B., wie sich Ihr Körper dreht und in welchem Energielevel er sich befindet.

Sendungsrichtung der Körperenergie – Drehung des Körpers

Jeder Körper, ob nun menschlich oder tierisch, sendet ständig Signale. Im Folgenden konzentrieren wir uns nun auf den Körper des Menschen, der dem Pferd bewusst Signale sendet, um eine bestimmte Reaktion von ihm zu erhalten.

Diese Signale werden in Form von Körperenergie in eine bestimmte Richtung gesendet. Schon durch die Fixierung eines Blickpunkts wird Ihre Körperenergie dorthin gesendet, wo Sie hinschauen. Durch die Ausrichtung der Körpervorderseite wird dieses Signal verstärkt. Sie können Körperenergie zum Pferd hinsenden, indem Sie einen Blickpunkt festlegen, das Brustbein aufrichten und sich leicht in diese Richtung neigen. Allein diese Hilfen können dazu führen, dass das Pferd weicht.

Das kann, wird das Signal vom Pferd nicht beachtet, gesteigert werden. Höchste Stufe dieser Steigerung wäre, dass Sie sich impulsartig auf „das Ziel" zubewegen und es bei Bedarf mit dem verlängerten Arm (einem Seil oder einer Peitsche) berühren. Genau wie Sie das Signal in die Richtung des Pferdes senden können, um es weichen zu lassen, können Sie die Energie auch „ansaugen", um das Pferd auf sich zukommen zu lassen, indem Sie das Brustbein eher nach hinten ziehen und sich nach hinten vom Pferd wegneigen.

Die Sendungsrichtung der Körperenergie des Menschen bestimmt die Bewegungsrichtung des Pferdes. Körperenergie wird in die Richtung gesendet oder von dort „angesaugt", wo Blick und Körpervorderseite des Menschen hinweisen. Sie leiten die Bewegung des Pferdes in diese Richtung oder „saugen" sie aus dieser an.

Bei der Doppellongenarbeit wird die Energie meist zum Pferd gesendet, um einen Körperbereich weichen zu lassen oder um die Richtung zu weisen. Sie drehen sich mit der eigenen Körpervorderseite immer in die Richtung, in die das

Pferd sich bewegen soll. Möchten sie linksherum longieren, müssen Sie sich nach links drehen, möchten Sie rechtsherum, drehen Sie sich nach rechts.

Bei Lektionen wie der Vorhandwendung, der Hinterhandwendung, dem Schenkelweichen und den verschiedenen Seitengängen ist es möglich, die Lektion auch mit ansaugender Energie durchzuführen. Die Körpervorderseite wird in die Richtung gedreht, aus der man die Energie ansaugen möchte.

Wichtig ist, dass Sie Ihren kompletten Körper in diese Richtung drehen und nicht nur dorthin schauen, da ansonsten der Körper seine Energie in eine andere Richtung senden würde als gewünscht.

Ist Ihr Körper beim Longieren z. B. im dritten Arbeitsbereich frontal auf das Pferd gerichtet anstatt vor das Pferd, führt das zu einer Bewegungsrichtung nach außen. Sie schieben das Pferd so über die eigene Körperhaltung nach außen weg. Möchten Sie ein Schenkelweichen longieren, ist die Körperdrehung richtig und führt zum richtigen Ergebnis. Möchten Sie allerdings einen Zirkel longieren, wird nicht das gewünschte Ergebnis herauskommen. Longieren Sie in dieser Haltung auf einer Zirkellinie, führt das dazu, dass das Pferd nach außen zieht und die gewollte Linie nicht einhält. Ist Ihnen dabei Ihre Körperhaltung nicht bewusst, kann ein regelrechter Kampf zwischen Ihnen und Ihrem Pferd entstehen, der gar nicht notwendig wäre.

Energielevel – Körperspannung und Schnelligkeit der Bewegung

Neben der Richtung, in die die Energie gesendet wird, ist das Energielevel, also die Intensität der gesendeten Energie, entscheidend für die Art des Ergebnisses. Es wird über die eingesetzte Körperspannung und die Schnelligkeit der Bewegung variiert. Das Pferd reagiert mit seiner Körperspannung auf die Körperspannung des Menschen. Erhöht der Mensch seine Körperspannung im Vorwärts, erhöht sich die des Pferdes ebenfalls und es wird schneller. Verringert der Mensch seine Körperspannung, verringert das Pferd seine Körperspannung ebenfalls und wird langsamer. Das kann man gut beim Führtraining trainieren.

Die eigene Körperspannung können Sie über die Atmung beeinflussen. Beim Einatmen richtet sich das Brustbein auf und die Körperspannung erhöht sich, beim Ausatmen verringert sie sich. Auch über die Schnelligkeit und Intensität der Bewegung des Menschen kann das Pferd beschleunigt oder verlangsamt werden. Ein aufrechtes, stampfendes Marschieren, das eventuell noch beschleunigt wird, bringt Energie ins Pferd und es lässt sie durch ein schnelleres Vorwärts wieder heraus. Ein betont ruhiges Gehen beruhigt das Pferd und lässt es langsamer werden. Über das bewusste Ansteuern der Körperspannung können Sie das Energielevel der eigenen Körperenergie verändern und somit das Pferd in seiner Geschwindigkeit beeinflussen. Über die zusätzliche Drehung und Positionierung des Körpers lässt es sich in der Bewegungsrichtung variieren.

Jeder Mensch hat allerdings seine eigene Körperspannung. Bei manchen ist sie eher hoch, bei anderen eher niedrig. Auch die Sensibilität von Pferden in Bezug auf die Körperspannung ist unterschiedlich, manche Pferde reagieren sehr fein, andere nicht so sehr.

Der Mensch muss also lernen, seine Körperspannung gezielt einzusetzen und für das Pferd zu variieren. Er muss seine eigene Grundkörperspannung einschätzen können. Menschen mit hohem Grundtonus können auf sensible, nervöse Pferde erschreckend wirken, während ihre Energie bei den fauleren Kandidaten dafür sorgt, dass diese gut in Gang kommen. Diese Menschen können über Ausatmen und Verlangsamen ihrer Bewegungen ihre Körperspannung herun-

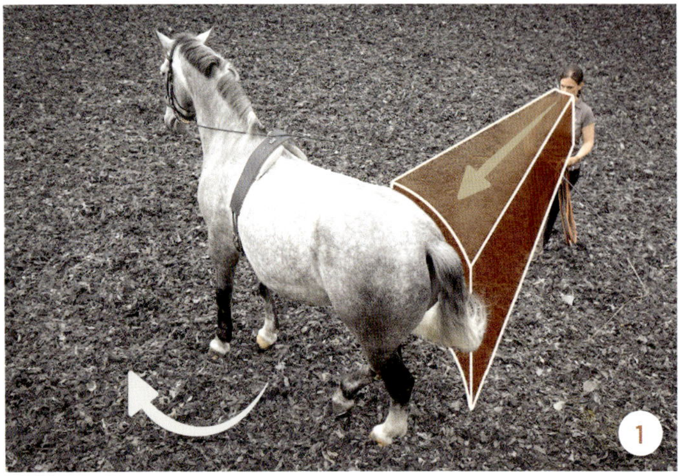

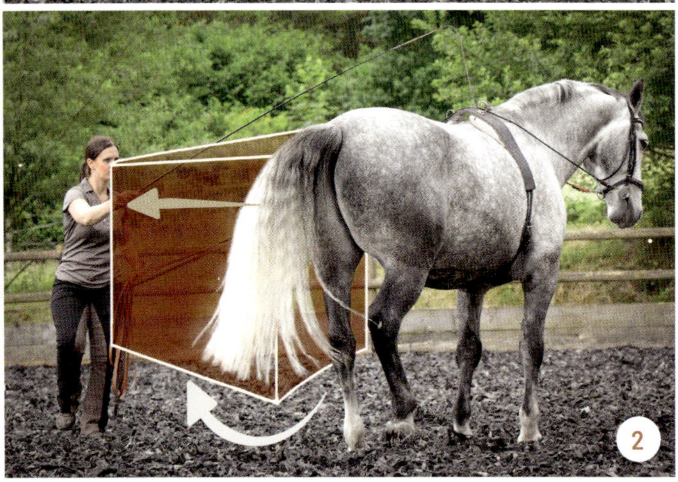

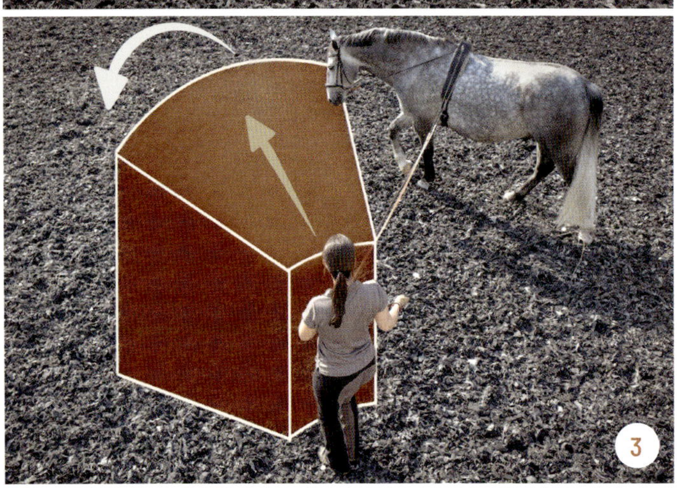

Bild 1:

Hier sehen Sie, wie die Energie für eine Vorhandwendung zur Hinterhand des Pferdes gesendet wird. Die Körpervorderseite wird auf den vierten Arbeitsbereich (Hinterhand) gerichtet. In diesem Bereich wird ein Blickpunkt gesetzt, die Körperenergie wird gesteigert, bis das Pferd mit der Hinterhand die Bewegung nach links ausführt. Danach wird die Energie kurz heruntergefahren, um für den nächsten Schritt erneut erhöht zu werden.

Bild 2:

Hier sehen Sie die Vorhandwendung, bei der durch „Ansaugen" der Energie die Hinterhand in Richtung des Longenführers bewegt wird. Die Energie wird mit einem Peitschensignal auf der Außenseite des Pferdes aufgebaut. Das Brustbein ist möglichst nach hinten gezogen. Beim ersten Schritt auf den Longenführer zu weicht dieser nach hinten und zieht die Hinterhand des Pferdes durch „Ansaugen" der Energie in die eigene Richtung.

Bild 3:

Hier sehen Sie die Körperposition beim Longieren eines Zirkels. Die Körpervorderseite ist vor das Pferd gerichtet und zeigt mit der Energie den Weg an, auf dem es sich bewegen soll. Wäre die Körpervorderseite frontal auf das Pferd gerichtet, z. B. auf den Bauch, würde das Pferd nach außen ausweichen, da die Energie in diese Richtung weisen würde.

terfahren. Menschen mit wenig Körperspannung werden faule Pferde eher schlechter in Gang bringen können, während sie auf nervöse Pferde beruhigend wirken können. Diese Menschen können ihre Körperspannung mit betontem, deutlichem Einatmen erhöhen.

Ebenso sollten Sie im Auge haben, wie sich die Körperspannung in verschiedenen Situationen verändert. Bei einem ängstlichen Menschen ist die Körperspannung in vielen Situationen höher, allein aufgrund der Angst. Dadurch kann ein Pferd beschleunigt werden, die Situation verselbstständigt sich. Der Mensch wird aus irgendeinem Grund ängstlicher, seine Körperspannung erhöht sich und dadurch erhöht sich die Körperspannung des Pferdes. Ein Kreislauf mit ansteigender Spirale kann sich entwickeln.

Wie gut Sie die komplette Bandbreite Ihrer Körperspannung abrufen und mit Ihrer eigenen Körperenergie spielen können, ist reine Übungssache. Es lohnt sich, die eigenen Fähigkeiten auf diesem Gebiet auszubauen. Wichtig ist, dass Sie prüfen, ob Sie mit einer hohen Grundkörperspannung tatsächlich auch entspannt wirken, wenn Sie versuchen, diese herunterzufahren. Dasselbe gilt für eine niedrige Grundkörperspannung: Zeigt sich ein gefühlt erhöhtes Energielevel auf andere wirklich wie von uns angenommen? Es lohnt sich, die vermeintlich veränderte Körperspannung von außen überprüfen zu lassen und bei Bedarf noch mal daran zu feilen.

Das Auftreten des Menschen – die mentale Energie

Das Auftreten des Menschen beeinflusst sowohl dessen Körperspannung als auch dessen Umgang mit dem Pferd. Wie selbstsicher tritt er dem Pferd gegenüber? Wie „ernst" meint er seine Hilfe? Hier ist ein positives, natürliches Selbstbewusstsein gemeint, kein übertrieben dominantes Auftreten, auch keine ungerechte Aggressivität gegenüber dem Pferd.

Das Pferd entscheidet anhand dieser Haltung, ob die Ausstrahlung des Menschen ihm genug Sicherheit vermittelt, aufgrund derer es ihm vertrauen kann, sich von ihm gern führen lässt und ihm gern folgen möchte. Handelt der Mensch zudem immer gleich und baut seine Hilfengebung immer bewusst konsequent auf, wird das Pferd auch stets prompt auf seine Hilfen reagieren.

Gerade bei selbstsicheren Pferden wird dies sehr deutlich. Ist der Mensch unsicher im Umgang mit einem solchen Pferd und gibt seine Hilfe zögerlich, sodass sie für das Pferd schwer zu verstehen sind, können solche Pferde widersetzlich werden und manchmal sogar aggressiv. Übernimmt ein selbstsicherer Mensch mit klarer Körpersprache das gleiche Pferd, führt es meist problemlos sofort die gestellte Aufgabe aus.

Umgekehrt kann es aber bei solchen Pferden auch sein, dass dominant und aggressiv wirkende Menschen allein durch ihr Auftreten eine aggressive Gegenreaktion herausfordern. Auch bei unsicheren Pferden zeigt ein selbstsicheres Auftreten Wirkung. Bei positiv selbstsicheren Menschen fühlen sich solche Pferde sicher und zeigen sich dadurch entspannter und mutiger. Tritt der Mensch zu dominant auf, kann sich das auf solche Pferde so auswirken, dass sie sich eher eingeschüchtert, nervös und ängstlich zeigen.

Menschen, die nicht über ein natürliches, selbstbewusstes, selbstsicheres Auftreten verfügen, sollten sich häufig von einem Trainer oder einer außenstehenden Person beim Umgang mit dem Pferd überprüfen und korrigieren lassen.

Innere Bilder und der richtige Blickpunkt bzw. dass der Mensch lernt, seine Gedanken zu beherrschen, können dabei helfen, ein selbstsicheres Auftreten zu erarbeiten.

Ob innere Bilder funktionieren, hängt davon ab, ob ein Individuum mit dem jeweiligen Bild etwas anfangen kann. Der Kreativität hierfür sind keine Grenzen gesetzt. Führt ein Bild dazu, dass sich die Körperhaltung wie gewünscht verändert, dann wurde das richtige gewählt, egal, welches es ist. Für eine selbstbewusste Haltung können Sie sich z. B. vorstellen, Sie seien ein König, ein Freiheitskämpfer etc.

Ebenso kann es helfen, dass Sie sich im Voraus auf das nächste kleine Ziel, das Sie mit dem Pferd vor sich haben, konzentrieren: Es aus der Box oder aus der Herde zu holen, von A nach B zu führen, oder Sie denken an die Ausführung einer Aufgabe an der Doppellonge. Sie stellen sich vorher den positiven Ablauf dieser Situation vor und nicht den negativen. Das mag sich komisch anhören, aber es hilft ungemein, die eigenen Gedanken auf die „richtige, positive" Ausführung einer Aufgabe zu lenken und daraus die richtige Körperhaltung abzuleiten.

Konkrete Ausführung der Körpersprache bei der Doppellongenarbeit

Um die Hilfen der Körpersprache konkret auf die Doppellongenarbeit zu beziehen, können Sie erneut einen Blick auf die Beschreibung der Wirkungsweisen in den verschiedenen Arbeitsbereichen werfen. Diese Wirkungsweisen (Bereich 1 - Rückwärts, Bereich 2 - Vorhand wenden, Bereich 3 - Seitwärts, Bereich 4 - Hinterhand wenden, Bereich 5 - Vorwärts) finden genauso statt, wenn der Mensch seinen Blickpunkt und seine Körpervorderseite in dem jeweiligen Arbeitsbereich direkt auf den zugehörigen Teil des Pferdes gerichtet hat. Die Energie wirkt dann frontal in dem Bereich auf das Pferd ein und erzeugt die beschriebene Reaktion, wenn das Energielevel des Signals für das Pferd hoch genug ist.

Mit einer Abwandlung der Sendungsrichtung der Körperenergie im entsprechenden Arbeitsbereich werden veränderte Wirkungsweisen erzeugt, die für die Doppellongenarbeit verwendet werden können. Diese werden hier im Groben erklärt. Die komplette Ausführung einer Übung basiert auf dem Zusammenspiel mit den anderen Hilfen, mit denen die Körpersprache dann kombiniert werden kann.

Um auf einem Zirkel zu longieren, begeben Sie sich in den dritten Arbeitsbereich, ungefähr auf Gurthöhe bis kurz dahinter. Ihr Körper ist so gedreht, dass er mit seiner Vorderseite vor das Pferd zeigt. Ihre Vorderseite „strahlt" den Laufweg des Pferdes aus, wie mit einem Scheinwerfer (Bild 1).

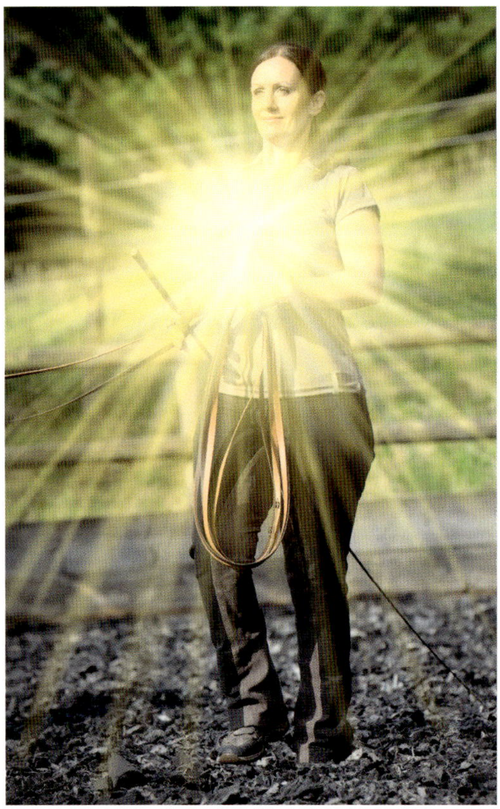

Ein mögliches inneres Bild wäre eine Sonne im Brustkorb, die immer heller scheint. Beim Gedanken an die Sonne und die sich ausbreitenden Sonnenstrahlen können Sie einatmen. Dabei heben sich automatisch Kopf und Brustkorb an und Sie sind durch das imaginäre Licht positiv ausgerichtet.

Möchten Sie eine Gerade longieren, begeben Sie sich in den zweiten Arbeitsbereich und drehen Ihren Körper in die Richtung, in die das Pferd sich bewegen soll. Aus diesem Bereich heraus schaffen Sie es, die Schulter des Pferdes im Geradeaus zu halten, die Ausrichtung der Körpervorderseite nach vorn gibt den Weg geradeaus vor. Wird das Pferd zu schnell, landen Sie automatisch im dritten Arbeitsbereich, wodurch das Pferd auf eine Zirkellinie abwenden wird. Bei sensiblen Pferden kann der Mensch im zweiten Arbeitsbereich schon dafür sorgen, dass sie abbremsen, anstatt sich weiter geradeaus zu bewegen. Hier muss der Longenführer darauf eingehen und die Position zwischen dem zweiten und dritten Arbeitsbereich wählen, auf die das Pferd wie gewünscht reagiert (Bild 2).

Möchten Sie das Pferd enger wenden, z. B. auf eine Volte, lassen Sie sich vom dritten Arbeitsbereich in den vierten zurückfallen und drehen Ihren Körper deutlicher in die Wendung. Dadurch landen Sie zum einen in dem Bereich, den die Pferde schlechter sehen, wodurch sie automatisch abwenden, um den Menschen besser im Blick zu behalten. Zum anderen wird Ihre Körperenergie durch die Drehung des Körpers weiter in die Wendung hineingesendet (**Bild 3**).

Um die Vorhand nach außen zu verschieben, begeben Sie sich in den zweiten Arbeitsbereich, wenden die Körpervorderseite frontal der Vorhand zu, setzen den Blickpunkt auf die Vorhand und erhöhen das Energielevel (**Bild 4**).

Um die Hinterhand nach außen zu verschieben, begeben Sie sich in den vierten Arbeitsbereich, drehen die Körpervorderseite frontal der Hinterhand zu, setzen den Blickpunkt auf die Hinterhand und erhöhen das Energielevel (**Bild 5**).

Um das komplette Pferd seitwärts zu bewegen, wenden Sie sich im dritten Arbeitsbereich mit der Körpervorderseite frontal der Mittelhand des Pferdes zu, setzen den Blickpunkt auf die Mittelhand und erhöhen das Energielevel (**Bild 6**).

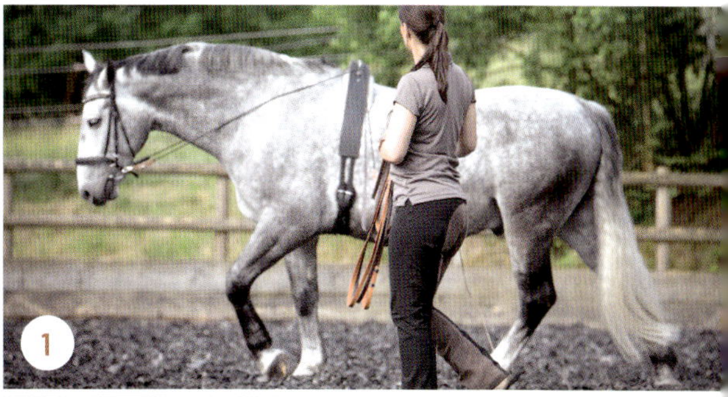
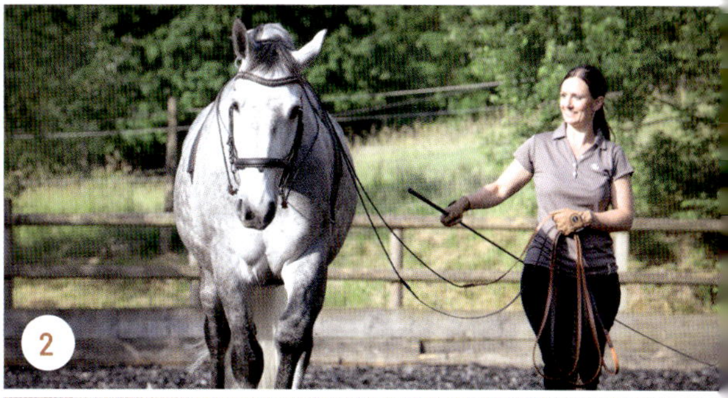
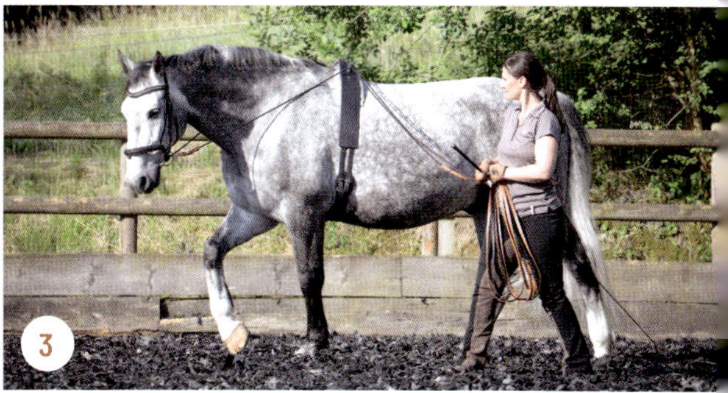
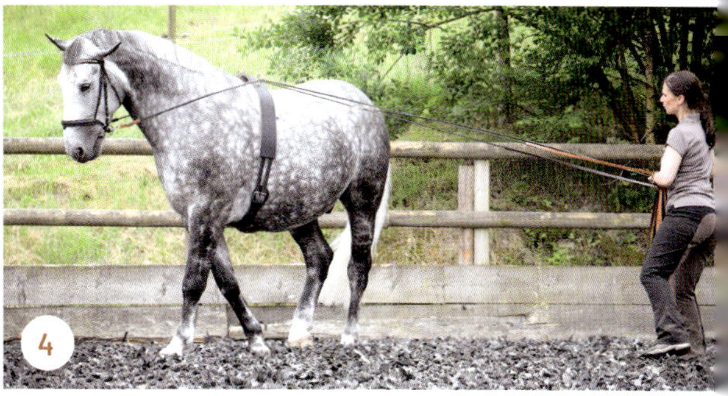

Bild 1: Auf dem Zirkel longieren
Bild 2: Geradeaus longieren
Bild 3: Auf eine Volte abwenden
Bild 4: Vorhand verschieben

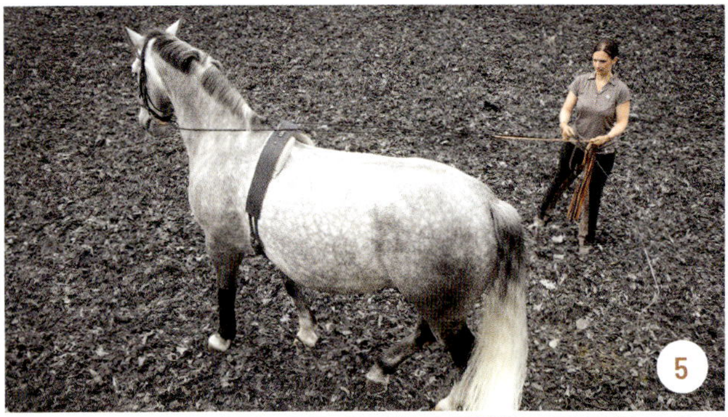

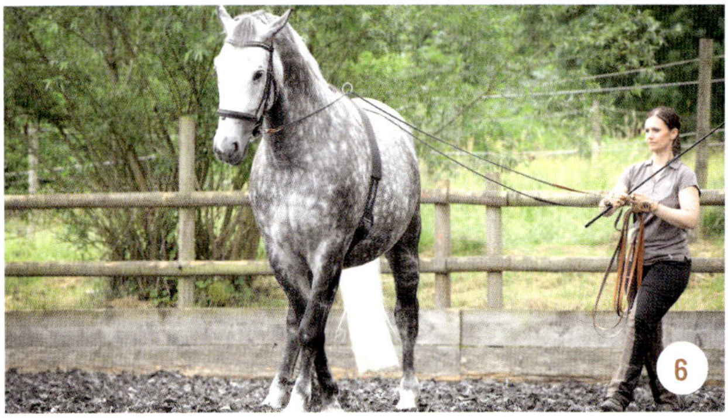

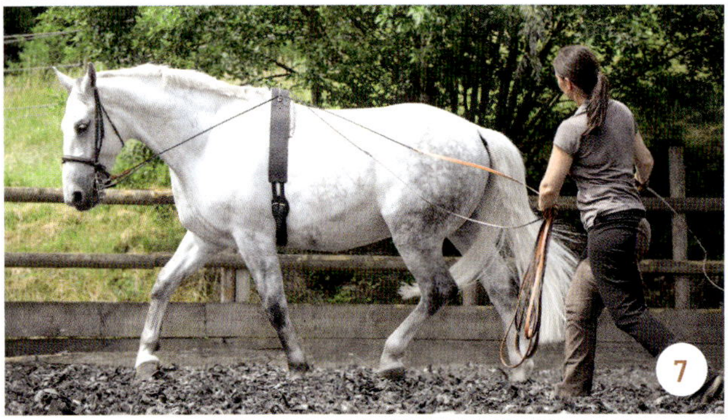

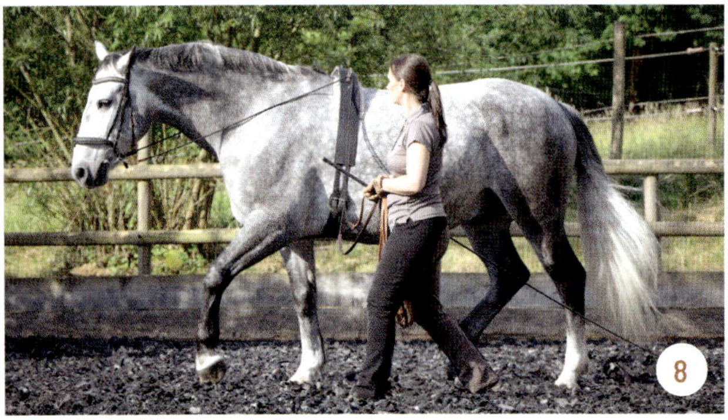

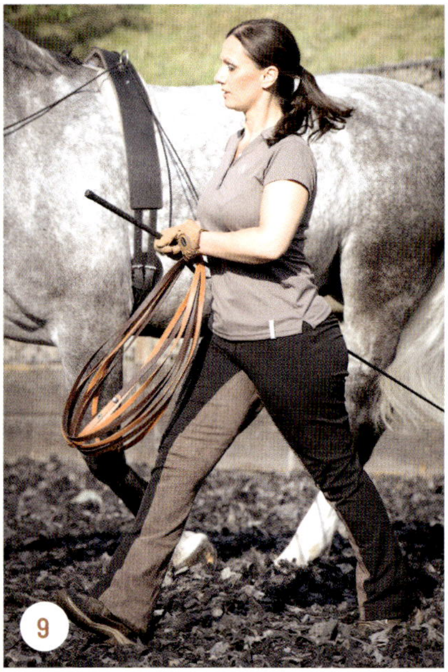

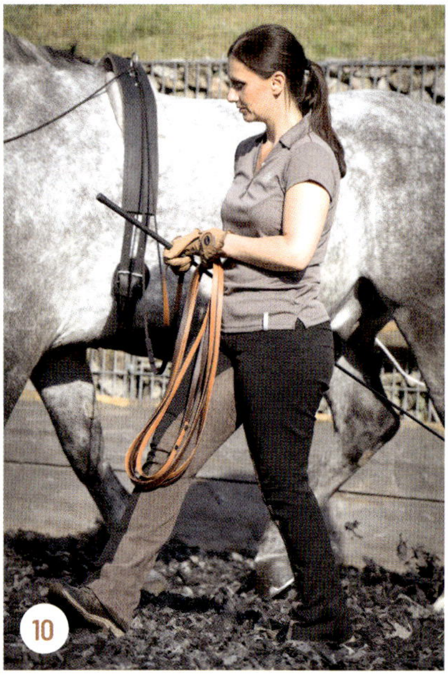

Bild 5: Hinterhand verschieben
Bild 6: Pferd seitlich verschieben
Bild 7: Pferd beschleunigen
Bild 8: Pferd verlangsamen
Bild 9: Körperspannung erhöhen
Bild 10: Körperspannung verringern

Um das Pferd anzutreiben, können Sie sich in den vierten Arbeitsbereich begeben. Die Körpervorderseite bleibt vor das Pferd gerichtet und Sie erhöhen das Energielevel durch Blickpunkt, Erhöhung der Körperspannung, Auf-das-Pferd-Zubewegen bis zum Berühren. Sobald die Reaktion erfolgt ist, begeben Sie sich sofort wieder in den dritten Arbeitsbereich (Bild 7 und Bild 9).

Um das Pferd dazu zu bringen, sich langsamer zu bewegen, können Sie schon im dritten Arbeitsbereich Ihre Körperspannung herunterfahren. Die Körperdrehung bleibt vor das Pferd gerichtet. Sollte das nicht reichen, begeben Sie sich in den zweiten Arbeitsbereich und fahren die Körperspannung herunter über Ausatmen, Brustbein nach hinten ziehen, Oberkörper nach hinten lehnen, Bewegungstempo verlangsamen (Bild 8 und Bild 10).

Die Peitschenhilfen

Die Peitsche ist dazu da, punktuell und präzise Energie ins Pferd zu bringen. Das kann auf verschiedene Arten umgesetzt werden. Zum einen reagiert das Pferd ganz natürlich auf die Peitsche, indem es aufgrund der gezielten Berührung mit der Peitsche in eine bestimmte gewünschte Richtung ausweicht. Das gilt z. B. für die verschiedenen Touchierpunkte, aber auch bei der logischen Steigerung der Körperhilfe für die Berührung, die erfolgt, wenn das Pferd auf die vorherigen Körpersignale nicht reagiert hat. Darüber hinaus ist es möglich, die Peitsche ohne Berührung zu verwenden und das Pferd auf verschiedene Signale zu konditionieren, wie etwa das Anheben der Peitsche auf eine bestimmte Höhe, die dann als Signal mit einer bestimmten Gangart verknüpft ist.

Die Peitsche kann bei der Doppellongenarbeit also die Signale der Körpersprache verstärken und ergänzen und so die Körperenergie des Menschen unterstützen. Verdeutlicht man sich die Steigerung des Energielevels des körpersprachlichen Signals, dann sieht man, wie und wann die Peitsche hierbei zum Einsatz kommt. Das Signal steigert sich von der Intention über die Ausrichtung des Körpers, den Blickpunkt, die Erhöhung der Körperspannung, die Bewegung in Richtung des Pferdes und, als letzte Steigerungsmöglichkeit, die Berührung. Schon bei der Erhöhung der Körperspannung können Sie die Peitsche mit anheben, über die Bewegung auf das Pferd zu bis zur Berührung mit der Peitsche wird das Signal gesteigert.

Das Pferd hat die Möglichkeit, schon bei den niedrigeren Energieleveln des Signals, wie dem Blickpunkt oder der Erhöhung der Körperspannung, zu reagieren. Nur wenn es darauf nicht reagiert, wird es schließlich von der Peitsche berührt. Die Peitschenhilfe wird folglich mit der Körperhilfe in Kombination eingesetzt, und zwar in mittlerer Höhe am Pferd, in dem Arbeitsbereich, in dem Sie die Körperhilfe einsetzen möchten.

Die Auswahl des Arbeitsbereichs entscheidet darüber, ob die Peitschenhilfe vorwärtstreibend, seitwärtsweisend oder bremsend wirkt. Im ersten Arbeitsbereich, vor den Kopf des Pferdes genommen, wirkt sie bremsend. Im zweiten Arbeitsbereich, befinden Sie sich auf Höhe der Schulter: Sie können diese von hier aus verschieben, z. B. wenn das Pferd sich im Zirkel auf die innere Schulter fallen lässt oder wenn Sie eine Hinterhandwendung erarbeiten möchten. Im dritten Arbeitsbereich können Sie das Pferd auf Höhe der Schenkellage seitwärts treiben oder in Kombination mit den Zügelhilfen auch eine Biegung abfragen, wie mit dem Reiterschenkel. Im vierten Arbeitsbereich können Sie die Hinterhand verschieben, z. B. für eine Vorhandwendung oder wenn das Pferd mit der Hinterhand zu sehr in die Bahn drängt. Ebenfalls können Sie das Pferd vorwärts treiben - ebenso wie im fünften Arbeitsbereich. Durch die Verbindung mit der Körperhilfe ist die Peitschenhilfe für das Pferd gut verständlich und es hat die Möglichkeit, auf feine Signale zu reagieren.

Auf Höhe zwischen Sprunggelenk und Knie, in Richtung Hinterhand oder leicht dahinter, wirkt die Peitsche meist relativ neutral, sofern sie ruhig gehalten wird und das Pferd gelernt hat, dass sie in dieser Position keine Bedeutung hat.

Wenn dann beim Erhöhen der Körperspannung die Peitsche z. B. zum Antraben immer auf eine mittlere Höhe angehoben wird und zum Angaloppieren auf eine höhere Ebene, wie etwa Kruppenhöhe, dann wird die Veränderung der Peitschenhöhe als Kommando zum Antraben oder Angaloppieren konditioniert. Genau das Gleiche passiert, wenn die Peitsche beim Verringern der Körperspannung in die entsprechende Region abgesenkt wird.

Sobald Sie sich in die Position hinter dem Pferd begeben, z. B. beim Fahren vom Boden oder beim Fahren selbst, wird die Peitsche ohne weitere Körpersignale eingesetzt und wirkt hier ähnlich wie die Schenkelhilfe des Reiters durch Berührung in Form von Anlegen. Sie kann als treibende, als seitwärtsweisende, als versammelnde und als verwahrende Hilfe eingesetzt werden. Für die treibende Hilfe wird die Peitsche hinter dem Gurt angelegt, kombiniert mit einer nachgebenden Hand. Für die versammelnde Peitschenhilfe wird sie ebenfalls hinter dem Gurt angelegt, kombiniert mit annehmenden Impulsen der Hand (siehe Zügelhilfe). Als verwahrende bzw. biegende Hilfe wird sie da angelegt, wo sie gerade benötigt wird.

Egal, um welche Einsatzvariante der Peitschenhilfe es sich handelt, das Pferd sollte keine Angst vor der Peitsche haben, und der Longenführer muss präzise mit der Peitsche umgehen können und das Pferd an jeder gewünschten Stelle treffsicher, mit unterschiedlicher Intensität, berühren können. Es gibt verschiedene Trockenübungen für den Umgang mit der Peitsche, wie etwa Dosen von der Bande zu touchieren oder sich vorzustellen, in einer Uhr zu stehen und jede einzelne Zahl des Zifferblatts mit der Peitsche treffen zu können.

Auch dass der Longenführer nicht unkontrolliert mit der Peitsche herumfuchtelt, während die Handgriffe ausgeführt werden, ist wichtig. Bei der hier vorgestellten Version der Doppellongenarbeit bleibt die Doppellonge grundsätzlich in der linken Hand und die Peitsche in der rechten Hand.

Daraus ergeben sich zwei Bewegungen, um die Peitsche zu wechseln. Einmal beim Wechsel von der linken auf die rechte Hand und von der rechten auf die linke Hand. Beim Handwechsel von der linken Hand auf die rechte Hand verselbstständigt sich die Peitsche gerne mal. Auch beim Verändern des Leinenmaßes auf der linken Hand tritt dieses Problem gerne öfter auf. Deshalb drehe ich die Peitsche hierbei nach hinten unten. Das heißt, es gibt vier unterschiedliche Bewegungen mit der Peitsche, die für den Umgang mit den Doppellongengriffen benötigt werden.

Die Stimmhilfen

Pferde haben ein sehr gutes Gehör. Sie können Geräusche auch aus weiter Ferne wahrnehmen. Die Ohrmuscheln des Pferdes sind beweglich, damit es sie in die Richtung eines Geräusches drehen, das Geräusch besser hören und lokalisieren kann. Pferde können beide Ohren zu einer Geräuschquelle hindrehen oder beide Ohren in jeweils unterschiedliche Richtung drehen, um mehrere Geräusche wahrzunehmen.

Gerade bei einer Disziplin wie der Doppellongenarbeit, bei der man keinen direkten Körperkontakt wie beim Reiten hat, macht es Sinn, zusätzlich die Stimmhilfe einzusetzen. Die Kombination der übrigen Hilfen mit der Stimmhilfe bietet viele Vorteile, sofern die Stimmhilfe richtig eingesetzt wird.

Sie soll z. B. nicht inflationär eingesetzt werden (wie etwa dauerhaftes Schnalzen, das auch, wenn es stimmlos erfolgt, zu den Stimmhilfen gehört). Dadurch würde das Pferd abstumpfen. Stimmhilfen sollen kurz und prägnant sein. Welche Begriffe bzw. Laute wir verwenden, hat eine untergeordnete Bedeutung.

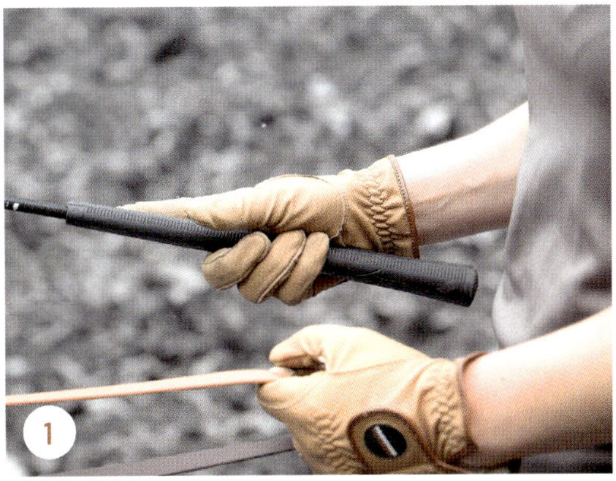

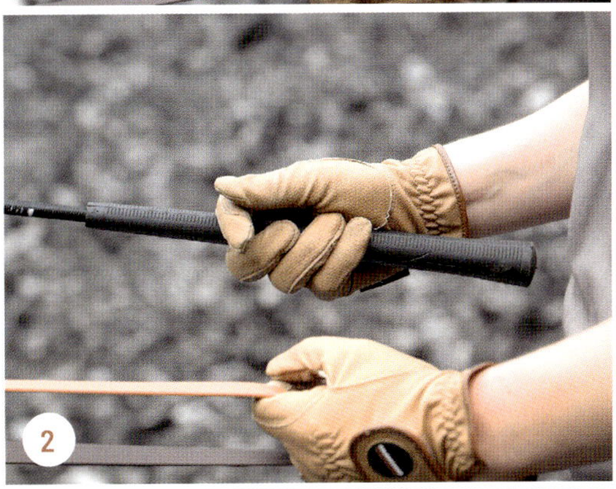

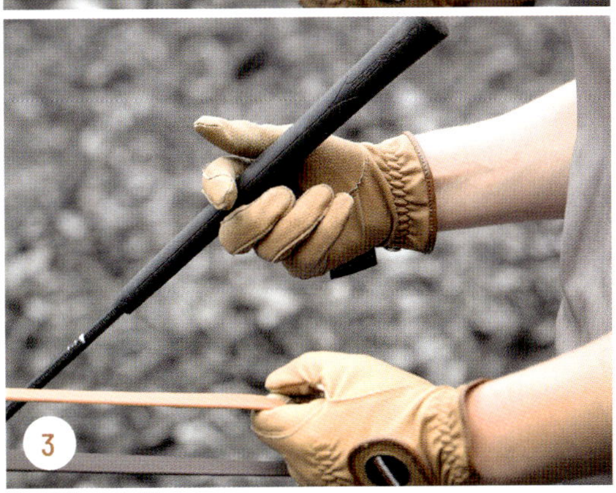

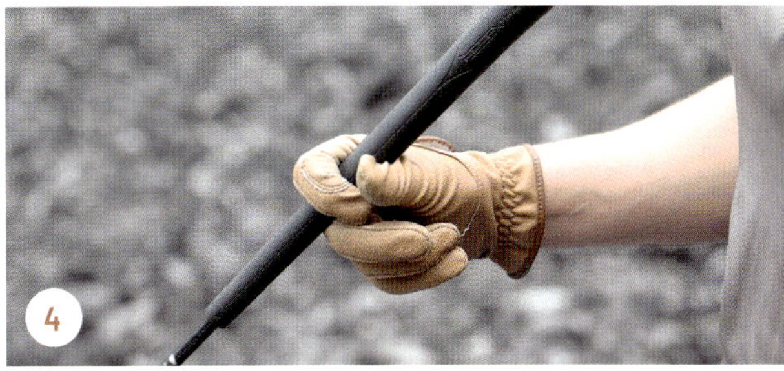

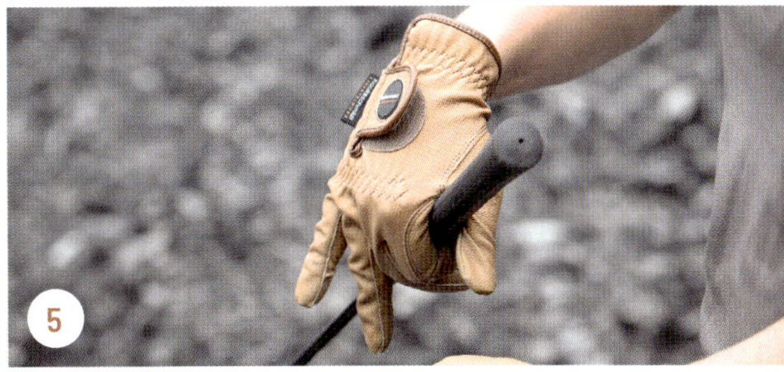

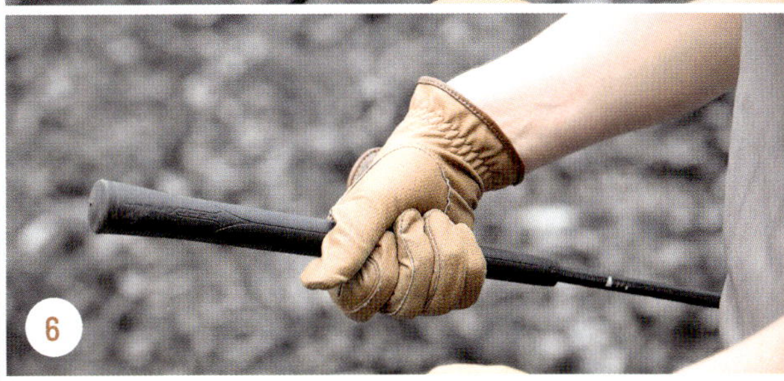

Peitsche nach hinten unten drehen auf der linken Hand

Bild 1: Aus der Startposition ...

Bild 2: ... nehmen Sie den Zeigefinger über den Peitschenknauf und haben somit die Peitsche zwischen Zeige- und Mittelfinger.

Bild 3: Währenddessen lassen Sie die Peitschenspitze nach unten sinken.

Bild 4: Der Peitschenknauf bewegt sich am Daumen vorbei, sodass dieser unter den Peitschenknauf greifen kann.

Bild 5: Mittelfinger, Ringfinger und kleiner Finger greifen auch um den Peitschengriff herum ...

Bild 6: ... und die Peitsche zeigt mit der Spitze nach hinten unten.

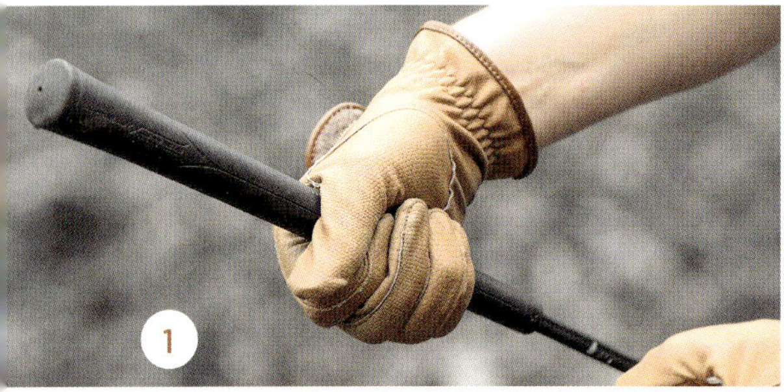

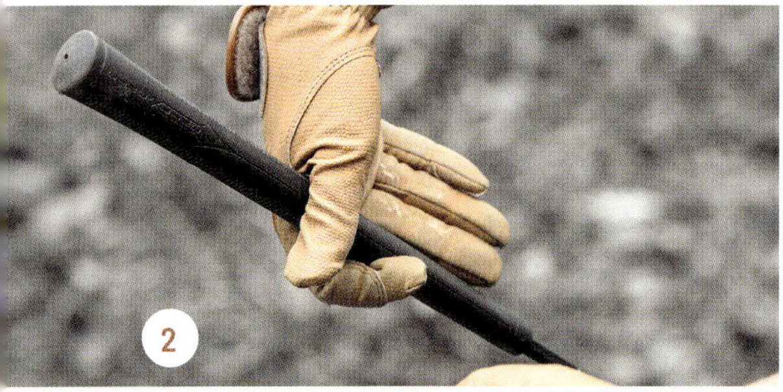

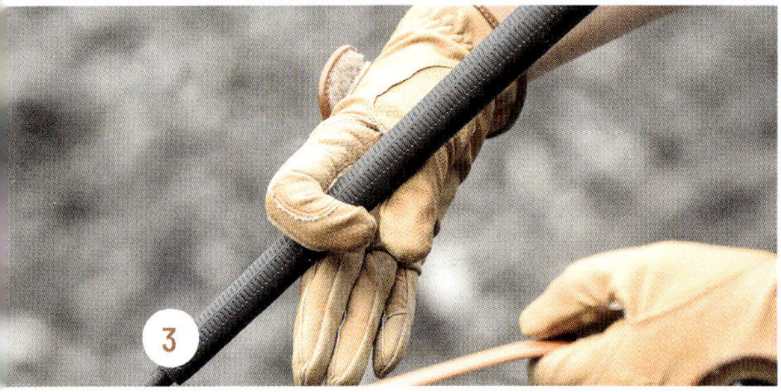

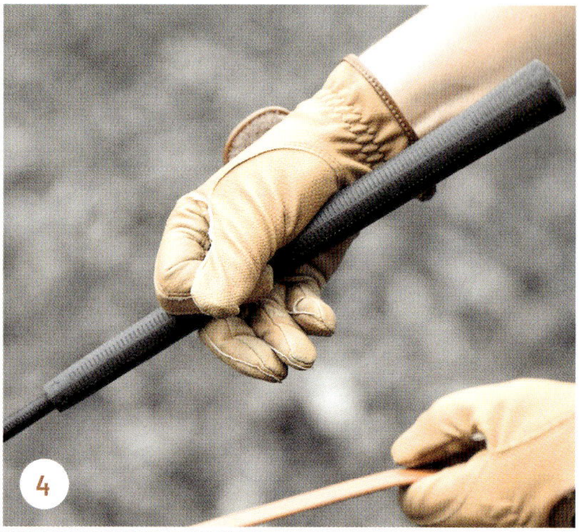

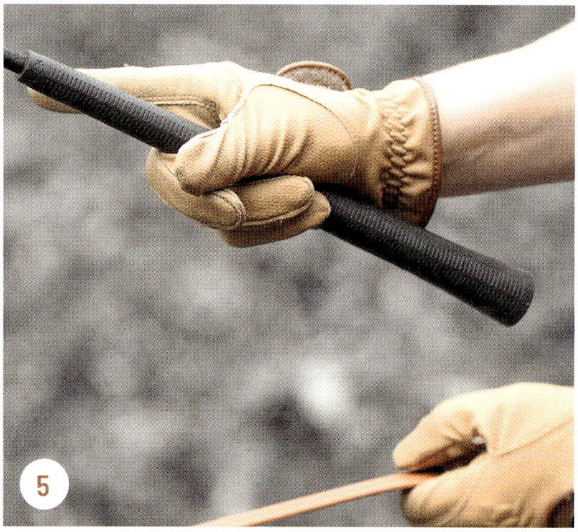

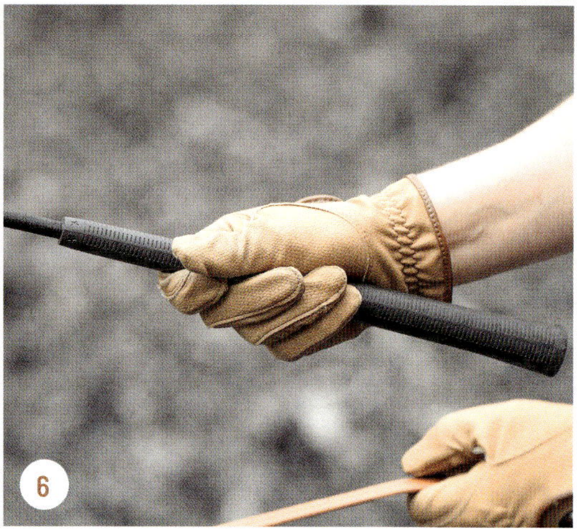

Peitsche von hinten wieder nach vorn oben drehen

Bild 1: Aus der Startposition mit nach hinten gedrehter Peitsche ...

Bild 2: ... werden Mittelfinger, Ringfinger und kleiner Finger über die Peitsche gelegt.

Bild 3: Mit diesen drei Fingern wird die Peitsche wieder nach vorn gedreht. Dabei kommt der Peitschenknauf über dem Daumen zu liegen.

Bild 4: Der Daumen wird über die Peitsche gelegt.

Bild 5: Danach wandert der Zeigefinger wieder zurück unter die Peitsche.

Bild 6: Danach die Peitsche wieder langsam anheben.

Peitschenwechsel beim Handwechsel von der linken auf die rechte Hand

Vor dem Handwechsel von der linken auf die rechte Hand wird die Peitsche nach hinten unten gedreht, damit man mit ihr beim Handwechsel nicht unkontrolliert herumwedelt.

Bild 1: Nach dem Handwechsel wird die Peitsche wieder nach vorn gedreht, allerdings ohne sie anzuheben.
Bild 2: Die rechte Hand dreht sich nach rechts, sodass die Finger der Faust nach oben zeigen.
Bild 3: Die rechte Hand und der Ellbogen heben sich an, ohne dass die Peitschenspitze nach oben kommt.
Bild 4: Die Peitschenspitze und die rechte Hand beschreiben jeweils einen Halbkreis hinter dem Körper.
Bild 5: Der Ellbogen wechselt über dem Kopf auf die andere Seite vor den Körper.
Bild 6: Die Peitschenspitze wird langsam auf das gewünschte Maß angehoben.

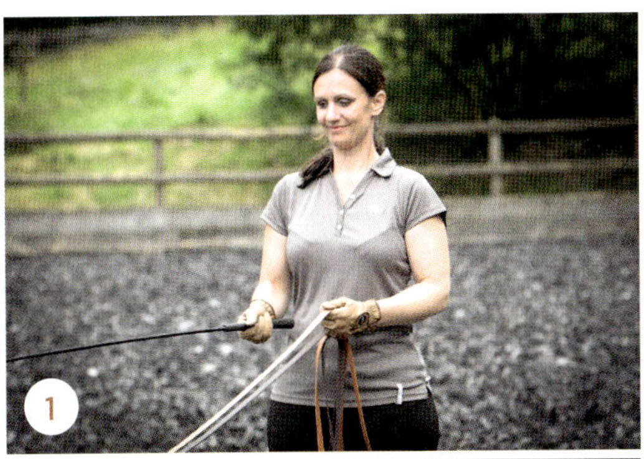
1

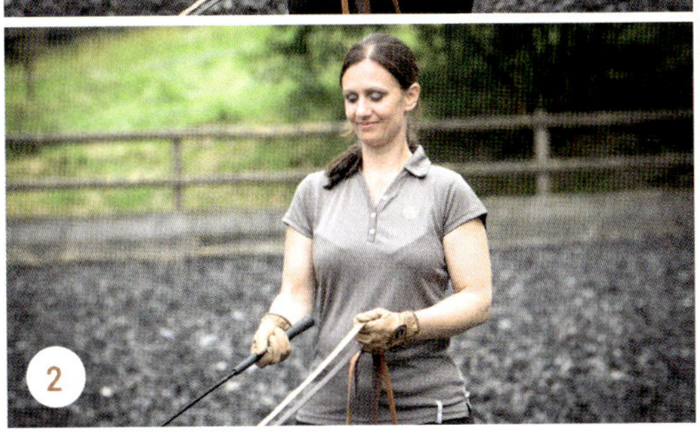
2

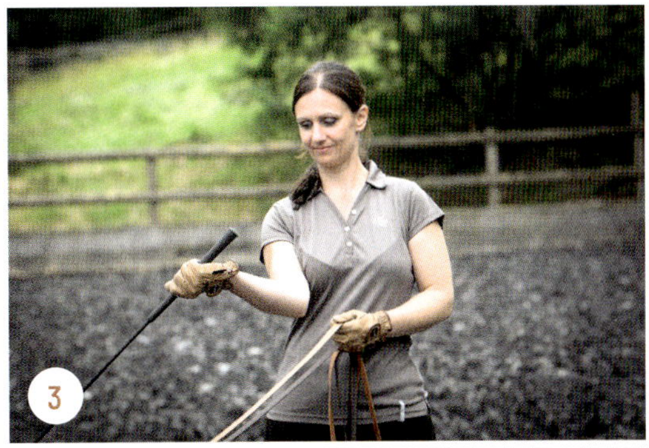
3

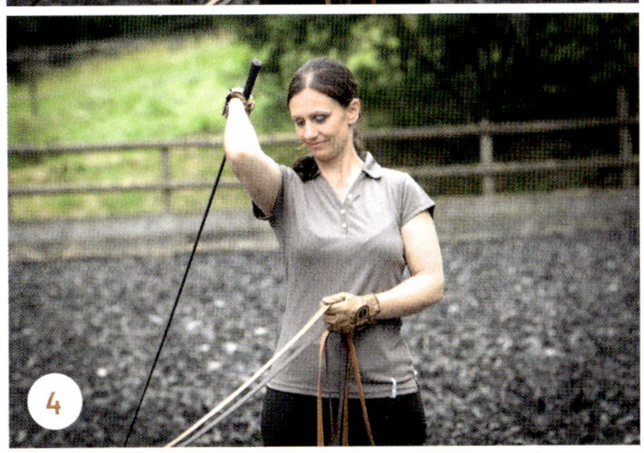
4

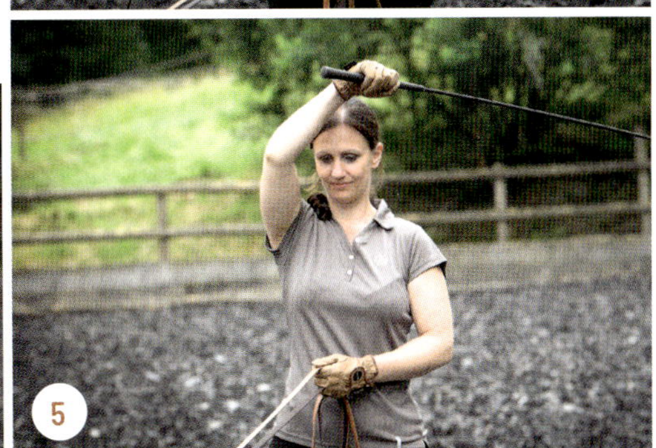
5

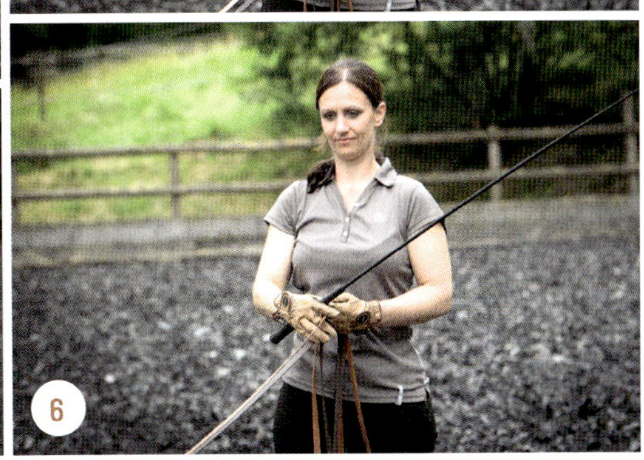
6

Peitschenwechsel beim Handwechsel von der rechten auf die linke Hand

Bild 1: Beim Handwechsel von der rechten auf die linke Hand bleibt die Peitsche nach vorn gerichtet.

Bild 2: Die rechte Hand lässt die Longe los, wenn das Pferd auf der linken Hand ankommt, und dreht sich nach hinten. Der Ellbogen hebt sich, die Peitschenspitze senkt sich.

Bild 3: Peitschenspitze und rechte Hand beschreiben einen Halbkreis hinter dem Körper, der Ellbogen wechselt über den Kopf.

Bild 4: Der Unterarm wird wieder vor den Körper geführt.

Bild 5: Dadurch kommt die Peitsche nach vorn.

Bild 6: Die rechte Hand dreht sich nach links, sodass sie wieder aufrecht steht.

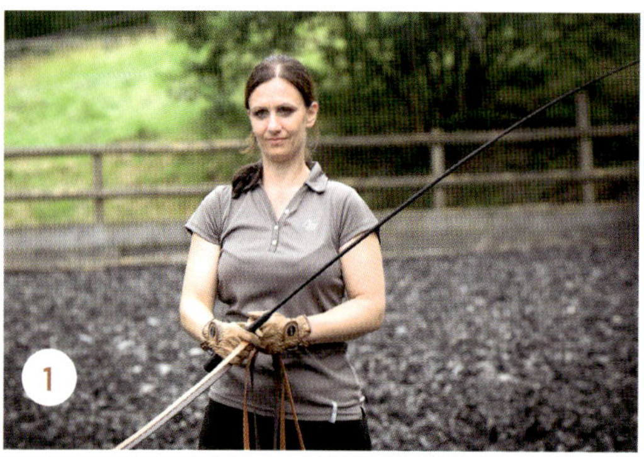

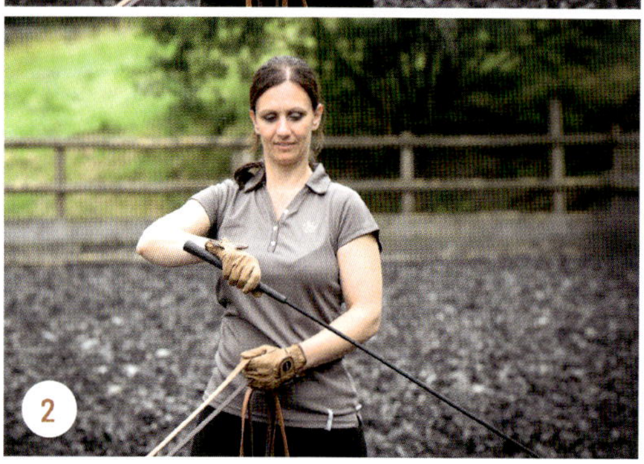

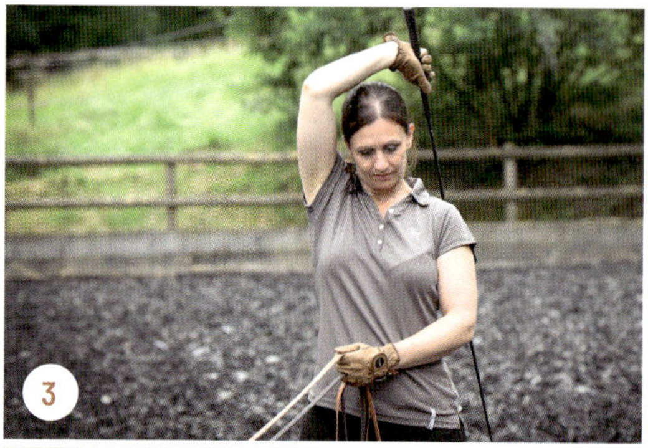

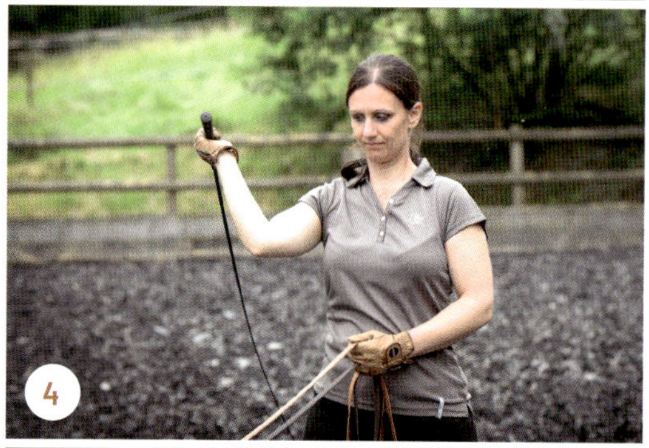

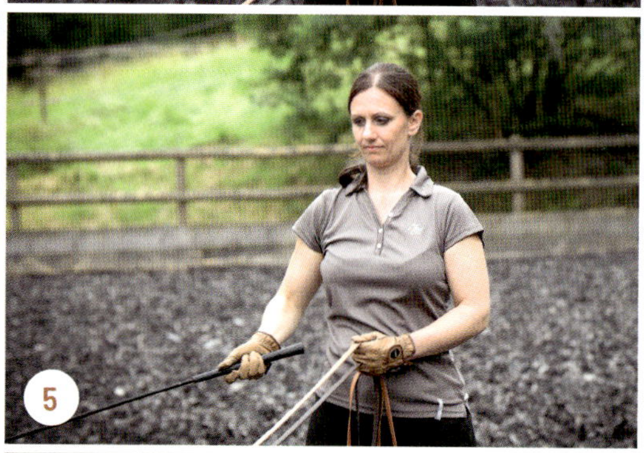

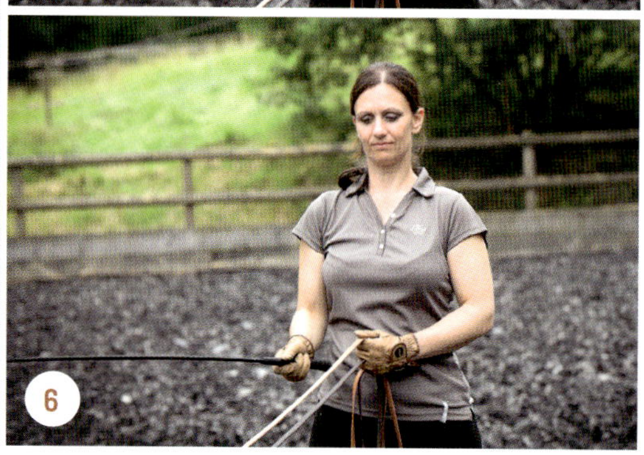

Dabei sollten Sie allerdings darauf achten, möglichst immer die gleichen, für das Pferd gut voneinander zu differenzierenden Wörter oder Geräusche für eine gewünschte Reaktion zu verwenden. Damit alle Menschen, die mit dem Pferd interagieren, dieselben Begriffe und Laute verwenden, kann es Sinn machen, sich an gängige Kommandos und Geräusche zu halten.

Die Stimme kann, je nach Energie, Tonfall und Lautstärke, beruhigend, antreibend, ermahnend oder lobend sein. Für eine treibende Stimmhilfe benutzen Sie kurze, knappe Silben in eher höheren Tonlagen. Die Stimme wird energisch benutzt (z. B. Te-rab, Ga-lopp). Um die Stimmhilfe bremsend einzusetzen, benutzen Sie lange, ruhige Silben in tieferen Tonlagen.

Die Stimme wird wenig energisch, gedämpft eingesetzt (z. B. ho-la, ho-ho).

Um das Pferd zu loben, eignen sich eher aufmunternde und auch beruhigende höhere Töne. Um das Pferd zu ermahnen, werden energische und die Aufmerksamkeit erhöhende Töne in tieferer Stimmlage verwendet. Pferde reagieren meist sehr gut auf Stimmlob, wodurch sich dessen Verwendung gerade bei der Doppellongenarbeit anbietet.

Wie die Stimmhilfen verwendet werden, ist vielen Pferdeleuten bewusst. Doch warum funktioniert diese Vorgehensweise, die ich gerade erklärt habe? Warum verwendet man z. B. kurze, knappe Laute zum Antreiben und tiefe, ruhige zum Bremsen? Es gibt eine ganz einfache Erklärung, die den Kreis zu den anderen Hilfen wieder schließt. Durch die Stimmsignale werden die Körperhaltung und die Körperspannung beeinflusst. Bei kurzen, energischen Tönen atmen Sie ein. Das Brustbein hebt sich und die Körperspannung erhöht sich. Lange, tiefe Töne wirken wie Ausatmen auf den Körper, das Brustbein senkt sich und die Körperspannung sinkt automatisch.

Die Stimmhilfe ist keine natürliche Hilfe. Sie muss daher vom Pferd erlernt und von uns konditioniert werden. Sie sollte immer gemeinsam mit einer passenden Körper- oder Peitschenhilfe gegeben werden, die das Pferd intuitiv verstehen kann. Dadurch verknüpft sich die Stimmhilfe mit der richtigen Reaktion, die anderen Hilfen können mit der Zeit feiner eingesetzt werden. Z. B. setzen Sie die Stimmhilfe mit kurzen knappen Silben ein, während Sie das Pferd mit erhöhter Körperspannung antreiben. Dadurch verknüpft das Pferd dieses Stimmsignal mit der erhöhten Körperspannung und Sie brauchen mit der Zeit weniger Körpereinsatz für die gleiche Reaktion.

Die Zügelhilfen

Die Zügelhilfen wirken, bei Benutzung eines Gebisses, auf das empfindliche Maul des Pferdes ein. Das Gebiss liegt auf der Zunge und den Laden (Unterkieferästen des Pferdes) und wirkt über eine Zügelhilfe auf diese Bereiche ein. Die Laden sind nur mit einer dünnen Schleimhaut überzogen und direkt mit dem Kiefergelenk verbunden. Über den Zungenmuskel wird auch das Zungenbein bei einer Zügelhilfe angesprochen. Hat das verwendete Gebiss eine Hebelwirkung, wird auch das Genick des Pferdes mit einbezogen, bei Nutzung eines Gebisses mit Kinnkette nimmt diese ebenfalls einen Teil des Zügelzugs auf.

Auswirkung auf das Zungenbein

Das Zungenbein ist nach dem Innenohr das wichtigste Gleichgewichtsorgan. Es liegt an der Schädelbasis zwischen den beiden Unterkieferästen und dem Kehlkopf und ist an den Bewegungen der Zunge und, durch die Verbindung zum Kehlkopf, auch am Schluckakt und dem Kaumechanismus beteiligt. Außer dem Zungenmuskel setzen auch der Schulterblatt-Zungenbein-Muskel und der Brustbein-Zungenbein-Muskel am Zungenbein an. Durch starken, lang anhaltenden Druck des Gebisses auf die Zunge wird die Beweglichkeit der Zunge eingeschränkt.

Dadurch kann das Zungenbein blockieren. Da das Zungenbein eine Art Schaltzentrum ist, das sowohl mit der dorsalen als auch mit der ventralen Muskelkette verbunden ist, kann eine Blockade des Zungenbeins zu einer Beeinträchtigung aller Körperfunktionen führen. So kann eine solche Blockade Auswirkungen haben auf die Haltung des Halses, des kompletten Körpers, auf die Protraktion (die Vorführung) und den Raumgriff der Vorhand, aber auch auf Atmung, Fress- und Trinkverhalten sowie auf die Schluckbewegung des Pferdes.

Auswirkung auf das Kiefergelenk

Das Kiefergelenk verbindet den Oberkiefer mit dem Unterkiefer. Seine wichtigste Funktion ist die Ausführung von Kieferbewegungen. Das Kiefergelenk ist über das Schläfenbein eng mit dem Ohr verbunden. Dieses ist der Sitz des Gleichgewichtsorgans. Das Kiefergelenk ist für Gleichgewicht, Haltung und Propriozeption (Wahrnehmung des eigenen Körpers) wichtig. Sie können durch eine Einschränkung des Kiefergelenks beeinflusst und dadurch in ihrer Funktion gestört werden. Das Kiefergelenk ist Teil mehrerer myofaszialer (griechisch für: „die Muskeln und das Bindegewebe betreffend") Ketten. Über diese ist das Kiefergelenk mit annähernd dem ganzen Körper funktional verbunden. Das heißt, dass eine Einschränkung der Beweglichkeit des Kiefergelenks sehr viele Bereiche im Körper des Pferdes negativ beeinflussen kann. So gibt es sehr häufig gegenseitige Beeinflussungen von Kiefer- und Kreuzdarmbeingelenk (Ileosakralgelenk).

Auswirkung auf das Genick

Das Genick beschreibt eine Körperregion mit mehreren Teilen: die Hinterhauptschuppe, das Hinterhauptbein, den ersten Halswirbel (Atlas) und den zweiten Halswirbel (Axis). Zwischen diesen Teilen gibt es zwei Gelenke.

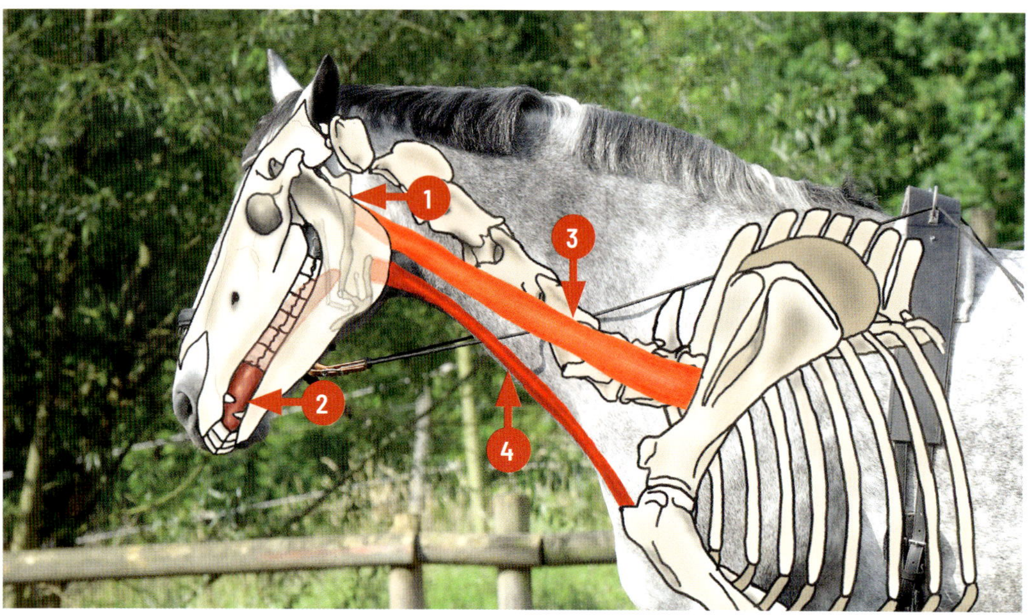

1. Zungenbein, 2. Zungenbeinmuskel, 3. Schulterblatt-Zungenbein-Muskel, 4. Brustbein-Zungenbein-Muskel

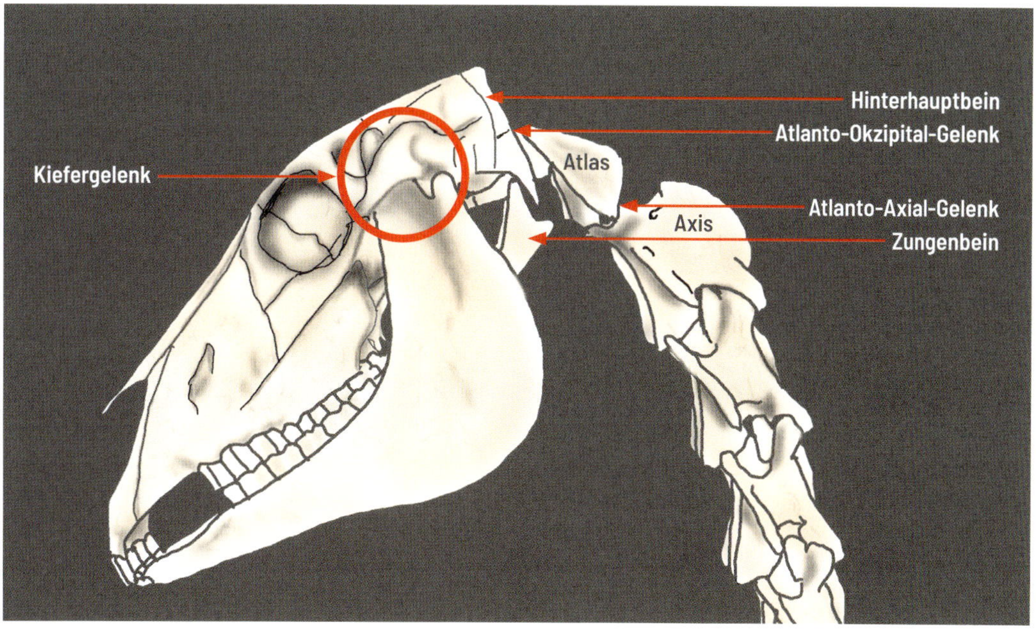

Anatomische Lage der Gelenke im Bereich des Genicks

Das Atlanto-Okzipital-Gelenk ist das Gelenk zwischen Hinterhauptbein und erstem Halswirbel. Es wird auch Ja-Sager-Gelenk genannt, da es das Heben und Absenken des Kopfes ermöglicht. Hier gibt das Pferd auf eine Zügelhilfe hin nach. Das zweite Gelenk ist das Atlanto-Axial-Gelenk. Es wird Nein-Sager-Gelenk genannt. Hier finden Drehungen nach rechts und links statt. Dieses Gelenk ist beteiligt, wenn wir von Stellung sprechen.

Bei Blockaden des Genicks können daher Schwierigkeiten mit Stellung, Biegung und Anlehnung entstehen. Auch das Genick ist Teil von mehreren myofaszialen Ketten, wodurch Einschränkungen in diesem Bereich zu Beeinträchtigungen in vielen Bereichen des Pferdekörpers führen können.

Betrachten wir all diese Informationen im Hinblick auf die Wirkungsweise von Zügelhilfen, wird klar, dass eine zu starke, grobe Einwirkung nicht nur schmerzhaft für das Pferd ist, sondern sich auch negativ auf den kompletten Pferdekörper auswirken kann.

Sie müssen mit dieser Hilfe also absolut vorsichtig und überlegt umgehen und sich klarmachen, wie man sie in verschiedenen Situationen richtig einsetzt. Speziell bei Disziplinen wie der Doppellonge, der Arbeit hinter dem Pferd oder auf der Kutsche ist dies essenziell, denn hier haben Zügelhilfen einen deutlich höheren Stellenwert als beim Reiten. Sie sind der einzige direkte Kontakt, den Sie zum Pferd haben. Auch für das Reiten sind die Zügelhilfen zwar wichtig und der Reiter muss lernen, wie er sie einsetzt, sie sollten dabei aber den Gewichts- und Schenkelhilfen deutlich untergeordnet sein.

Beim Kutschefahren werden Zügelfehler schneller deutlich, da der Körper nicht in Kontakt mit dem Pferd ist und sie daher nicht ausgleichen kann. Grundsätzlich lässt sich sagen: Wenn Reiter oder Longenführer nicht gelernt haben, wie man mit der Hand „weich wird", „leicht wird", „annimmt und nachgibt" oder die Hand „mal stehen lässt" bzw. „mal vorgibt" und eine „Anlehnung von hinten" erarbeitet, dann werden sie die Zügelhilfen meist gegenläufig zu den Körperhilfen verwenden.

Welche Arten von Zügelhilfen gibt es?

Die annehmende Zügelhilfe

Bei der annehmenden Zügelhilfe wird die Hand vermehrt geschlossen. Sie kann an der Doppellonge auch dadurch gegeben werden, dass sich die Hand dreht. (Lesen Sie hierzu das Kapitel „Die Handgriffe an der Doppellonge" ab S. 101.)

Beide Varianten können miteinander kombiniert werden. Die annehmende Zügelhilfe kann für jegliche Form von Paraden verwendet werden. Für das Reiten lernt man, dass eine Parade immer aus dem Zusammenwirken aller Hilfen – Sitz, Schenkeln und Zügeln – besteht. Bei der Doppellongenarbeit ist das genauso. Sie sollte immer ein Zusammenspiel sein von Körperhilfe, Zügelhilfe sowie Stimm- oder Peitschenhilfe. Je nach Position des Longenführers verändert sich der Anteil der Hilfen zueinander. Durch eine gute Abstimmung dieser Hilfen wird der Einsatz der Zügelhilfe in einem deutlich geringeren Maß notwendig sein.

Die durchhaltende Zügelhilfe

Bei der durchhaltenden Zügelhilfe wird die Hand ebenfalls geschlossen oder bei bestimmten Griffen eingedreht. Der Unterschied zur annehmenden Zügelhilfe ist, dass der Druck, der durch das Schließen oder Drehen der Hand entsteht, etwas länger gehalten wird. Sobald das Pferd die gewünschte Reaktion zeigt, erfolgt eine nachgebende Zügelhilfe.

Es ist nicht Sinn und Zweck der durchhaltenden Zügelhilfe, einen Kampf mit dem Pferd auszutragen oder Kopf und Hals des Pferdes in eine gewünschte Position zu ziehen. Diese Zügelhilfe darf nicht im Dauereinsatz benutzt werden, da das Pferd nur mit Gegendruck reagieren würde. Sie muss mit gutem Timing und konsequentem Nachgeben in der richtigen Situation eingesetzt werden. Die durchhaltende Zügelhilfe kann an der Doppellonge z. B. für das Rückwärtsrichten eingesetzt werden oder um ein Kauen und Nachgeben im Genick des Pferdes auszulösen.

Die nachgebende Zügelhilfe

Die nachgebende Zügelhilfe wird gegeben, indem die Hand sich im Vergleich zu der annehmenden oder durchhaltenden Zügelhilfe entspannt oder ausdreht. Dadurch wird der Druck verringert bzw. ganz herausgenommen. Wird die nachgebende Zügelhilfe nach einer annehmenden oder durchhaltenden Zügelhilfe eingesetzt, sind Position und Spannungszustand der Hand danach wieder wie in der Ausgangssituation.

Sie kann aber auch ohne vorherige annehmende oder durchhaltende Zügelhilfe eingesetzt werden, um den Rahmen des Pferdes zu erweitern oder um das Pferd antreten zu lassen. Auch um eine Wendung einzuleiten, erfolgt erst eine einseitig nachgebende Zügelhilfe vor einer annehmenden Hilfe. Die Zügel sollen bei einer nachgebenden Zügelhilfe nicht springen oder plötzlich die Verbindung aufgeben. Die Verbindung soll weich und federnd sein. Dieses Federn von annehmender oder durchhaltender Zügelhilfe in Kombination mit der nachgebenden Zügelhilfe kann mit einem Gummiband beschrieben werden, das langsam angenommen und im gleichen Maß wieder nachgegeben wird, ohne dass das Gummi wegschnalzt.

Die verwahrende Zügelhilfe

Die verwahrende Zügelhilfe wird immer nur an einer Longe / an einem Zügel eingesetzt. Ihr Sinn und Zweck ist es, die äußere Schulter und die Biegung des Pferdehalses in Stellung und Biegung zu kontrollieren. Stellung, Biegung und Wendungen werden an der Doppellonge immer mit einer nachgebenden Zügelhilfe an der äußeren Longe eingeleitet.

Erst danach wird bei Bedarf an der inneren Longe eine annehmende Zügelhilfe gegeben. Wenn hierbei außen zu viel nachgegeben wird, kann das Pferd auf die äußere Schulter fallen. In dem Augenblick, bevor der Hals sich zu sehr biegt oder die Schulter nach außen wegdrücken würde, hält die verwahrende Zügelhilfe die Verbindung zum Pferdemaul und begrenzt die zu starke Biegung oder das Nach-außen-Drücken der Schulter dadurch. Durch die Biegung des Halses liegt die Longe am Hals an. Die Hand fängt auf der Außenseite wenn nötig mit einer konstanten Verbindung die biegende Energie auf, die von innen durch Körperhilfen oder Peitschenhilfen des Longenführers kommt.

Die seitwärtsweisende Zügelhilfe

Beim Reiten wird diese Zügelhilfe eingesetzt, indem die Hand ungefähr im rechten Winkel leicht vom Pferd weggeführt wird in die Richtung, in die sich das Pferd bewegen soll. Diese Zügelhilfe verdeutlicht dem Pferd durch den stärkeren Hebel, in welche Richtung es gehen und seinen Kopf wenden soll. Sie hilft also bei Stellung und Biegung. An der Doppellonge kann diese Hilfe nur bei der V-Verschnallung eingesetzt werden. Bei der ersten Variante der V-Verschnallung gibt es auch noch eine rückwärtswirkende Zügelhilfe. Bei der zweiten Variante wirkt nur die seitwärtsweisende Zügelhilfe (siehe Kapitel „Die Verschnallung der Doppellonge" ab Seite 46).

Verwendung der Zügelhilfen

Die annehmende, die durchhaltende und die nachgebende Zügelhilfe können auf beiden Seiten des Pferdes gleichzeitig gegeben werden. Alle fünf Arten von Zügelhilfen können einseitig gegeben werden. Die einseitige, annehmende Zügelhilfe sollte nicht dazu verwendet werden, abwechselnd links und rechts zu ziehen, um den Kopf des Pferdes nach unten zu ziehen, sondern nur in sinnvoller Kombination mit den anderen Zügelhilfen.

Man verwendet, um ein Pferd zu stellen, zu biegen und dabei auf eine gebogene Linie abzuwenden, mehrere Zügelhilfen gemeinsam. Es kommen die annehmende, die nachgebende, die verwahrende und eventuell auch noch die seitwärtsweisende Zügelhilfe gemeinsam zum Einsatz (natürlich zusätzlich zu den Körperhilfen).

Eine Wendung wird eingeleitet, indem die äußere Hand eine nachgebende Zügelhilfe gibt. Dadurch bekommt das Pferd schon die Möglichkeit, sich durch das Nachgeben zu stellen, zu biegen und abzuwenden.

Diese nachgebende Zügelhilfe gibt nur so weit nach, dass das Pferd nicht über die Schulter wegläuft, und geht dann in die verwahrende Zügelhilfe über. Währenddessen kann man, wenn nötig, innen eine annehmende Zügelhilfe geben, auf die sofort wieder eine nachgebende Zügelhilfe folgt, sobald das Pferd reagiert hat, z. B. mit Kauen und dem Wenden des Kopfes.

Erfolgt keine Reaktion des Pferdes, können Sie mehrere Abfolgen von annehmenden und leicht nachgebenden Zügelhilfen geben, wie eine Art Vibrieren der Hand, bis das Pferd reagiert hat. Auch die seitwärtsweisende Zügelhilfe kann hier zum Einsatz kommen, da sie, durch den größeren Hebel auf den Hals, deutlicher zur Wendung beiträgt. (Das funktioniert aber nur beim Reiten, an der Doppellonge hängt die Verwendung der seitwärtsweisenden Zügelhilfe von der Verschnallung ab.) Danach würde dann eine längere nachgebende Zügelhilfe als Lob folgen. Eine längere durchhaltende Zügelhilfe führt an dieser Stelle meist eher dazu, dass das Pferd dagegenhält.

Um das Pferd nicht abzustumpfen, sollten Sie annehmende Zügelhilfen nach dem Grundsatz „So weich wie möglich, aber so stark wie nötig" geben. Sie beginnen immer mit einer möglichst leichten Hilfe und steigern diese, bis eine Reaktion des Pferdes erfolgt.

Bei der Bewertung, ob eine Reaktion stattgefunden hat, müssen Sie sehr genau darauf achten, kleinste Reaktionen, wie ein leichtes Kauen, durch eine längere nachgebende Zügelhilfe zu loben. Nur durch die richtige Intensität und das richtige Timing werden Pferde fein an der Hand (siehe Kapitel „Wie lernt das Pferd auf Hilfen zu reagieren?" ab Seite 19).

Sobald Sie sich im Arbeitsbereich hinter dem Pferd befinden, ist unser Einfluss über die Körperhilfen deutlich reduziert, während Stimm- und Peitschenhilfe noch vom Pferd wahrgenommen werden. Dadurch liegt ein deutlich größerer Anteil der Einwirkung bei den Zügelhilfen. Damit auch in dieser Position die Hand in Zusammenspiel mit Peitsche und Stimme fein einwirken kann, muss das Pferd die Bedeutung der Zügelhilfen verstanden haben und darauf sensibilisiert sein.

Für alle Hilfen gilt, wie schon erwähnt, dass das Timing ihres Einsatzes von größter Bedeutung ist. Dazu gehört auch, dass sie unter Berücksichtigung der Fußfolge gegeben werden. Das bedeutet, dass die annehmende Zügelhilfe, die als Teil einer halben Parade auf Übergänge vorbereitet, die Energie von hinten auffängt, um einen positiven Spannungsbogen im Pferd aufzubauen. Sie kommt bei allen versammelnden Lektionen zum Einsatz und wird im Idealfall in der Phase gegeben, in der sich das eine Hinterbein in der vorderen Stützbeinphase und das andere in der hinteren Hangbeinphase befindet. Ab dem Moment, in dem beide Hinterbeine an der Senkrechten sind (das eine in der Hangbeinphase und das andere in der Stützbeinphase), sollte die nachgebende Zügelhilfe zum Einsatz kommen. Hält die annehmende Zügelhilfe über diese Phase hinaus an, kann dies zu Widerstand beim Pferd führen. Daran erkennen Sie, wie wichtig es ist, die richtige Phase der Fußfolge zu erwischen, und warum ein dauerhaft anhaltender Druck der Hand und eventuell ein gleichzeitiges Treiben zu Gegendruck durch das Pferd führt.

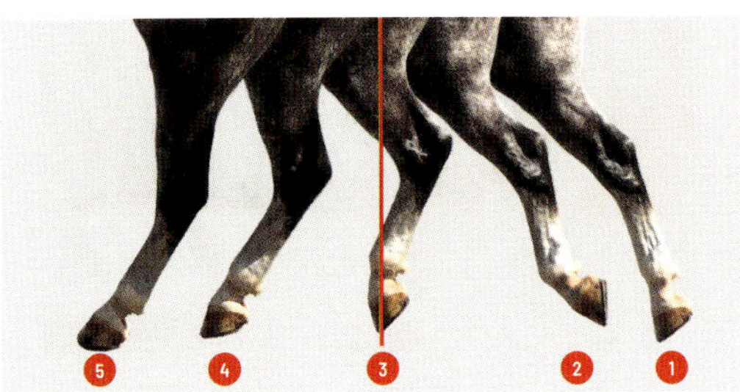

Hangbeinphase

Während sich (im Schritt und Trab) das eine Hinterbein in der vorderen Stützbeinphase befindet, ist das andere Hinterbein in der hinteren Hangbeinphase. Zur vorderen Hangbeinphase gehören die Ziffern 4 und 5. Die Ziffern 1 und 2 bilden die hintere Hangbeinphase. Bei Ziffer 3 befindet sich das Bein der Hangbeinphase an der Senkrechten.

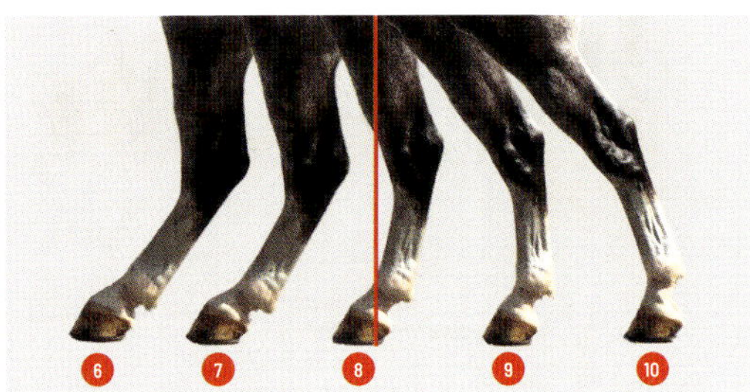

Stützbeinphase

Genauso verhält es sich umgekehrt: Wenn das eine Hinterbein in der hinteren Stützbeinphase ist, befindet sich das andere in der vorderen Hangbeinphase. Zur vorderen Stützbeinphase gehören die Ziffern 6 und 7. Die Ziffern 9 und 10 bilden die hintere Stützbeinphase. Bei der Ziffer 8 befindet sich das Bein in der Stützbeinphase an der Senkrechten.

Dr. Thomas Ritter schreibt:

» Ein Hinterbein kann nur vermehrt untergeschoben werden, wenn es sich in der Luft befindet. Mit anderen Worten, die treibende Schenkel-, Gerten- oder Spornhilfe kann nur dann durchkommen. Das Beugen eines HinterfuSSes durch Belasten kann nur in derjenigen Phase der Bewegung erfolgen, in der sich das Hinterbein am Boden und vor der Senkrechten befindet, denn das ist der Augenblick, in dem es die Last trägt und sich unter ihr beugt. Dies bedeutet, dass die halbe Parade nur in diesem Moment durchkommen kann. Befindet sich der Hinterfuss am Boden und hinter der Senkrechten, ist er im Dehnen begriffen und schiebt die Last vorwärts, kann also einer Parade nur entgegenwirken. Daher pflegten die Alten Meister zu sagen, dass der vor der Senkrechten befindliche Hinterfuß der Parade nachgeben, der sich hinter der Senkrechten befindende Hinterfuss aber Widerstand leisten wird.[14]

Die Zügelhilfe kann also nur in der vorderen Stützbeinphase durchkommen. Bewegt sich das Pferd auf der Vorhand, ist die vordere Stützbeinphase im Vergleich zur hinteren Stützbeinphase deutlich verkürzt. Je stärker das Pferd seinen Schwerpunkt auf die Vorhand verlagert, desto weiter schiebt die Hinterhand nach hinten raus und desto kürzer ist die Phase, in der die halbe Parade gut platziert werden kann. Das heißt, dass vor einer halben Parade das Hinterbein mit treibenden Hilfen (Körper, Peitsche, Stimme) aktiviert werden sollte, und zwar in der Phase, in der sich das eine Hinterbein in der hinteren Stützbeinphase und das andere Hinterbein in der vorderen Hangbeinphase befindet. Dadurch kommt Energie ins Pferd, die dann in der folgenden Phase (ein Bein in der vorderen Stützbeinphase, das andere in der hinteren Hangbeinphase) durch eine halbe Parade eingefangen werden kann. Diese Zusammenhänge zeigen, dass es nicht sinnvoll sein kann, gleichzeitig hinten zu treiben und vorn dagegenzuhalten, wie es häufig praktiziert wird. Stattdessen muss die treibende Hilfe getrennt von der Zügelhilfe erfolgen. So kann positive Spannung ins Pferd kommen, es wird sich besser ausbalancieren und seinen Schwerpunkt nach hinten verlagern. Dadurch kann die Hinterhand wiederum besser unter den Schwerpunkt treten, wodurch die Zügelhilfe wieder besser zu platzieren ist. Darum ist es wichtig, einen Übergang oder eine ganze Parade mit mehreren halben Paraden vorzubereiten. Nur dadurch kann das Pferd dafür, wie für den Übergang gewünscht, die Hinterhand beugen, die Vorhand anheben und dabei nicht auf diese fallen.

Dieses Vorgehen muss auf das jeweilige Pferd angepasst werden. Bei einem Pferd, das von sich aus schon sehr viel Energie und Schub mitbringt, wird der Blickpunkt auf die Paraden gelegt, um die Energie abzufangen und im Pferd eine positive Körperspannung aufzubauen. Bei einem energielosen Pferd wird der Blickpunkt erst mal darauf liegen, Energie ins Pferd zu bringen. Erst wenn diese da ist, kann sie wieder über Paraden abgefangen werden, um positive Spannung aufzubauen.

[14] Klassisches Reiten auf Grundlage der Biomechanik, Dr. Thomas Ritter, Cadmos Verlag, 2. Auflage 2017, S. 85

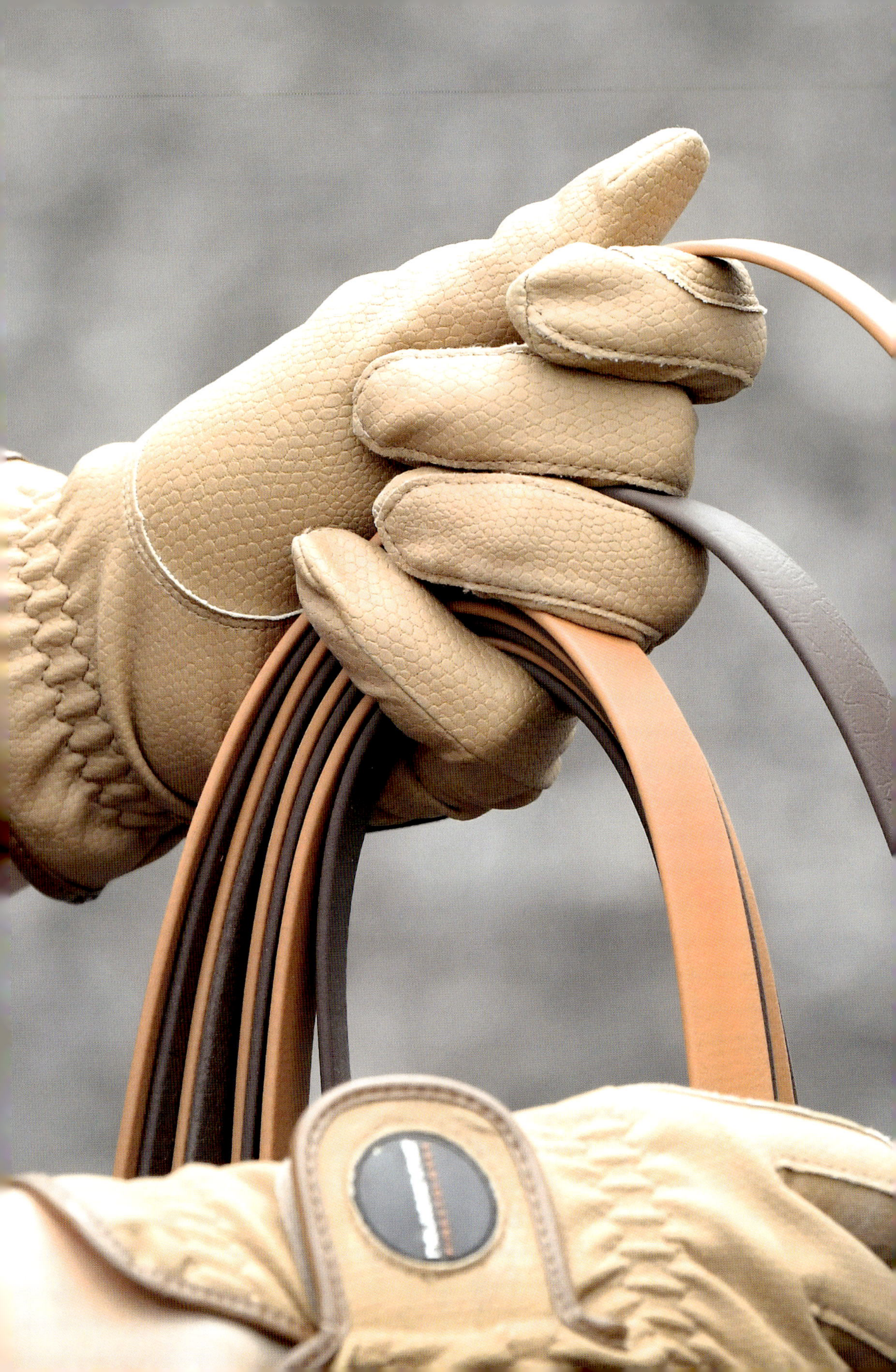

Die Handgriffe an der Doppellonge

Die Doppellongengriffe nach Benno von Achenbach

Benno von Achenbach[15] entwickelte ein Fahrsystem, das auf Zweckmäßigkeit, Sicherheit und Pferdeschonung ausgelegt ist. Die Handgriffe bauen vom einspännigen Fahren bis zum mehrspännigen Fahren aufeinander auf und sind strukturiert, praktisch und durchdacht. Sein Fahrsystem wird in den meisten Fahrschulen gelehrt und alle deutschen Fahrabzeichen werden nach diesem System geprüft[16].

Die Haltungen und Griffe aus dem Fahrsystem von Benno von Achenbach können mit kleinen Anpassungen gut auf die Arbeit mit der Doppellonge übertragen werden. Mit diesen Griffen wird die Handhabung der Doppellonge verständlich und einfacher umsetzbar. So gibt es klare Griffvorgaben für alle Abläufe der Arbeit an der Doppellonge. Bei korrekter Ausführung sorgt das für ein Ende des „Longensalats" in der Hand. Allerdings bleiben hierbei, anders als in den gängigen Lehrbüchern[17] beschrieben, die Longen immer in der linken Hand, auch wenn man auf der rechten Hand longiert. Diese Art erfordert zwar auf der rechten Hand teilweise ein Überkreuzen der Arme und die Körperdrehung kann anspruchsvoller sein, aber die Vorteile von jederzeit geordneten Longen überwiegen für mich.

Grundsätzlich gibt es drei Haltungen, auf denen alle weiteren Griffe aufbauen. Diese möchte ich im Folgenden einzeln vorstellen und erklären. Wer bisher noch keine Erfahrungen mit Fahrgriffen gesammelt hat, auf den könnten die Erklärungen zunächst kompliziert und verwirrend wirken. Mit ein bisschen Ausprobieren und Übung sind sie aber alle gut umsetzbar und erleichtern den Umgang mit der Doppellonge.

Die drei grundsätzlichen Haltungen

Die Grundhaltung

Als Erstes möchte ich die Grundhaltung vorstellen. Sie ist Grundlage für alle anderen Haltungen und Griffe. Auf der linken Hand wird in dieser Haltung der Abstand, in dem man arbeiten möchte, „eingestellt", z. B. nah am Pferd mit einem Abstand von zwei bis vier Metern oder mit einem größeren Abstand bis zum Zirkel, auf dem das Pferd am Hufschlag geht und sich der Longenführer in der Zirkelmitte befindet.

In der Grundhaltung führt die linke Longe vom Pferd aus über den Zeigefinger der linken Hand, die rechte Longe führt vom Pferd aus zwischen Mittelfinger und Ringfinger der linken Hand durch die Handinnenfläche aus der Faust nach

---

[15] Benno von Achenbach (1861–1936), Maler und ab 1906 Chef des Fuhrparks des Königlichen Marstalls Berlin, galt damals als einer der führenden deutschen Fachleute für das Fahren von Vierspännern.

[16] Die Fahrabzeichen, Wolfgang Lohrer, FN-Verlag, 2008, S. 93–103

[17] siehe Literaturverzeichnis

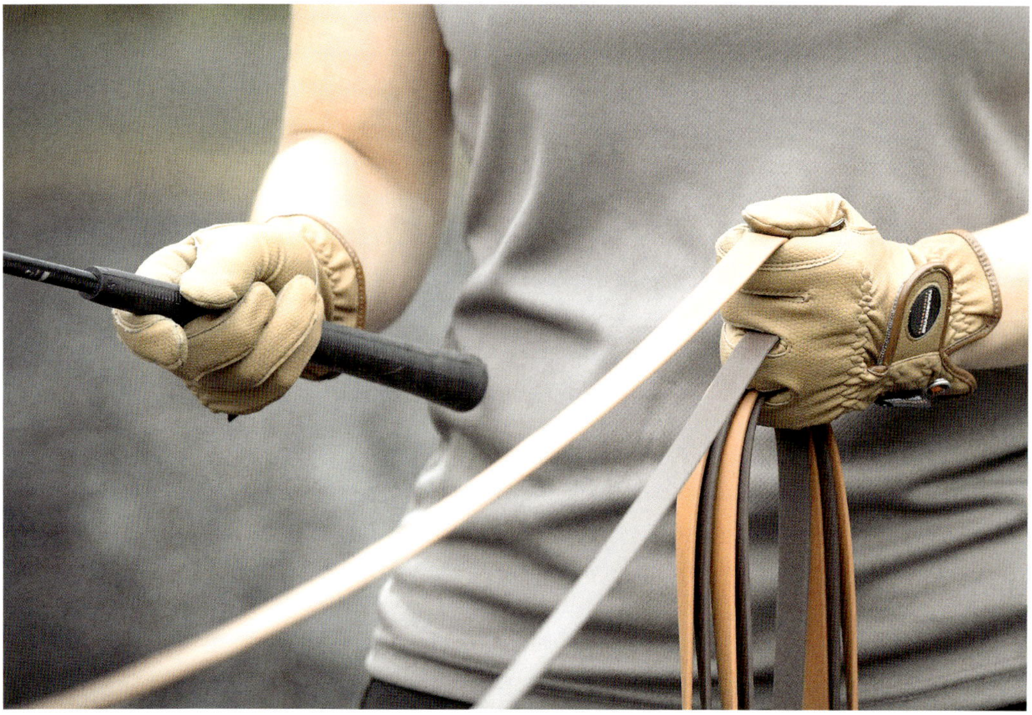

Die Grundhaltung ist die Basis für alle weiteren Griffe.

unten heraus. Der Rest der Longe wird in geordneten Schlaufen zwischen dem Ringfinger und dem kleinen Finger gehalten.

Die Hand steht aufrecht, etwa eine Handbreit vor der Körpermitte. Die unteren drei Finger umschließen die Longen fest. Daumen und Zeigefinger sind locker, da ansonsten der Unterarm verkrampft und fest wird. Der Oberarm hängt locker aus der Schulter nach unten, wie beim Reiten, der Unterarm ist leicht angewinkelt und befindet sich in einer Linie mit der Doppellonge zum Leinenauge am Longiergurt. Unterarme und Hände werden unverkrampft getragen.

Die Schlaufen der Longe sollten höchstens so groß sein, dass der untere Teil der Schlaufen maximal auf mittlerer Höhe des Schienbeins hängt. So vermeiden Sie, dass Sie mit den Füßen auf der Longe stehen und darin hängen bleiben können. Die Peitsche befindet sich in der rechten Hand. Die Longe bleibt in diesem System auf beiden Händen in der linken Hand und die Peitsche in der rechten Hand. Deshalb zeigt die Peitschenspitze auf der linken Hand nach rechts auf die Hinterhand oder ein kleines Stück dahinter in jener Höhe, die für die jeweilige Gangart notwendig ist (siehe Kapitel „Die Peitschenhilfe" ab S. 87). Auf der rechten Hand zeigt die Peitsche über die linke Hand hinweg nach links in Richtung Hinterhand des Pferdes, auch hier wieder in der für die Gangart entsprechenden Höhe.

Diese Grundposition der Longe wird, die Handhaltung betreffend, beibehalten. Die Longe darf nicht durch die Hand rutschen, ansonsten geht das richtige Longenmaß verloren. Die Longe wird nur mit entsprechenden Griffen verlängert oder verkürzt.

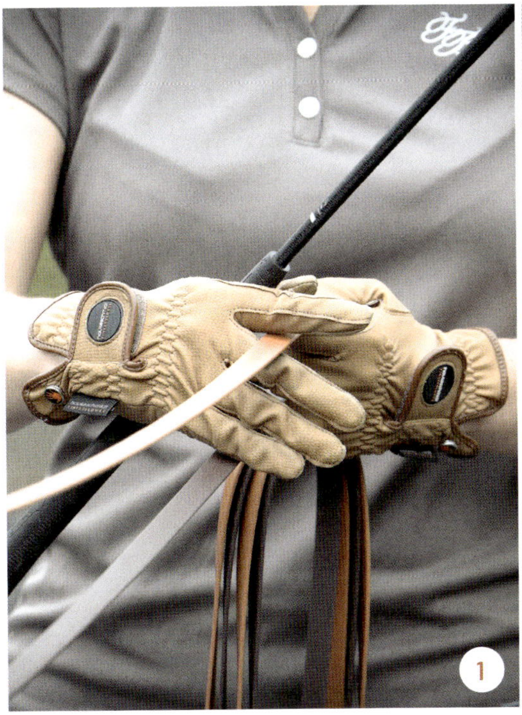

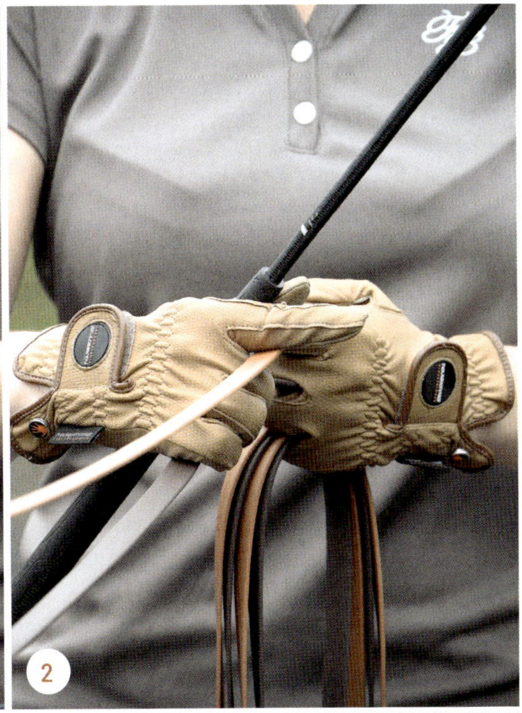

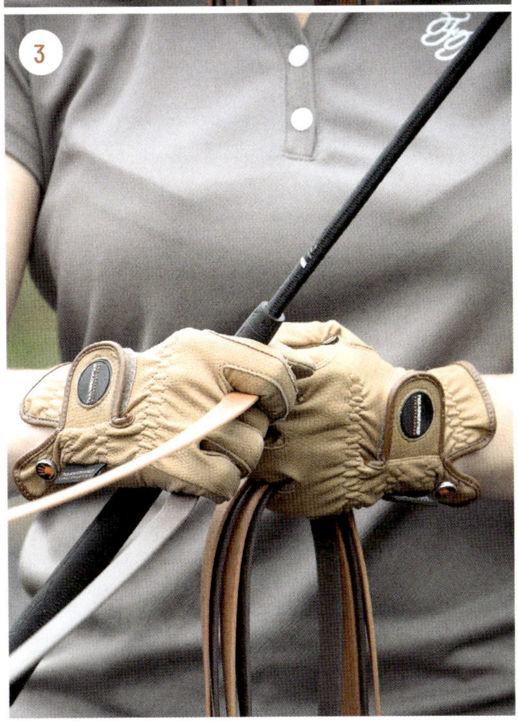

Die Gebrauchshaltung

Aus der Gebrauchshaltung entwickeln sich alle weiteren Griffe und sie ist immer der erste Schritt zu einer Veränderung der Longenlänge von einer oder beiden Longen. Ebenso dient sie zur Entlastung der linken Hand.

Bei der Gebrauchshaltung befindet sich die linke Hand in der Grundhaltung. Zeigefinger und Mittelfinger der rechten Hand bewegen sich voneinander weg, als würde sich eine Schere öffnen. Die rechte Hand legt sich direkt vor der linken Hand auf die rechte Longe (Bild 1). Die unteren drei Finger der rechten Hand umschließen die rechte Longe, Daumen und Zeigefinger liegen über der linken Longe (Bild 2), sodass der Zeigefinger die linke Longe umschließt. Die Peitsche läuft zwischen Daumen und Zeigefinger (Bild 3).

Longieren Sie auf der linken Hand und die Peitsche zeigt nach rechts zur Hinterhand, dreht man vor dem Übergang von der Grundhaltung in die Gebrauchshaltung die Peitsche nach hinten unten, damit die Peitsche in der Gebrauchshaltung nicht vor das Pferd zeigt.

Longieren Sie auf der rechten Hand, auf der die Peitsche ohnehin schon nach links zur Hinterhand zeigt, muss in Bezug auf die Peitschenhaltung nichts Weiteres beachtet werden.

Arbeits- und Dressurhaltung

Die Arbeits- und Dressurhaltung kommt der Reithaltung am nächsten und ist für Reiter anfangs am einfachsten. Allerdings müssen Sie vor jedem Handwechsel unbedingt wieder in die Gebrauchshaltung zurückkehren, ansonsten verlieren Sie das richtige Longenmaß. Darauf gehe ich im Kapitel zum „Handwechsel" ab Seite 123 näher ein.

Die Arbeits- und Dressurhaltung entwickelt sich aus der Gebrauchshaltung. Dabei löst sich der Zeigefinger der rechten Hand von der linken Longe (Bild 1). Die rechte Hand zieht mit den unteren drei Fingern die rechte Longe aus der linken Hand heraus (Bild 2 und Bild 3). Das herausgezogene Stück nennt man Zwischenstück. Die linke Longe bleibt dabei unbedingt in der gleichen Position und rutscht nicht aus der linken Hand heraus. Beide Hände richten sich gleichmäßig vor der Körpermitte aus (Bild 4).

Beim Zurückführen von der Arbeits- und Dressurhaltung zur Gebrauchshaltung holt sich die linke Hand das vorher herausgezogene Stück der rechten Longe wieder zurück. Die rechte Hand kommt ihr hierfür entgegen. Die unteren drei Finger der linken Hand öffnen sich, um das Zwischenstück wieder aufzunehmen. Der Zeigefinger der rechten Hand umschließt die linke Longe.

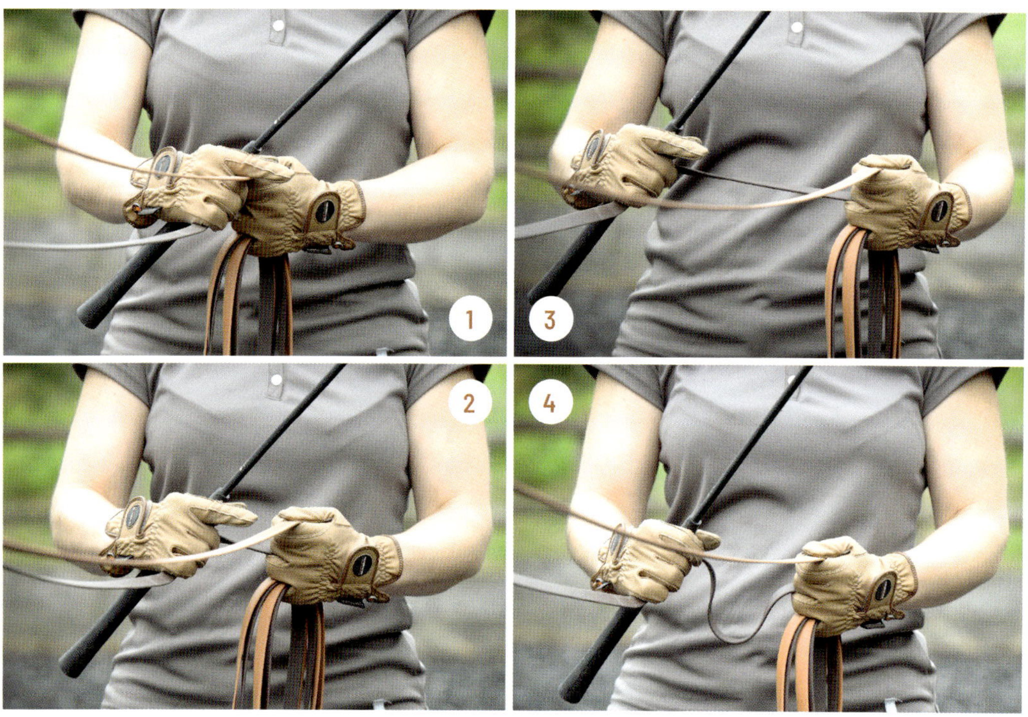

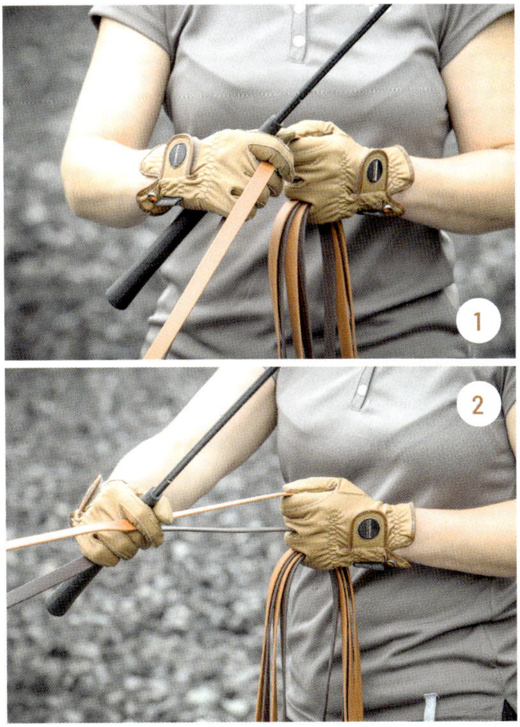

Bilder 1 und 2:
Aus der Gebrauchshaltung zieht die rechte Hand beide Longen aus der linken Hand heraus.

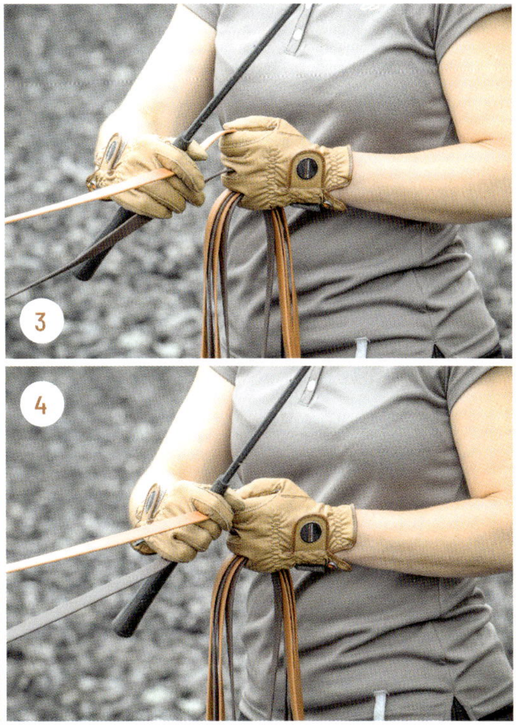

Bilder 3 und 4:
Danach gleitet die rechte Hand zurück vor die linke Hand.

Verlängern und Verkürzen beider Longen

Da Sie beim Longieren mitlaufen, gleichen Sie das Longenmaß auch mit der Körperposition aus. Für bestimmte Grifffolgen und auch wenn sich das Leinenmaß aus irgendeinem Grund verändert hat und Sie es nicht mit der Körperposition ausgleichen können, ist das Verlängern und Verkürzen allerdings wichtig.

Alle Griffe, die auf das Verändern eines Longenmaßes abzielen, werden aus der Gebrauchshaltung auf der linken Hand entwickelt. Die Peitsche wird hierbei nach hinten unten gedreht, damit sie nicht vor dem Pferd herumwedelt.

Verlängern beider Longen innerhalb eines Longenschlages

Diese Art des Verlängerns wird vor dem Handwechsel nach rechts verwendet. Verlängert wird hier nach Bedarf. Dabei verkürzt sich die oberste Longenschlaufe. Es empfiehlt sich, nur so weit innerhalb der Schlaufe zu verlängern, dass man noch mindestens die Hälfte der Schlaufe in der Hand hat und sie sich nicht zu eng um die Hand legt. Sie könnte sich sonst um die Hand wickeln, falls das Pferd losrennen sollte. Reicht die Länge einer Schlaufe nicht für den Bereich, um den Sie die Longe verlängern möchten, sollten Sie auf das Verlängern um eine Longenschlaufe umsteigen.

Verlängern beider Longen um eine Longenschlaufe

Diese Art des Verlängerns benutzen Sie beim ersten Antreten zu Beginn des Longierens und immer dann, wenn Sie von einer Position nahe am Pferd auf eine Position weiter weg vom Pferd wechseln möchten.

Die rechte Hand nimmt aus der Gebrauchshaltung die oberste Schlaufe mit nach hinten gedrehter Peitsche aus der linken Hand heraus. Es befinden sich dann keine Longen mehr über dem Zeigefinger und zwischen dem Ring- und Mittelfinger (**Bild 1**). Sie treten bei Bedarf leicht zurück, der linke Arm bewegt sich links an der Körperseite nach hinten und die rechte Hand bewegt sich mit beiden Longen in Richtung Pferd und entlässt es nach außen (**Bild 2**). Die rechte Hand gleitet auf beiden Leinen zurück, ohne dabei die Verbindung zum Pferd zu verlieren (**Bild 3**). Ein kleines Stück, bevor sie sich in Gebrauchshaltung befinden würde, stoppt die rechte Hand und hält beide Longen fest. Zeigefinger, Mittelfinger und Ringfinger der linken

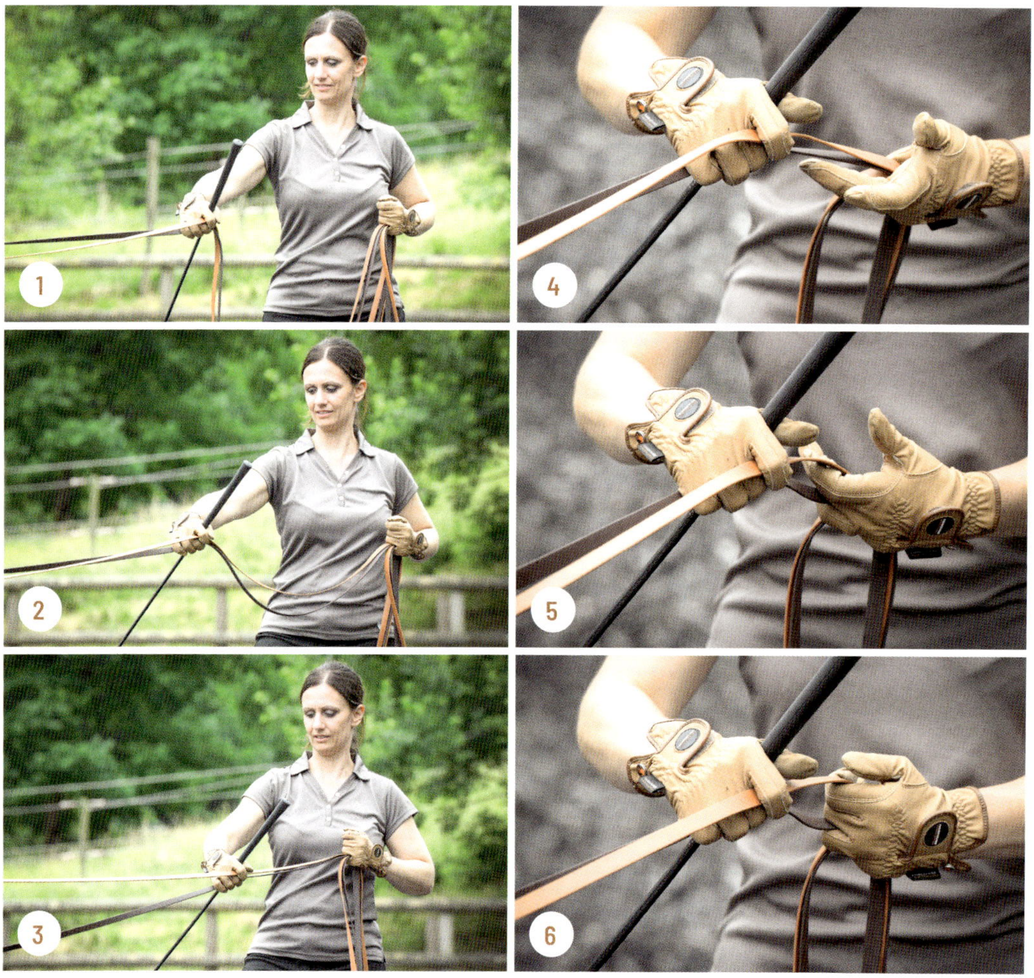

Hand öffnen sich. Der kleine Finger hält mithilfe des Daumenballens die Longenschlaufen (Bild 4). Die drei mittleren Finger drehen sich links an den Longen nach unten. Zeigefinger und Mittelfinger werden zwischen beide Longen geführt, der Ringfinger begibt sich unter die rechte Longe und über die Schlaufen der Longe (Bild 5). Die unteren drei Finger umschließen beide Longen (Bild 6).

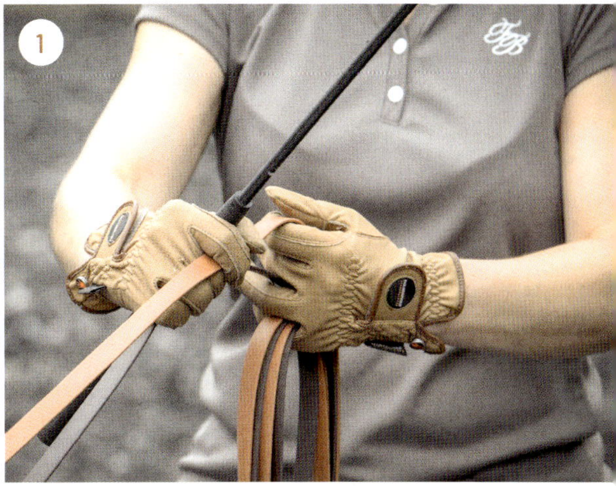

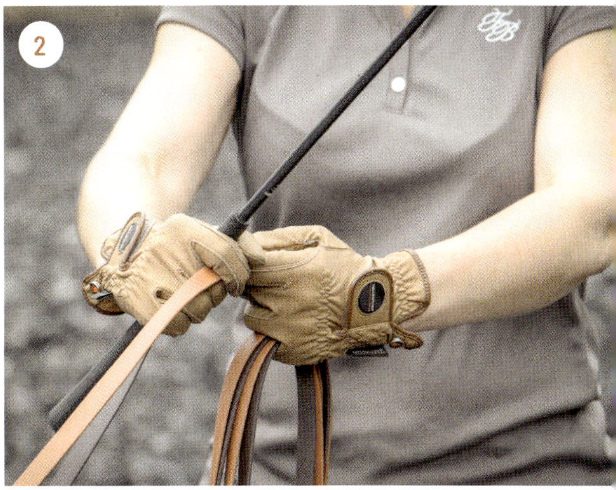

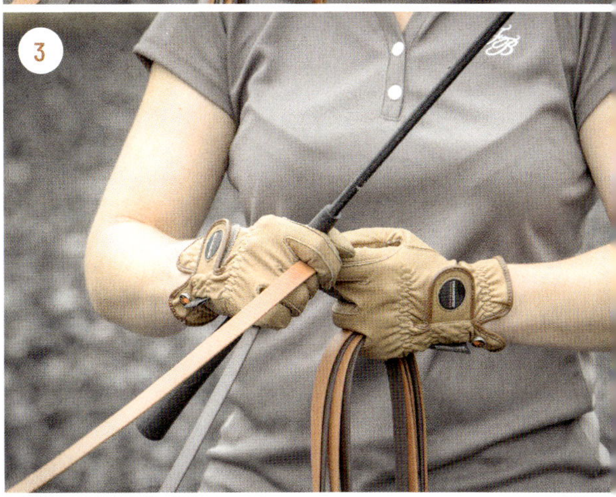

Verkürzen beider Longen innerhalb einer Longenschlaufe

Im Achenbach-Fahrsystem gibt es vier verschiedene Arten, auf die beide Longen verkürzt werden können. Ich möchte hier alle vier Versionen vorstellen. Beim Longieren verwende ich nur zwei bis drei der vier Varianten, da man an der Doppellonge zu lange Longen auch durch einen Schritt nach hinten ausgleichen kann. Das geht auf der Kutsche nicht.

Zentimeterweise verkürzen beider Longen

Diese Version verwende ich beim Longieren selten, da ein Verkürzen um einige Zentimeter an der Longe einfach auszugleichen ist, indem man einen Schritt nach hinten geht. Der Vollständigkeit halber werde ich sie trotzdem erklären.

Aus der Gebrauchshaltung gleitet die rechte Hand zentimeterweise auf beiden Leinen vor und hält dort fest (Bild 1). Die linke Hand rutscht nach (Bild 2) und beide Hände nehmen an (Bild 3).

Das Annehmen ist bei allen Varianten des Verkürzens wichtig, da man ohne Annehmen nur nach vorn gerutscht ist, sich am Longenmaß aber nichts verändert hat. Der Unterschied zum Verlängern ist, dass die rechte Hand beide Leinen aus der Linken herauszieht und sie beim Verkürzen auf beiden Leinen nach vorn gleitet, ohne die Leinen mit herauszuziehen. Die Griffe sind ähnlich, haben aber ein gegensätzliches Ergebnis.

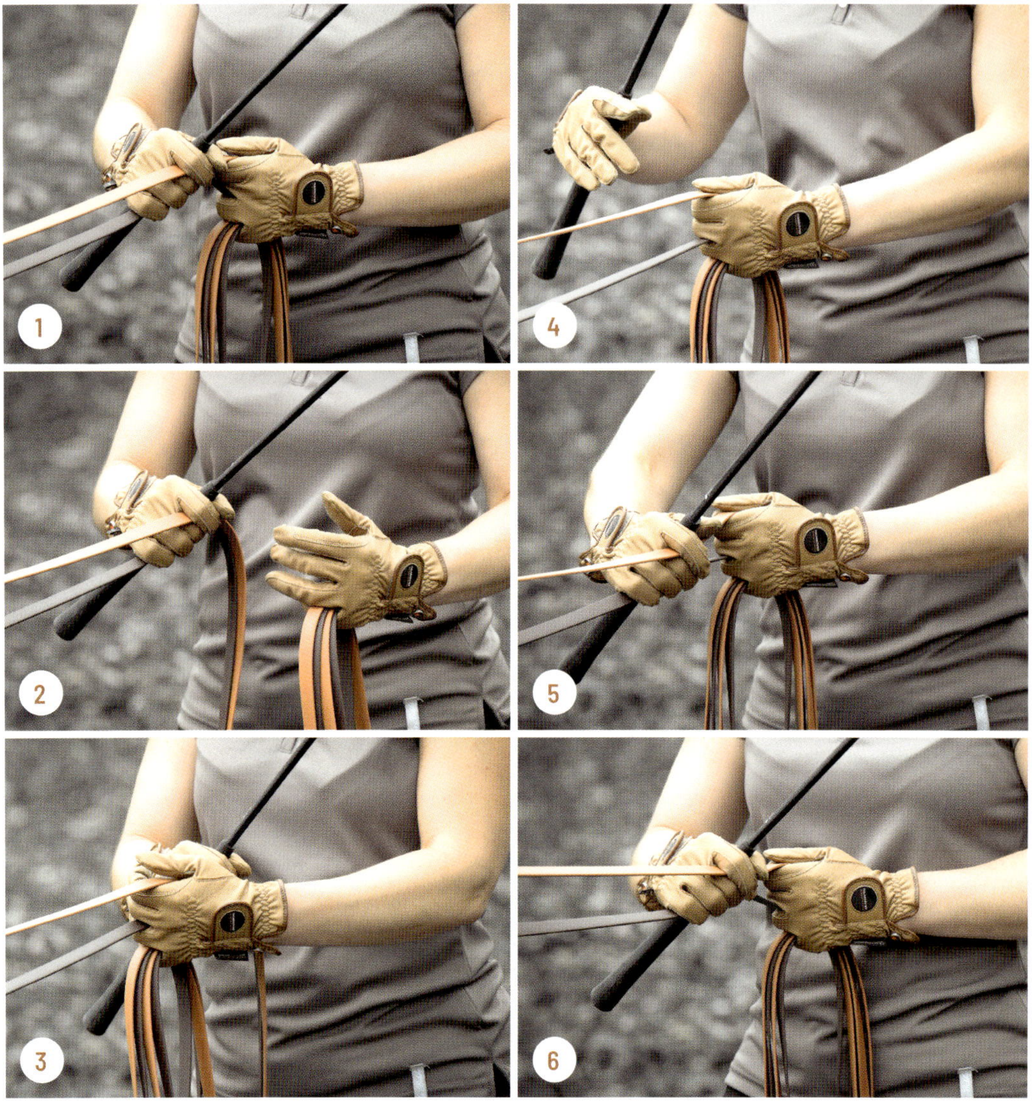

Verkürzen um ein bestimmtes Maß beider Longen

Diese Variante kann nach dem Handwechsel von der rechten auf die linke Hand verwendet werden.

Aus der Gebrauchshaltung (Bild 1) verlässt die linke Hand die Longen und setzt sich unmittelbar vor die rechte Hand in Grundhaltung. Die Longenschlaufen bleiben zwischen Ringfinger und kleinem Finger und werden mit vor die rechte Hand genommen (Bild 2 und Bild 3). Danach lässt die rechte Hand beide Longen los (Bild 4) und setzt sich unmittelbar vor die rechte Hand in Gebrauchshaltung (Bild 5). Beide Hände nehmen an (Bild 6).

Verkürzen beider Longen um ein größeres Stück

Diese Variante kann ebenfalls nach dem Handwechsel von der rechten auf die linke Hand verwendet werden.

Die rechte Hand wird aus der Gebrauchshaltung (Bild 1) oder der Grundhaltung unmittelbar hinter die linke Hand geführt. Sie umfasst beide Longen gemeinsam zwischen Zeigefinger und Mittelfinger (Bild 2) und hält beide mit den drei unteren Fingern fest (Bild 3). Die linke Hand gleitet auf beiden Longen so weit vor, dass die Schläge wieder gleich lang nach unten hängen (Bild 4). Die linke Hand schließt sich und hält beide Longen fest (Bild 5). Die rechte Hand wird wieder in Gebrauchshaltung vor die linke Hand geführt (Bild 6 und Bild 7). Beide Hände nehmen an (Bild 8). Wenn die rechte Hand beide Longen hinter der linken Hand greift, muss darauf geachtet werden, dass wirklich nur die beiden Longen aus der obersten Schlaufe gegriffen werden und nicht aus Versehen noch ein Teil aus einer unteren Schlaufe.

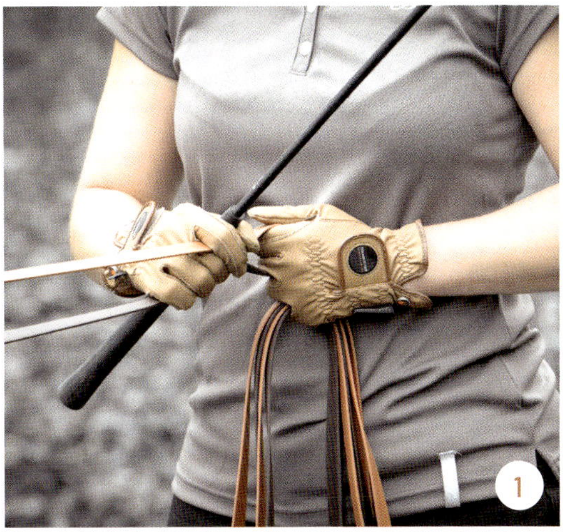

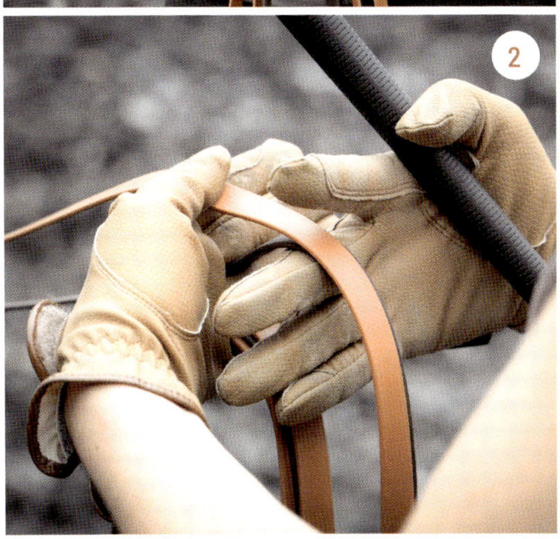

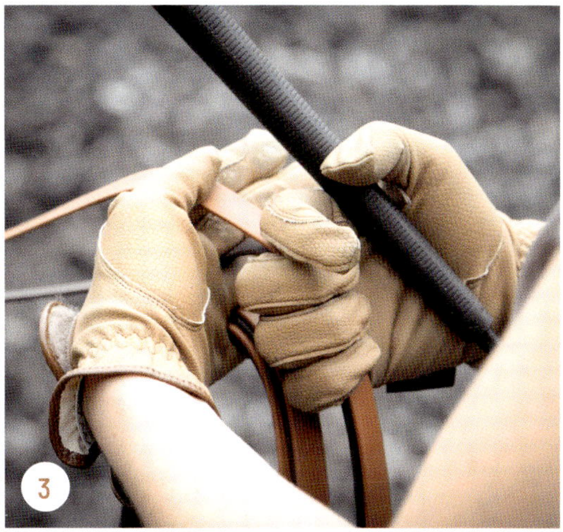

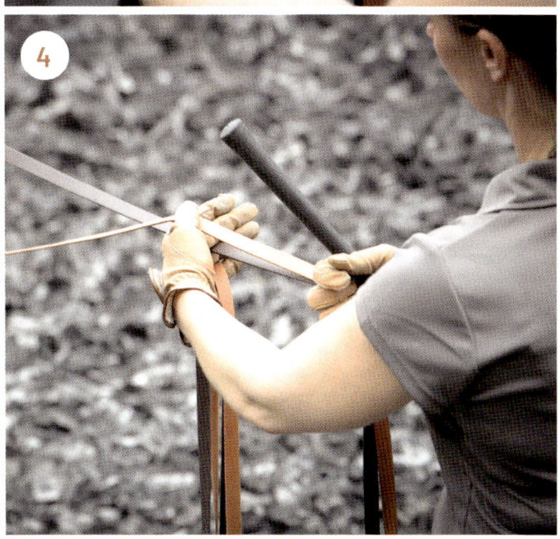

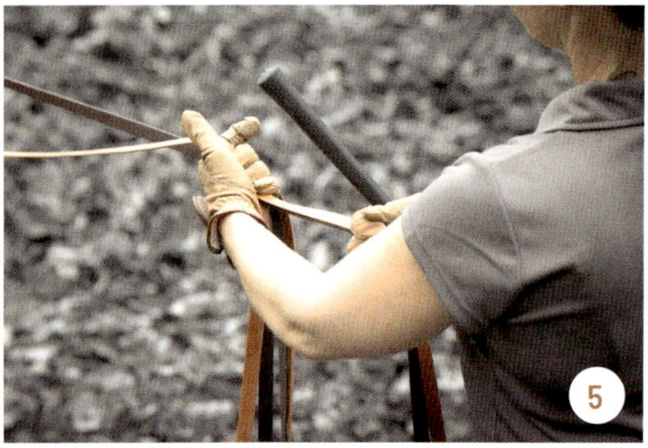
5

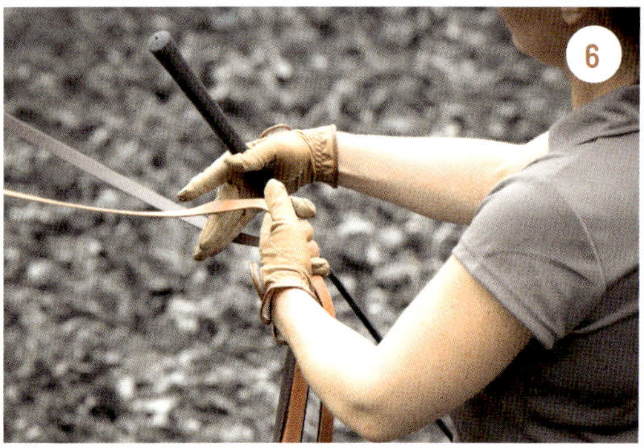
6

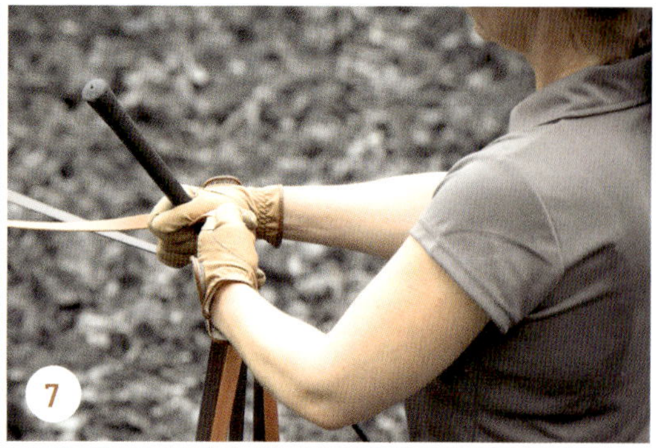
7

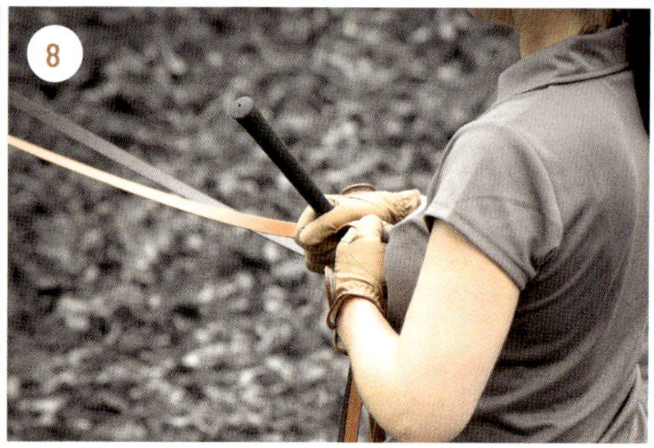
8

Vorübergehendes Verkürzen beider Longen

Diese Variante könnten Sie benutzen, wenn die Longen schnell verkürzt werden müssen, weil das Pferd losrennt und durchzugehen droht. Sie sollte nur im Notfall verwendet werden, weil sie großen Druck auf das Pferdemaul ausübt.

Aus der Gebrauchshaltung wird die rechte Hand 30–40 cm auf beiden Longen nach vorn geführt, hält dort fest (**Bild 1** unten) und nimmt an. Die linke Hand weicht der rechten Hand in Richtung Kinn aus. (**Bild 2** unten)

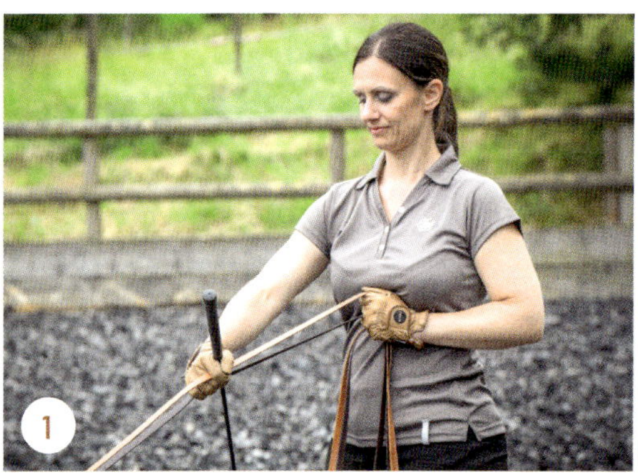
1

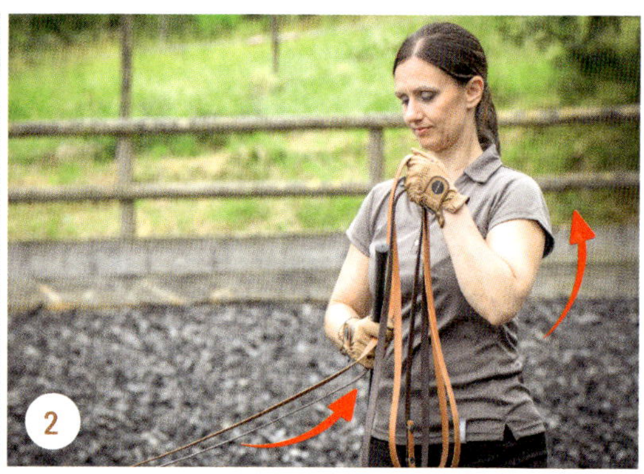
2

Verkürzen beider Longen um einen Longenschlag

Diese Variante verwende ich, wenn ich näher am Pferd arbeiten und meinen Abstand zum Pferd verringern möchte.

Die rechte Hand gleitet aus der Gebrauchshaltung (Bild 1) ein kleines Stück auf beiden Longen nach vorn und hält beide Longen fest (Bild 2). Zeigefinger, Mittelfinger und Ringfinger der linken Hand lösen sich von den Longen. Der kleine Finger hält die Longen und die Schlaufen fest. Der Daumen drückt zur Unterstützung mit dem Daumenballen auf den kleinen Finger (Bild 3). Die drei mittleren Finger drehen sich links an beiden Longen vorbei über beide Longen (Bild 4), sodass beide Longen zwischen Ringfinger und Zeigefinger zu liegen kommen (Bild 5). Der linke Arm bewegt sich mit den Longenschlägen an der linken Körperseite nach hinten, während die rechte Hand auf beide Longen so weit es geht nach vorn gleitet (Bild 6). Die rechte Hand hält hier nun fest und beide Hände werden vor dem Körper zusammengeführt. Das heißt, die linke Hand bewegt sich vor und die rechte Hand zurück, dabei bildet sich eine neue Longenschlaufe (Bild 7). Die linke Hand greift vor der rechten Hand die Longen in Grundhaltung (Bild 8). Die rechte Hand lässt die Longen los und setzt sich vor die linke Hand in Gebrauchshaltung (Bild 9 und Bild 10). Falls die oberste Schlaufe noch nicht gleich lang ist wie die unteren Schlaufen, können hier beide Longen verlängert oder verkürzt werden, bis die oberste Schlaufe gleich lang ist.

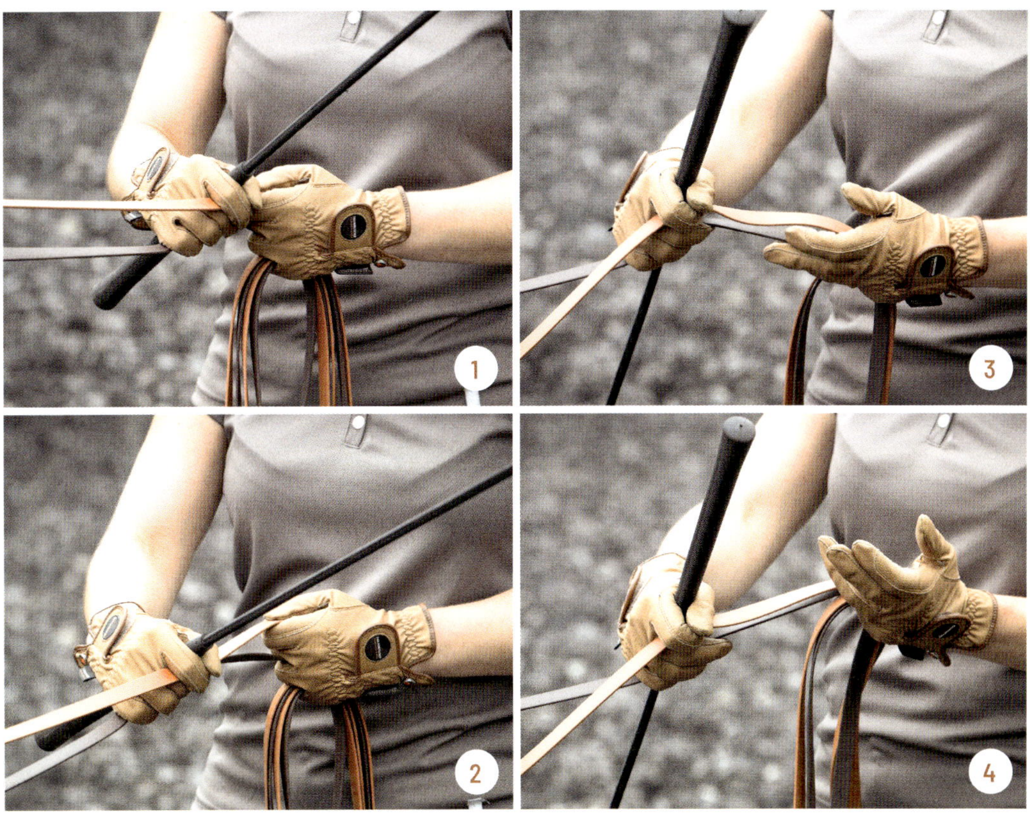

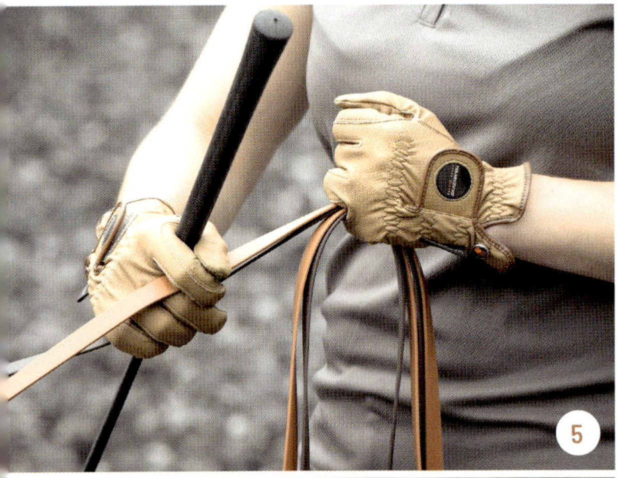
5

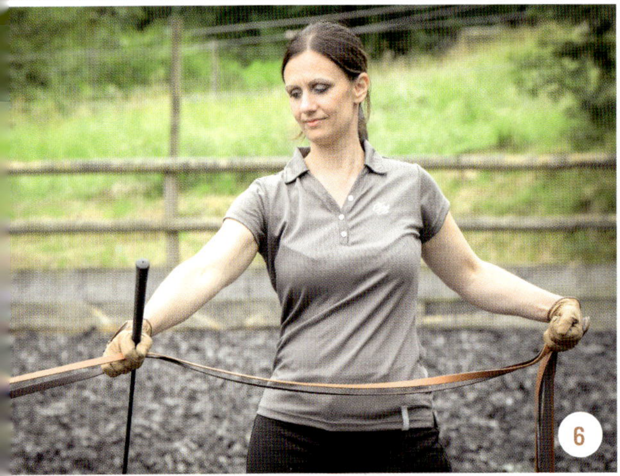
6

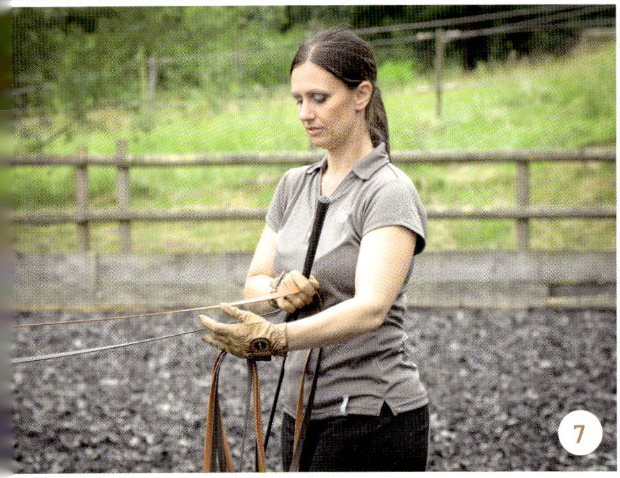
7

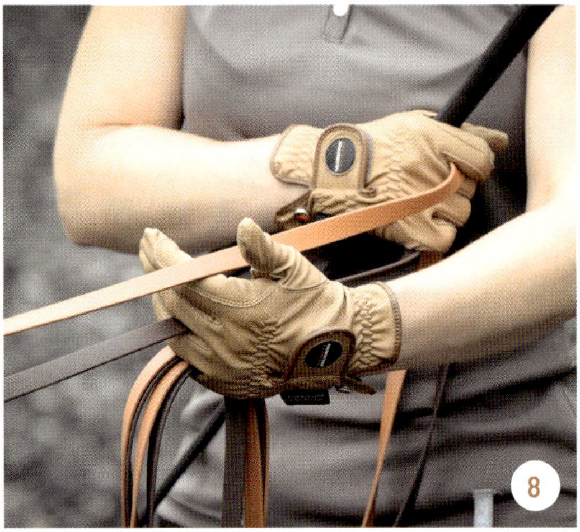
8

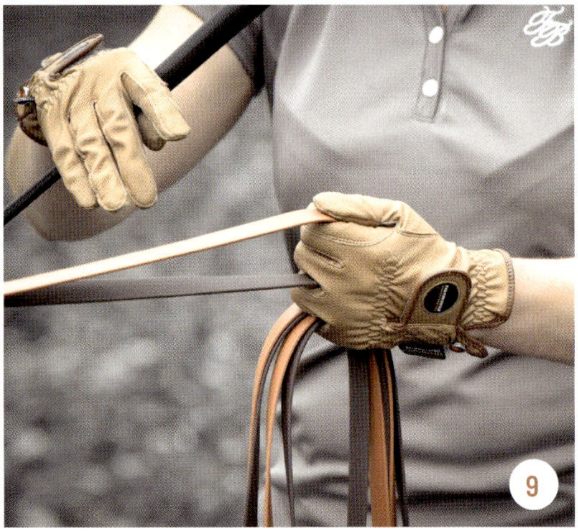
9

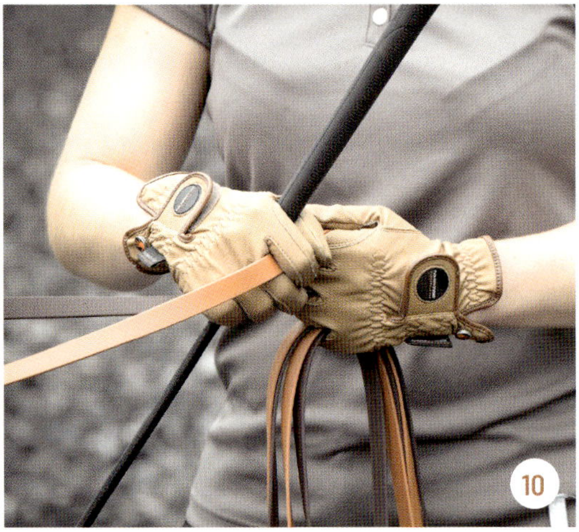
10

Verlängern und Verkürzen einzelner Longen

Mit den bereits gezeigten Griffen wurden immer beide Longen gleichzeitig verlängert oder verkürzt. Es gibt auch Situationen, in denen nur eine Longe zu lang oder zu kurz ist, z. B. wenn eine Longe aus der Hand gerutscht ist. Auch für den Ablauf des Handwechsels ist es notwendig, nur eine Longe verkürzen bzw. verlängern zu können.

Das zentimeterweise Verlängern und Verkürzen einzelner Longen (Leinen) nennt man Filieren. Dabei verlängert die rechte Hand die sich in der linken Hand befindliche linke oder rechte Longe oder verkürzt sie. Das geschieht über eine spezifische Handdrehung.

Um diese zu verstehen, kann man sich die rechte Hand wie eine Bodenklappe vorstellen, die sich vor dem Longenführer befindet und sich entweder von ihm weg (Veränderung der linken Longe) oder auf ihn zu (Veränderung der rechten Longe) öffnet. Das Scharnier ist Dreh- und Angelpunkt. An der Hand des Longenführers entsprechen der Zeigefinger und der kleine Finger dem Scharnier der Bodenklappe, je nachdem, welche Longe man verkürzen oder verlängern möchte. Genau wie bei einem Scharnier dreht sich die Hand um den jeweiligen Dreh- und Angelpunkt, also Zeigefinger oder kleinen Finger.

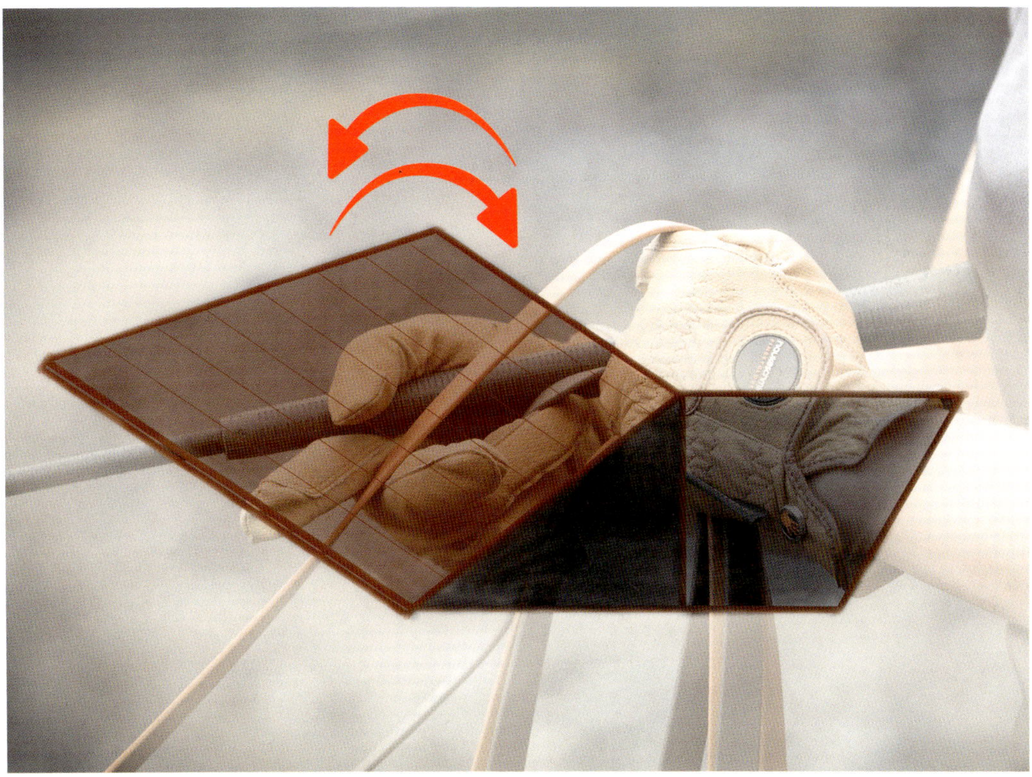

Für das Verlängern und Verkürzen der linken Longe können Sie sich die rechte Hand als Bodenklappe vorstellen, die sich nach oben vom Longenführer weg öffnet. Für das Verlängern und Verkürzen der rechten Longen stellen Sie sich vor, dass die Klappe sich zum Longenführer hin öffnet.

Verlängern der linken Longe

Dreh- und Angelpunkt (Klappenscharnier) ist der kleine Finger der rechten Hand (Klappe). Die rechte Hand dreht sich nach vorwärts-abwärts (die Klappe öffnet sich nach vorn in Richtung Pferd), dabei zieht die rechte Hand die linke Longe aus der linken Hand heraus, die sich hierfür öffnet (Bild 1). Danach dreht sich die rechte Hand rückwärts-aufwärts (die Klappe schließt sich nach hinten in Richtung Longenführer). Dabei gleiten Daumen und Zeigefinger der rechten Hand auf der linken Longe zurück, ohne die Longe zurückzubewegen (Bild 2 und Bild 3). Wenn die linke Longe noch stärker verlängert werden soll, wird die Bewegung wiederholt (Bild 4).

Verkürzen der linken Longe

Dreh- und Angelpunkt (Klappenscharnier) ist der kleine Finger der rechten Hand (Klappe). Der Zeigefinger der rechten Hand lockert sich. Die rechte Hand dreht sich vorwärts-abwärts (die Klappe öffnet sich nach vorn-oben in Richtung Pferd). Daumen und Zeigefinger gleiten dabei auf der linken Longe nach vorn, ohne dass diese herausgezogen wird. An diesem Punkt schließt sich der Zeigefinger der rechten Hand fest um die linke Longe

Verlängern der linken Longe

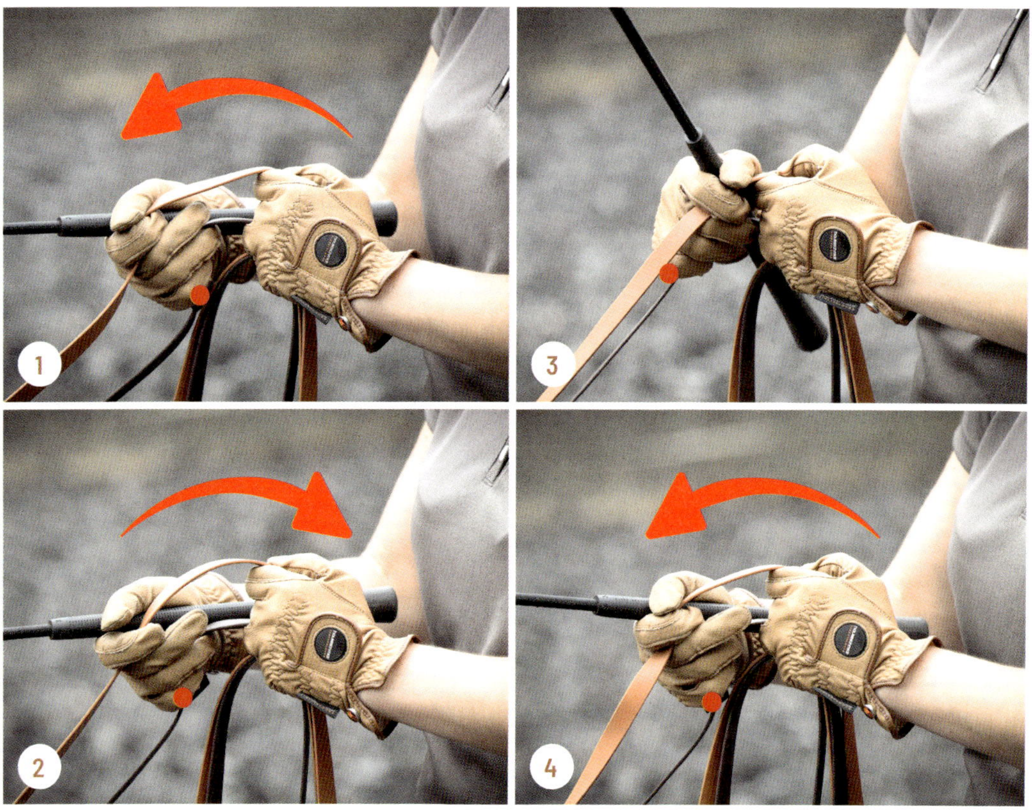

Verkürzen der linken Longe

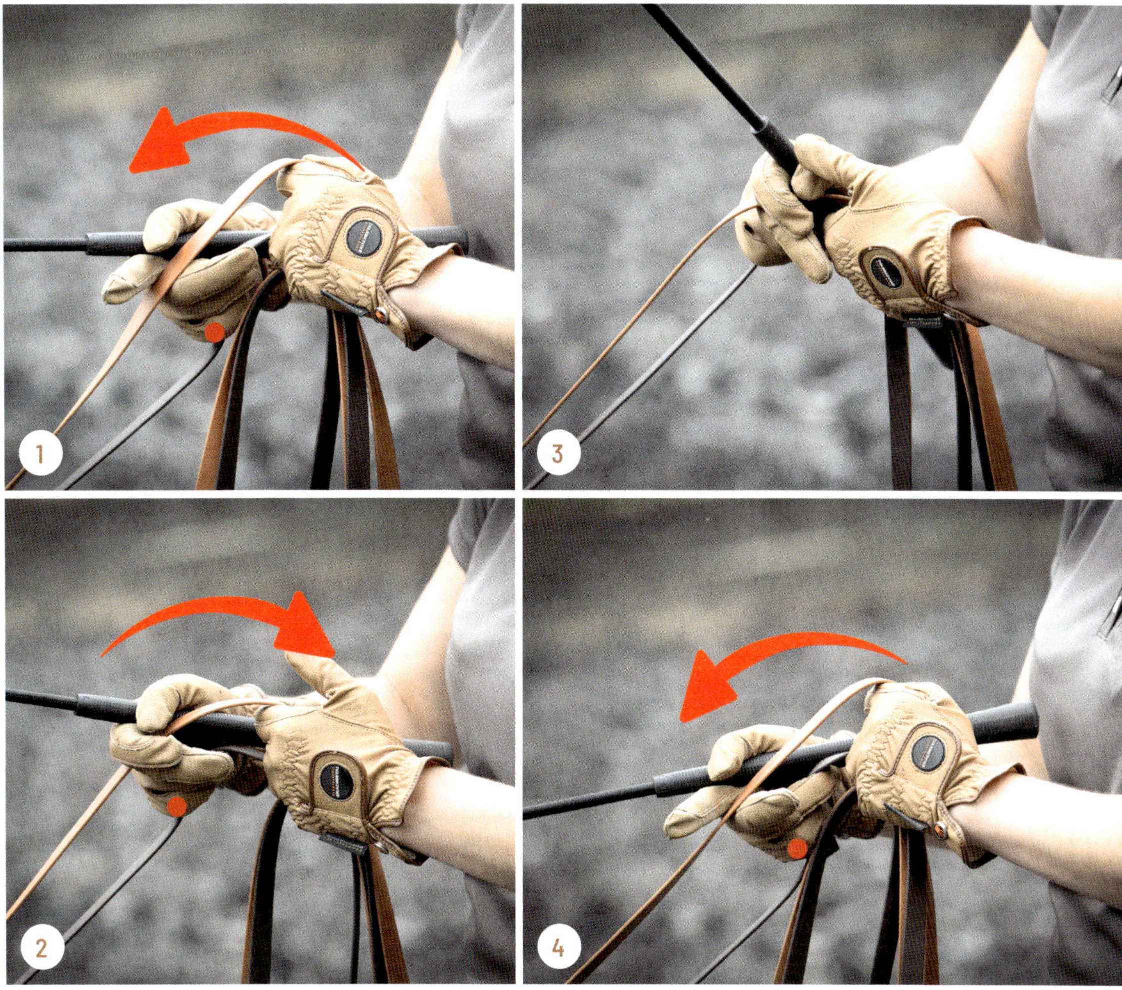

(Bild 1). Die rechte Hand dreht sich wieder rückwärts-aufwärts (die Klappe schließt sich nach hinten in Richtung Longenführer (Bild 2). Dabei schiebt die rechte Hand die linke Longe in die linke Hand hinein, die sich dafür öffnet (Bild 3). Soll die linke Longe weiter verkürzt werden, wird die Bewegung wiederholt (Bild 4).

Die Handbewegung beim Verlängern und Verkürzen sieht ähnlich aus. Die rechte Hand dreht sich nach vorwärts-abwärts und wieder nach rückwärts-aufwärts. Der Unterschied zwischen beiden ist, dass beim Verlängern im ersten Schritt die Longe mitgenommen wird und aus der linken Hand herausgezogen wird und beim zweiten Schritt die Hand an den Longen zurückgleitet. Beim Verkürzen ist es dann genau andersherum. Im ersten Schritt gleitet die Hand an der rechten Longe entlang und im zweiten Schritt nimmt sie die Longe mit und schiebt sie in die linke Hand hinein.

Verlängern der rechten Longe

Dreh- und Angelpunkt (das Klappenscharnier) ist der Zeigefinger der rechten Hand (die Klappe), der die linke Longe fest umschließt. Zum Verlängern der rechten Longe dreht sich die Hand nach rückwärts-aufwärts (die Klappe öffnet sich nach oben in Richtung Longenführer) und zieht dabei die rechte Longe zentimeterweise aus der linken Hand heraus (Bild 1). Danach lösen sich die drei unteren Finger der rechten Hand leicht von der Longe, die Hand dreht sich zurück nach vorwärts-abwärts und gleitet auf der Longe zurück in ihre Ausgangsstellung in der Gebrauchshaltung, ohne die Longe wieder mit nach hinten zu schieben (Bild 2 und Bild 3). (Die Klappe schließt sich nach vorn unten.) Wenn die rechte Longe noch weiter verlängert werden soll, wird die Bewegung wiederholt (Bild 4).

Verkürzen der rechten Longe

Dreh- und Angelpunkt (das Klappenscharnier) ist der Zeigefinger der rechten Hand (Klappe) in der Gebrauchshaltung. Die unteren drei Finger lösen sich von der rechten Longe. Danach dreht sich die rechte Hand nach rückwärts-aufwärts (Klappe öffnet sich nach rückwärts-oben in Richtung Longenführer) und gleitet auf der rechten Longe nach vorn, ohne dass die Longe aus der linken Hand herausgezogen wird (Bild 1). Die drei unteren Finger schließen sich um die rechte Longe und die rechte Hand dreht sich vorwärts-abwärts (die Klappe schließt sich nach

Verlängern der rechten Longe

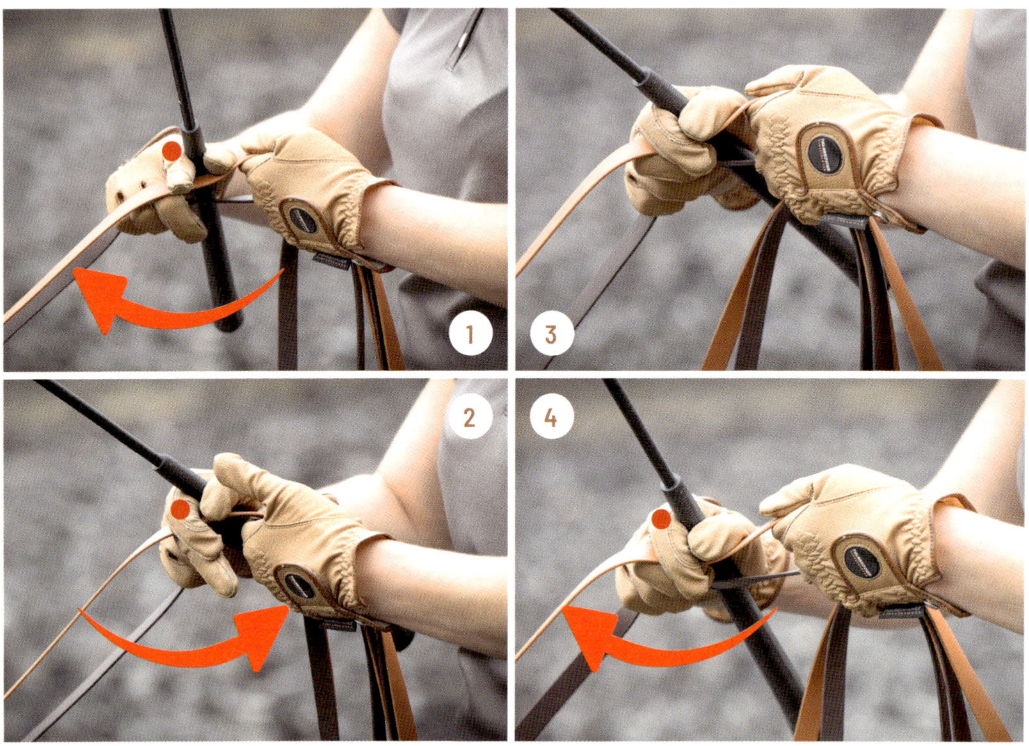

Verkürzen der rechten Longe

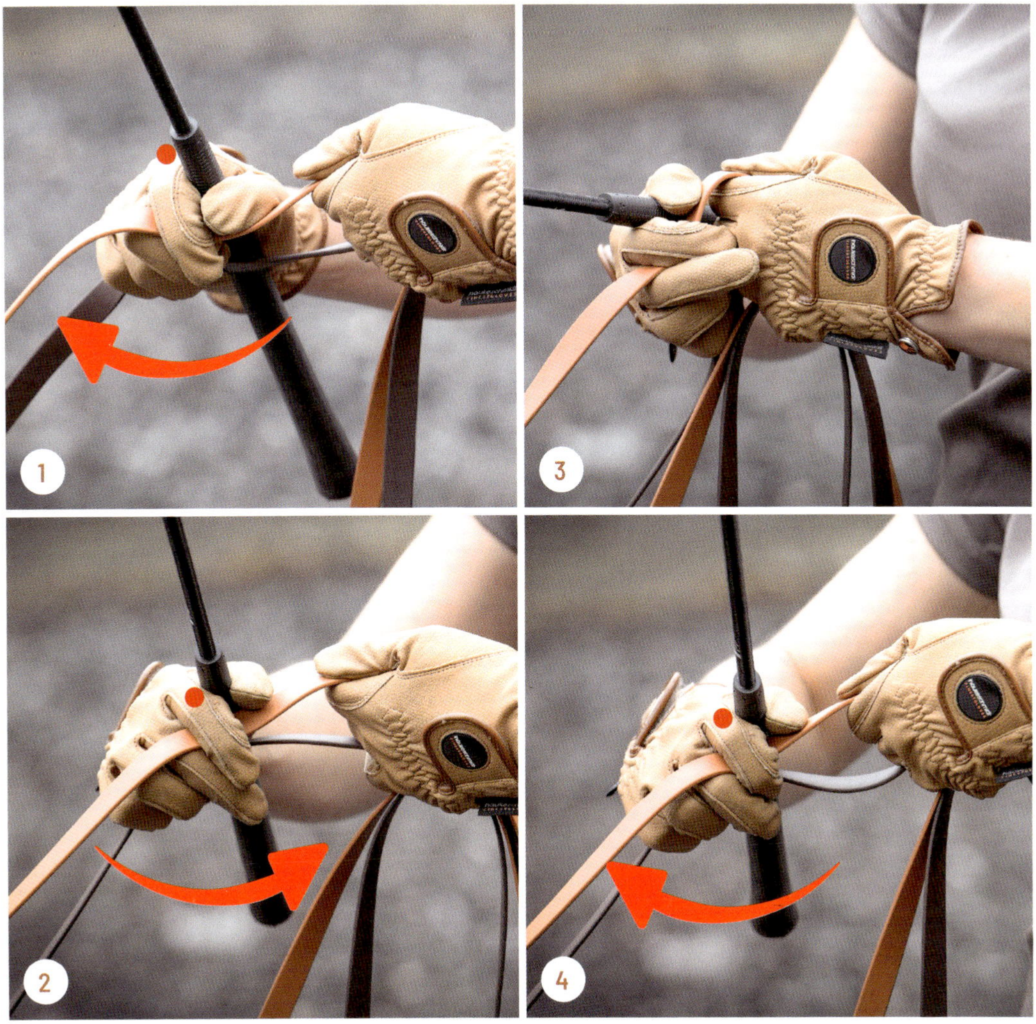

vorn unten). Dabei schiebt die rechte Hand die rechte Longe in die linke Hand hinein, die der rechten dafür geöffnet entgegenkommt (Bild 2 und Bild 3). Soll die rechte Longe weiter verkürzt werden, wird die Bewegung noch mal ausgeführt (Bild 4).

Auch hier ist der Unterschied der Handbewegung zwischen dem Verlängern der rechten Longe und dem Verkürzen der rechten Longe schwer zu erkennen. Beim Verlängern wird im ersten Schritt die rechte Longe mitgenommen und aus der linken Hand herausgezogen, beim zweiten Schritt gleitet die Hand an den Longen zurück. Beim Verkürzen ist es genau umgekehrt, im ersten Schritt gleitet die Hand an der rechten Longe entlang, im zweiten Schritt nimmt sie die Longe mit und schiebt sie in die linke Hand hinein.

Verkürzen der rechten Longe um ein größeres Stück

Dieser Griff wird selten unabhängig von anderen Griffen bei der Doppellongenarbeit verwendet. Er könnte aber nützlich sein, wenn die rechte Longe aus Versehen stark durchgerutscht wäre. Allerdings wird er beim Handwechsel nach rechts in Kombination mit dem Griff der Rechtswendung eingesetzt. Daher ist es sinnvoll, die Bewegung verstanden zu haben. Genauer gehe ich darauf im Kapitel zum Handwechsel ab Seite 123 ein.

Aus der Gebrauchshaltung lässt der Zeigefinger der rechten Hand die linke Longe los. Die rechte Hand hält die Longe fest und bewegt sich mit der rechten Longe hinter die linke Hand (**Bilder 1, 2** und **3**). Die linke Hand greift die rechte Longe (**Bild 4** und **5**), die rechte Hand setzt sich vor die linke Hand in Grund- oder Gebrauchshaltung (**Bild 6**).

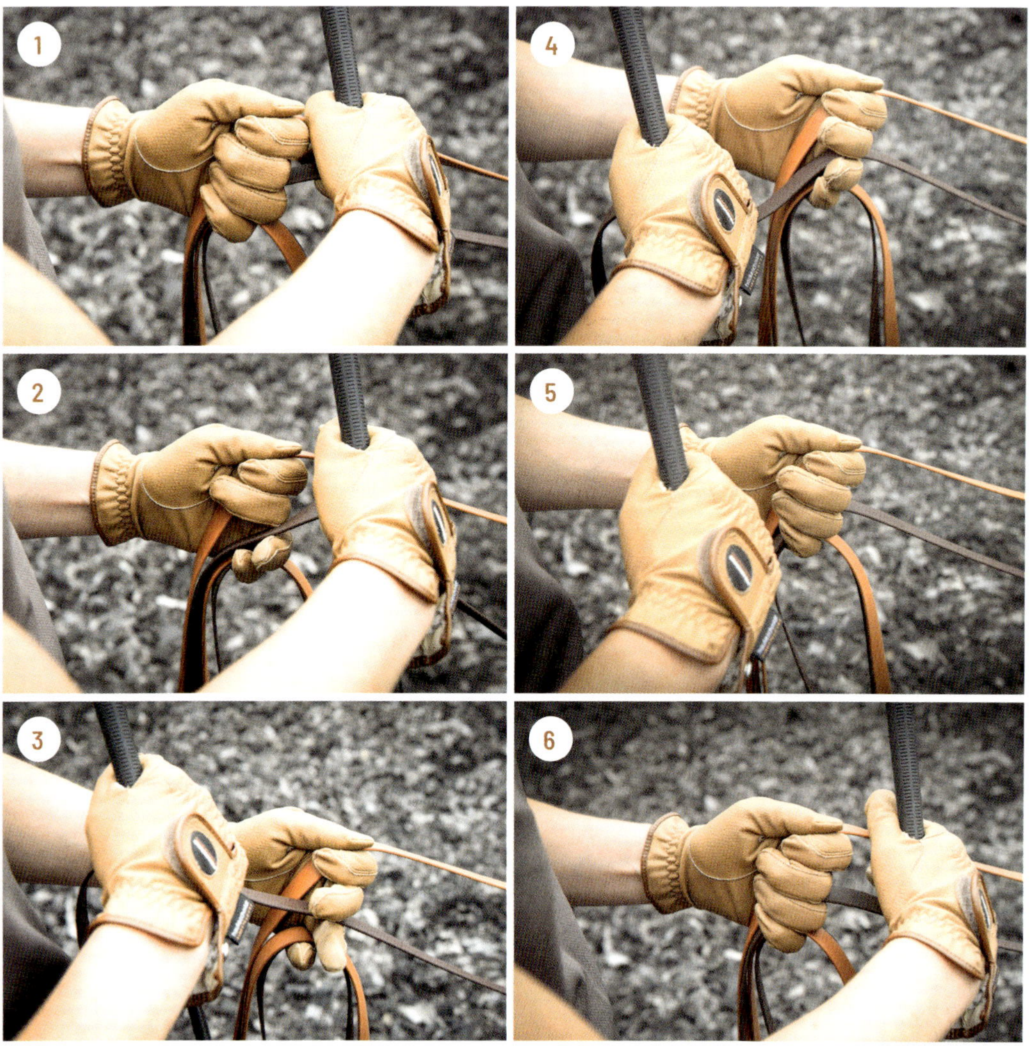

Verlängern der rechten Longe um ein größeres Stück

Dieser Griff wird bei der Doppellongenarbeit nicht unabhängig von anderen Griffen verwendet. In Kombination mit dem Griff der Linkswendung wird er allerdings beim Handwechsel von der rechten auf die linke Hand benötigt.

In der Gebrauchshaltung löst sich der Zeigefinger der rechten Hand von der linken Longe. Die rechte Hand zieht die rechte Longe um ein größeres Stück aus der linken Hand heraus (Bild 1).

Danach setzt sie sich in Gebrauchshaltung vor die linke Hand (Bild 2).

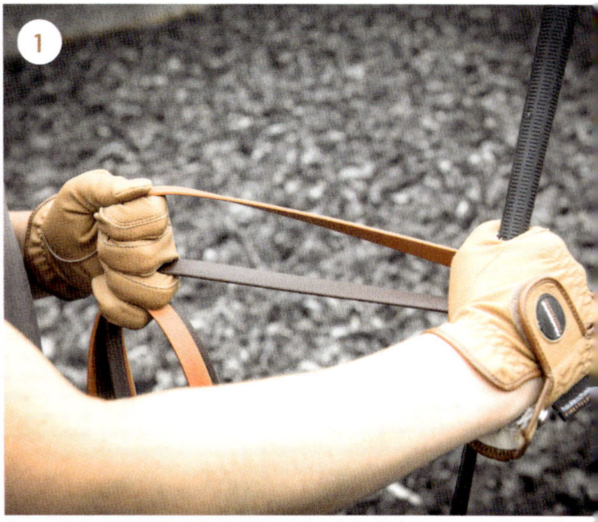

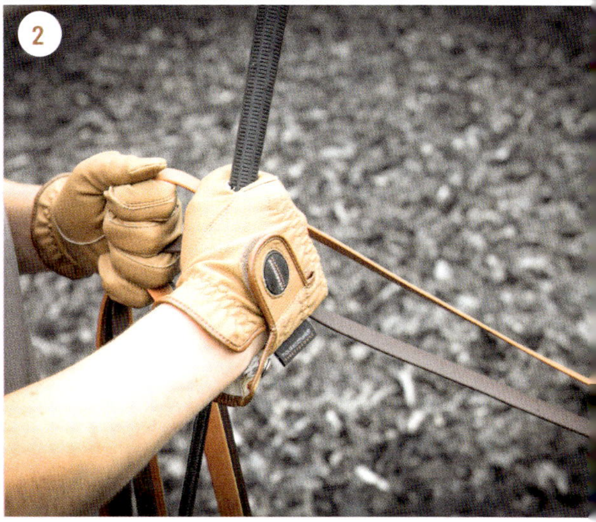

Wendungen mit beiden Händen

Beim Fahren werden Linkswendungen und das Links-Heranfahren mit beiden Händen sowie die Rechtswendungen und das Rechts-Heranfahren mit beiden Händen mit den jeweils gleichen Griffen gefahren. Bei der Doppellongenarbeit werden die Griffe der Wendungen, kombiniert mit weiteren Griffen, für die Handwechsel benötigt. In Longierposition verwende ich sie in ihren „Grundformen" nicht, dafür aber, wenn ich hinter dem Pferd arbeite.

Linkswendung oder links heran mit zwei Händen

Dieser Griff wird als Kombination mit dem Griff „Verlängern der rechten Longe um ein größeres Stück" beim Handwechsel von der rechten auf die linke Hand verwendet.

Für die Linkswendung gehen Sie in die Arbeits- und Dressurhaltung (Bild 1). Die rechte Hand gibt nach, indem sie nach vorn in Richtung Pferd geht (Bild 2). Die linke Hand dreht sich bei Bedarf nach rückwärts-aufwärts, sodass die linke Longe über dem Handrücken läuft. Damit die Longe auf dem Handrücken zu liegen kommt, drehen Sie die linke Hand in Richtung Körper. Dabei dreht sich der Ellbogen leicht nach außen (Bild 3). Danach dreht sich die linke Hand rückwärts-aufwärts, als wollten Sie auf die Uhr schauen (Bild 4). Falls nötig kann sich die linke Hand in Richtung rechte Hüfte bewegen. Nach der Wendung gehen beide Hände in ihre Ausgangsposition zurück. Das heißt, die linke Hand dreht sich auf und die rechte Hand nimmt wieder an.

Rechts heran oder Rechtswendung mit zwei Händen

Dieser Griff wird als Kombination mit dem Griff „Verkürzen der rechten Longe um ein größeres Stück" beim Handwechsel von der linken auf die rechte Hand verwendet.

Für die Rechtswendung befinden Sie sich in Gebrauchshaltung. Die rechte Hand gleitet auf der rechten Longe nach vorn und hält dort fest (Bild 1). Die linke Hand gibt nach, indem sie vorwärts-abwärts kippt und, wenn nötig, nach vorn in Richtung rechte Hand geht (Bild 2). Die rechte Hand dreht sich so ein, dass der kleine Finger der rechten Hand in Richtung rechte Schulter zeigt (Bild 3). Nach der Wendung dreht sich die rechte Hand aus (Bild 4), die linke Hand stellt sich auf (Bild 5) und die rechte geht zurück in Gebrauchshaltung (Bild 6).

Links heran oder Linkswendung

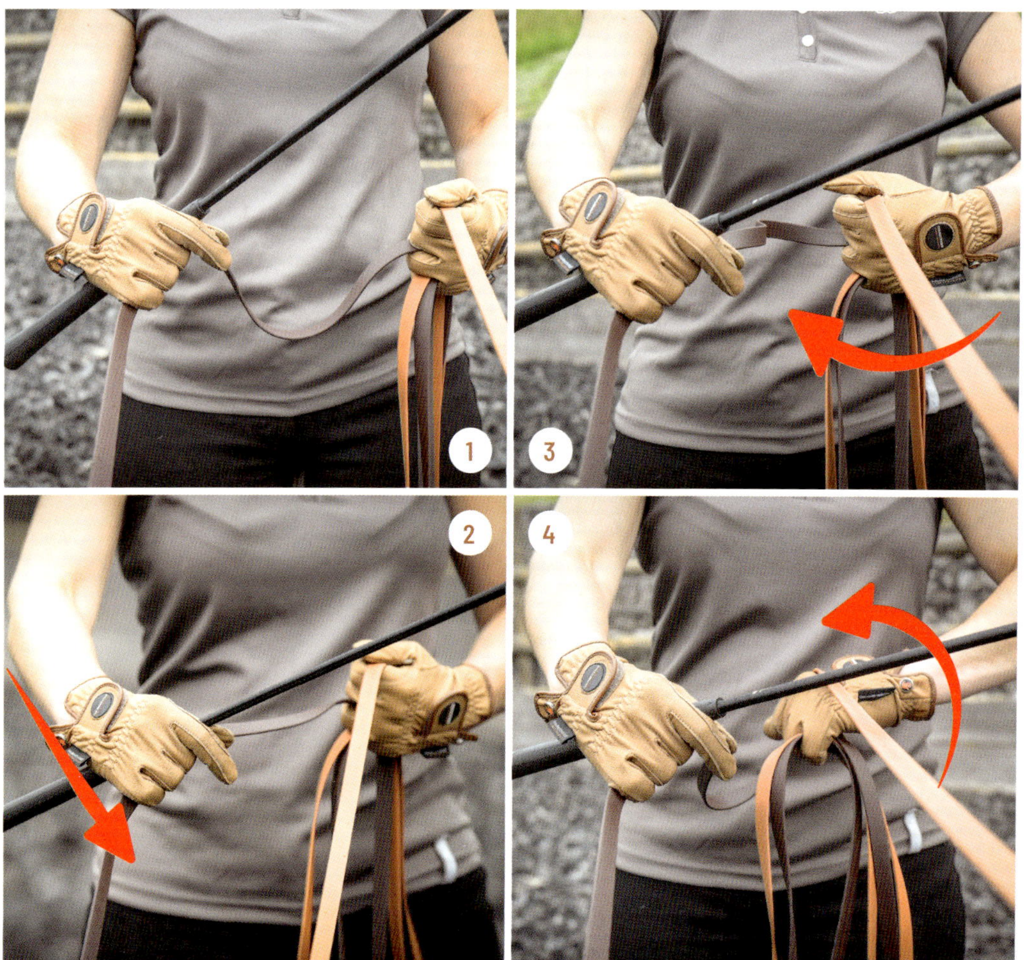

Rechts heran oder Rechtswendung

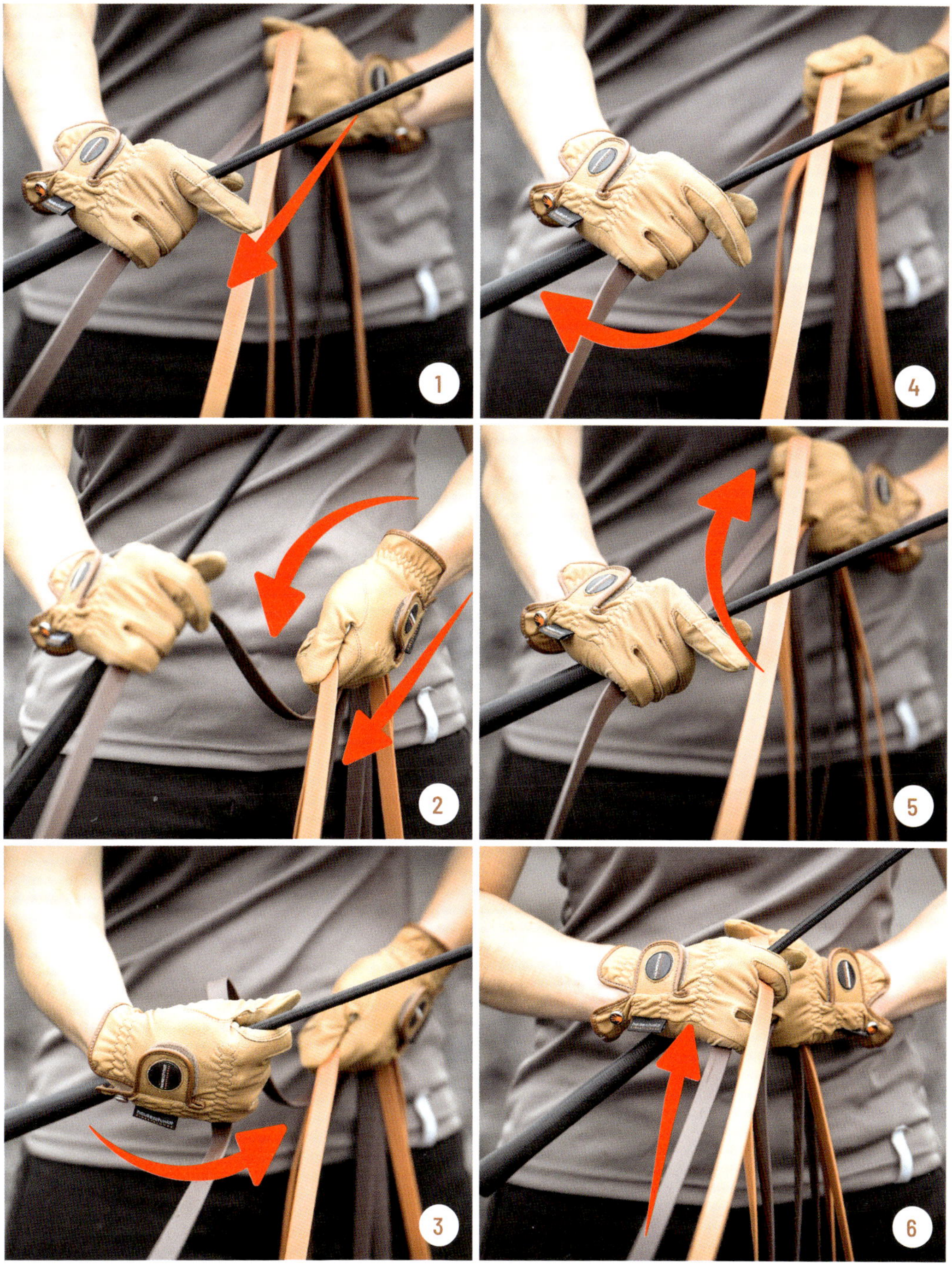

Links und rechts heran mit einer Hand

Links und rechts heran mit einer Hand wird an der Doppellonge für alle stellenden Zügelhilfen verwendet. Ebenso für Veränderungen der Linienführung auf einer Hand und beim Abwenden.

Links heran mit einer Hand

Dieser Griff wird für stellende Zügelhilfen nach links, nach links lenken und für Wendungen nach links, wie z. B. Volten, verwendet.

Aus der Grundhaltung (**Bild 1**) dreht sich die linke Hand rückwärts-aufwärts, sodass die linke Longe über dem Handrücken läuft. Damit die Longe auf dem Handrücken zu liegen kommt, dreht man wie bei der Linkswendung die linke Hand in Richtung Körper. Dabei dreht sich der Ellbogen leicht nach außen (**Bild 2**). Danach wird die linke Hand rückwärts-aufwärts gedreht, als wollten Sie auf die Uhr schauen (**Bild 3**). Falls nötig, kann die linke Hand in Richtung rechte Hüfte geführt werden (**Bild 4**). Dadurch verkürzt sich die linke Longe, während sich die rechte Longe verlängert. Danach geht die linke Hand in ihre Ausgangsposition in Grundhaltung zurück.

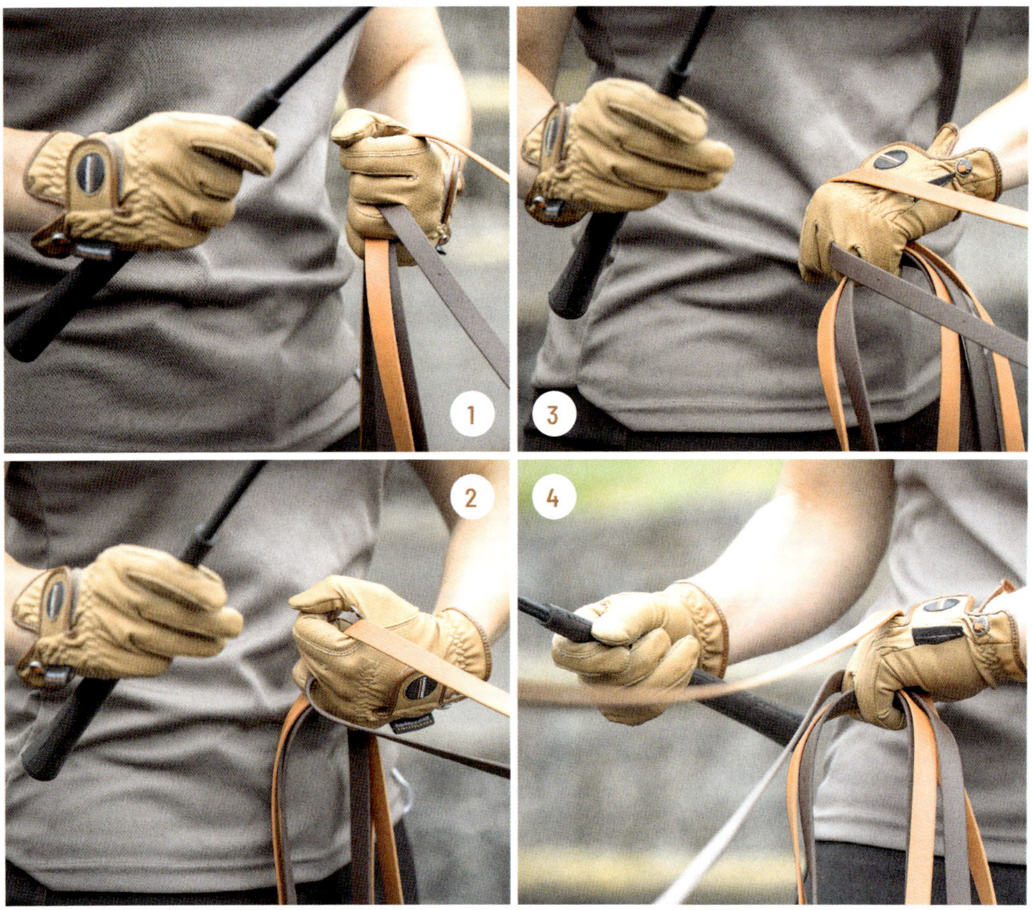

Rechts heran mit einer Hand

Dieser Griff wird für stellende Zügelhilfen nach rechts, Nach-rechts-Lenken und für Wendungen nach rechts, wie z. B. Volten, verwendet.

Aus der Grundhaltung dreht sich die linke Hand nach vorwärts-abwärts. Zur Verstärkung drückt der Daumen auf den Zeigefinger und dieser auf die rechte Longe (Bild 1). Falls nötig, kann die Hand in Richtung linker Oberschenkel bewegt werden, dabei hängt der linke Arm senkrecht nach unten (Bild 2). Danach dreht sich die Hand auf und geht zurück zum Ausgangspunkt vor der Körpermitte.

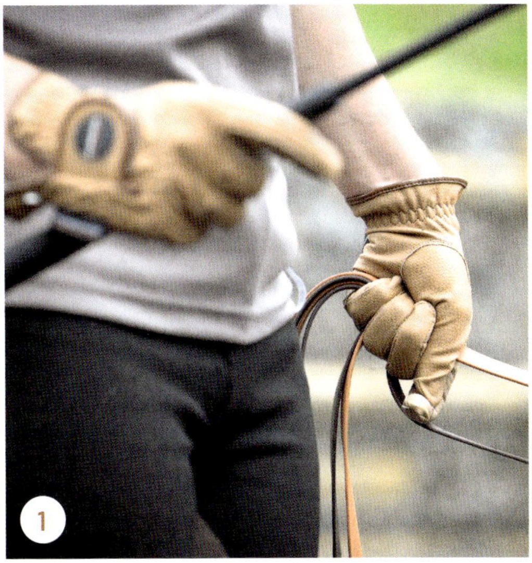

1

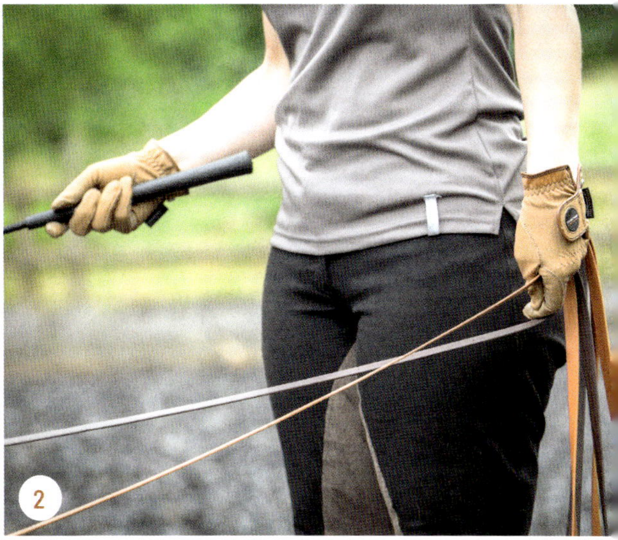

2

Der Handwechsel

Ein Handwechsel setzt sich aus mehreren Arten von Hilfen und Griffen bzw. Teilen davon zusammen. Diese müssen gut aufeinander abgestimmt sein, damit der Handwechsel richtig ausgeführt werden kann. Er ist ein gutes Beispiel dafür, dass das Zusammenspiel der Hilfen extrem wichtig für das Gelingen der Doppellongenarbeit ist. Er kann bei vielen verschiedenen Hufschlagfiguren zum Einsatz kommen. Hier wird die Grundform des Handwechsels erklärt, die in den jeweiligen Hufschlagfiguren mit leicht abgewandelter Intensität der Drehung bzw. einer Veränderung der Linienführung angewendet wird.

Handwechsel von der linken auf die rechte Hand

Um von der linken Hand auf die rechte Hand zu wechseln, wird die Peitsche nach hinten unten gedreht, sodass der Peitschengriff zwischen Daumen und Zeigefinger oben herausschaut. Sie verlängern aus der Gebrauchshaltung beide Longen um ein größeres Stück (ungefähr um eine halbe Longenschlaufe), um auf der rechten Hand den gleichen Abstand zum Pferd zu haben wie auf der linken Hand. Die oberste Longenschlaufe ist jetzt kürzer als die restlichen. Kurz vor dem Wechsel gleitet die rechte Hand wie bei der Rechtswendung auf der rechten Longe um ein größeres Stück nach vorn und hält sie hier fest (Bilder 1).

Wenn das Pferd mit seiner Körpermitte (etwa Höhe des Longiergurts) den Wechselpunkt erreicht hat, leitet die linke Hand den Handwechsel ein, indem sie, wie in der Rechtswendung, nach vorwärts-abwärts nachgibt. Gleichzeitig dreht sich Ihr Körper aus der alten Bewegung, in der die Schulter nach links in die Bewegung gedreht ist, frontal auf das Pferd zu (Bilder 2).

Dann wechseln Sie hinter dem Pferd auf die andere Seite. Beide Hände werden leicht angehoben, damit die Longen über die Hinterhand des Pferdes rutschen können (Bilder 3).

Anschließend – und das wird anders ausgeführt als die „normale" Rechtswendung beim Fahren – dreht sich die rechte Hand nicht ein, sondern verkürzt die rechte Longe um ein größeres Stück. Die Schlaufe der rechten Longe, die sich dabei bildet, wird zwischen Mittelfinger und Ringfinger auf die rechte Longe gelegt (Bilder 4).

Dabei dreht sich Ihr Körper in die neue Bewegungsrichtung nach rechts. Die rechte Hand greift die Peitsche um, sodass statt des Handrückens die Faustinnenseite nach oben zeigt (siehe Abschnitt „Peitschenhilfe" ab Seite 87) (Bilder 5).

Schließlich wird die Peitsche hinter dem Körper gewechselt, sodass sie danach wieder hinter die Hinterhand des Pferdes zeigt (Bilder 6).

Nun befinden Sie sich auf der rechten Hand und können weiterlongieren (Bilder 7).

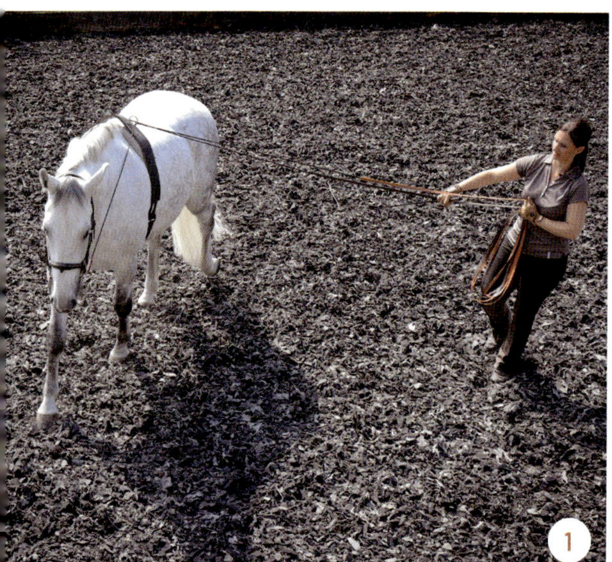

1

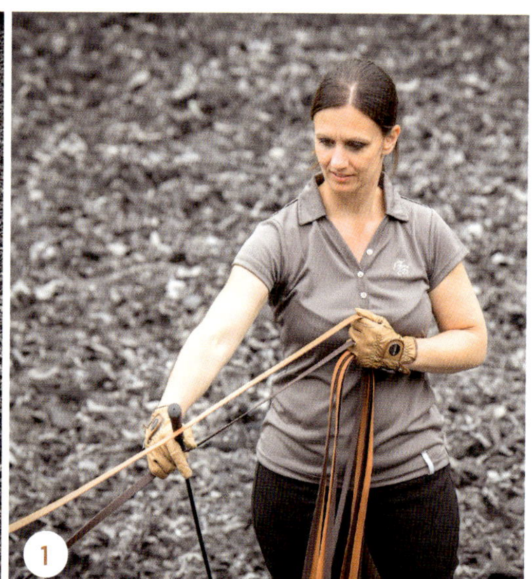

1

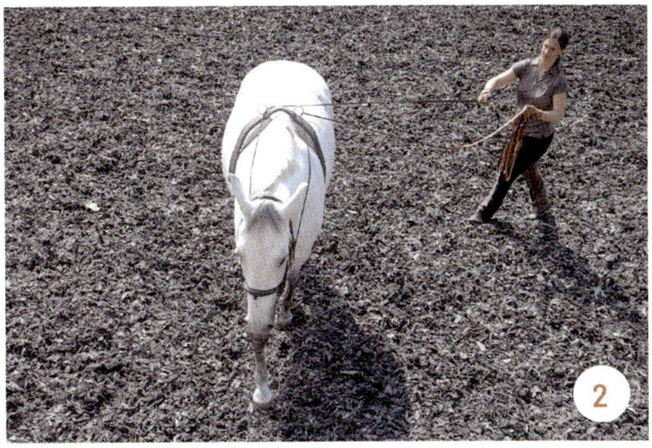
2

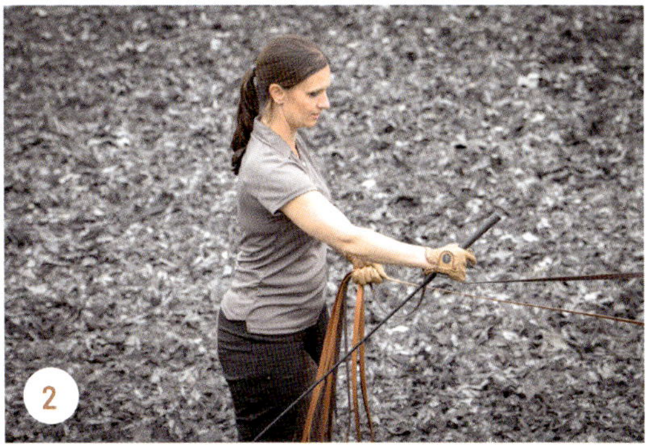
2

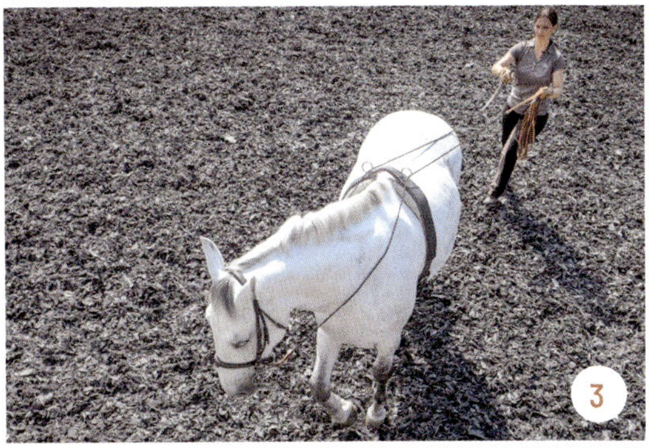
3

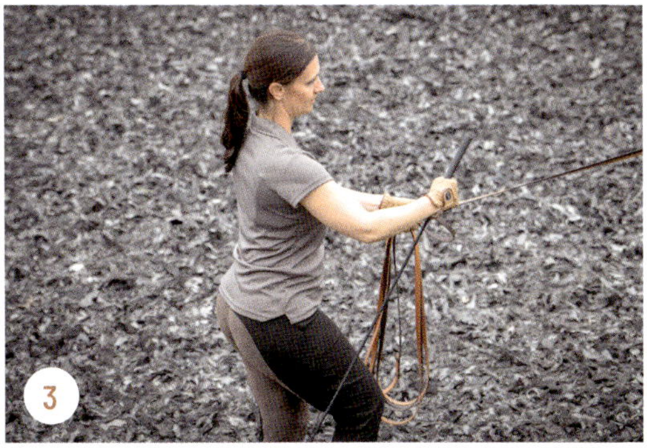
3

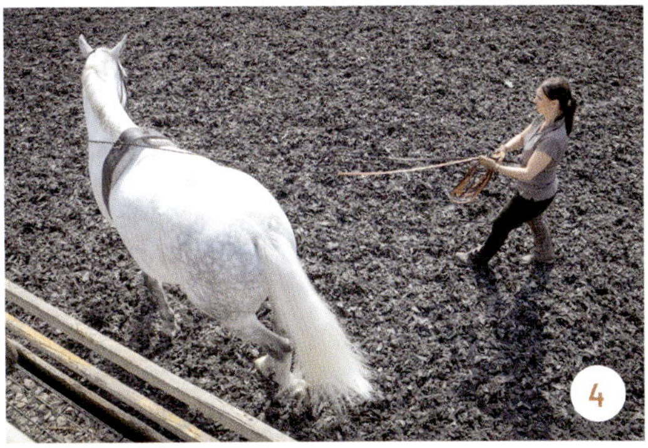
4

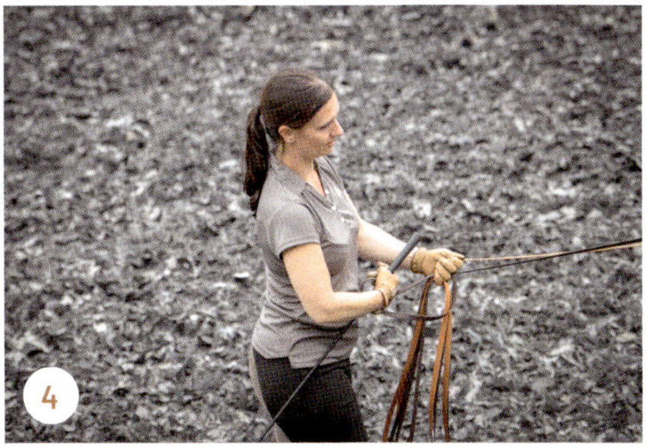
4

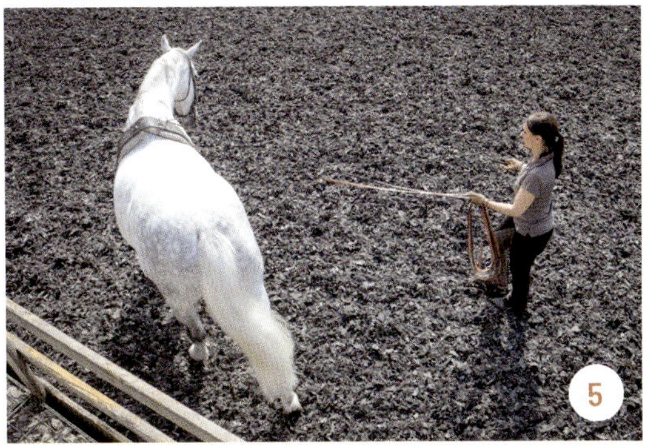
5

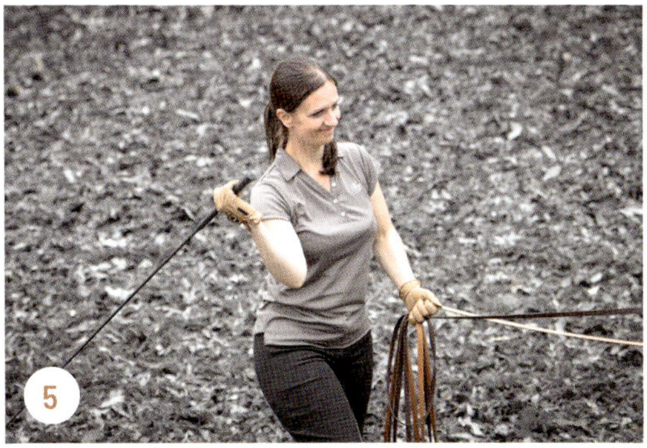
5

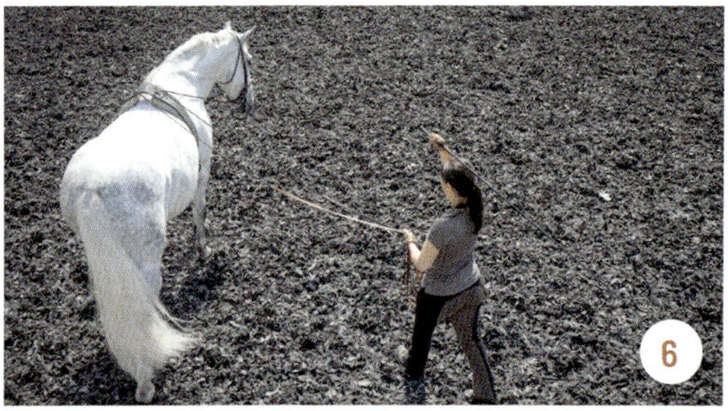

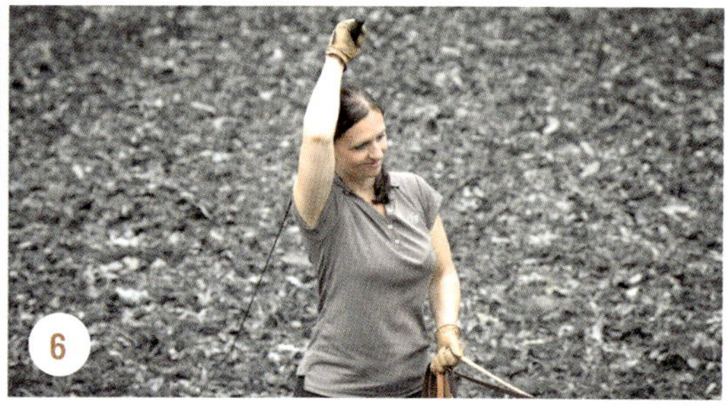

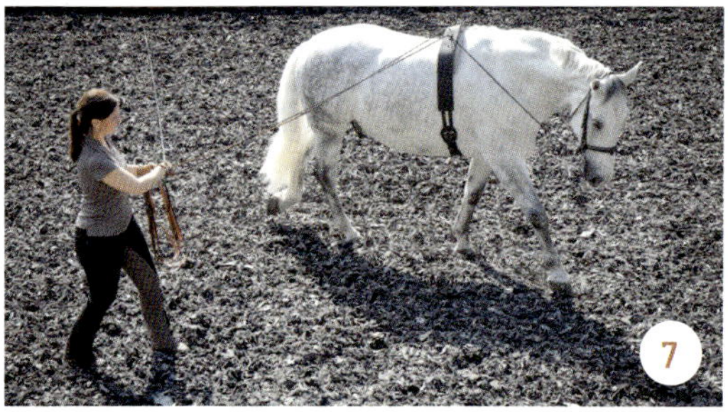

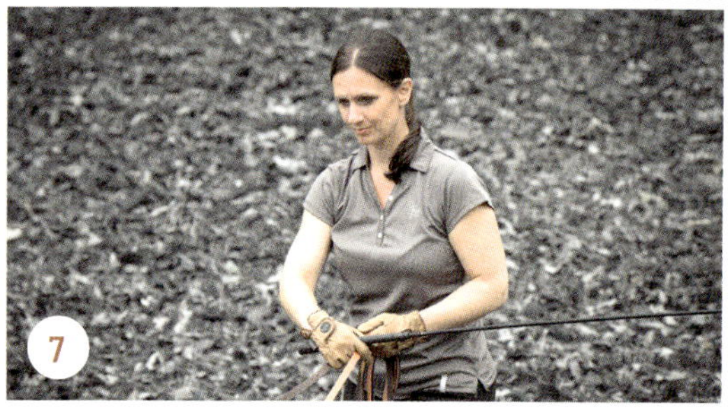

Handwechsel von der rechten auf die linke Hand

Der Handwechsel von der rechten auf die linke Hand unterscheidet sich vom Handwechsel von der linken auf die rechte Hand, da sich die Longen immer in der linken Hand und die Peitsche in der rechten Hand befindet.

Um von der rechten Hand auf die linke Hand zu wechseln, greift die rechte Hand aus der Gebrauchshaltung kurz vor dem Handwechsel die vorher gelegte Schlaufe aus der linken Hand (Bilder 1).

Wenn das Pferd mit seiner Körpermitte (etwa Höhe des Longiergurts) den Wechselpunkt erreicht hat, leitet die rechte Hand die Wendung ein, indem sie nachgibt. Anders als in der „normalen" Linkswendung gibt die rechte Hand nicht nur nach vorn nach, sondern verlängert die rechte Longe um ein größeres Stück, indem sie die Schlaufe langsam durch die Hand gleiten lässt (Bilder 2).

Währenddessen dreht sich Ihr Körper gleichzeitig aus der alten Bewegungsrichtung, in der die Schulter nach rechts gedreht war, frontal auf das Pferd zu (Bilder 3).

Danach wechseln Sie hinter dem Pferd auf die andere Seite. Falls notwendig, kann sich die linke Hand, wie in der Linkswendung, nach rückwärts-aufwärts drehen, sodass die linke Longe über der linken Hand verläuft. Die Hand kann sich zusätzlich in Richtung rechte Hüfte bewegen. Beide Hände werden leicht angehoben, damit die Longen über die Hinterhand des Pferdes rutschen (Bilder 4).

Der Körper dreht sich in die neue Bewegungsrichtung nach links. Sobald das Pferd in die gewünschte Richtung läuft, dreht sich die linke Hand auf. Danach wird die Peitsche hinter dem Körper gewechselt, sodass sie wieder hinter die Hinterhand zeigt (siehe Kapitel „Peitschenhilfe" ab Seite 91) (Bilder 5).

Danach verkürzen Sie beide Longen wieder um das Stück, um das Sie sie beim Wechsel auf die rechte Hand verlängert hatten. Dadurch sind die Longenschlaufen wieder gleich lang. Jetzt kann auf der linken Hand weiterlongiert werden (Bilder 6).

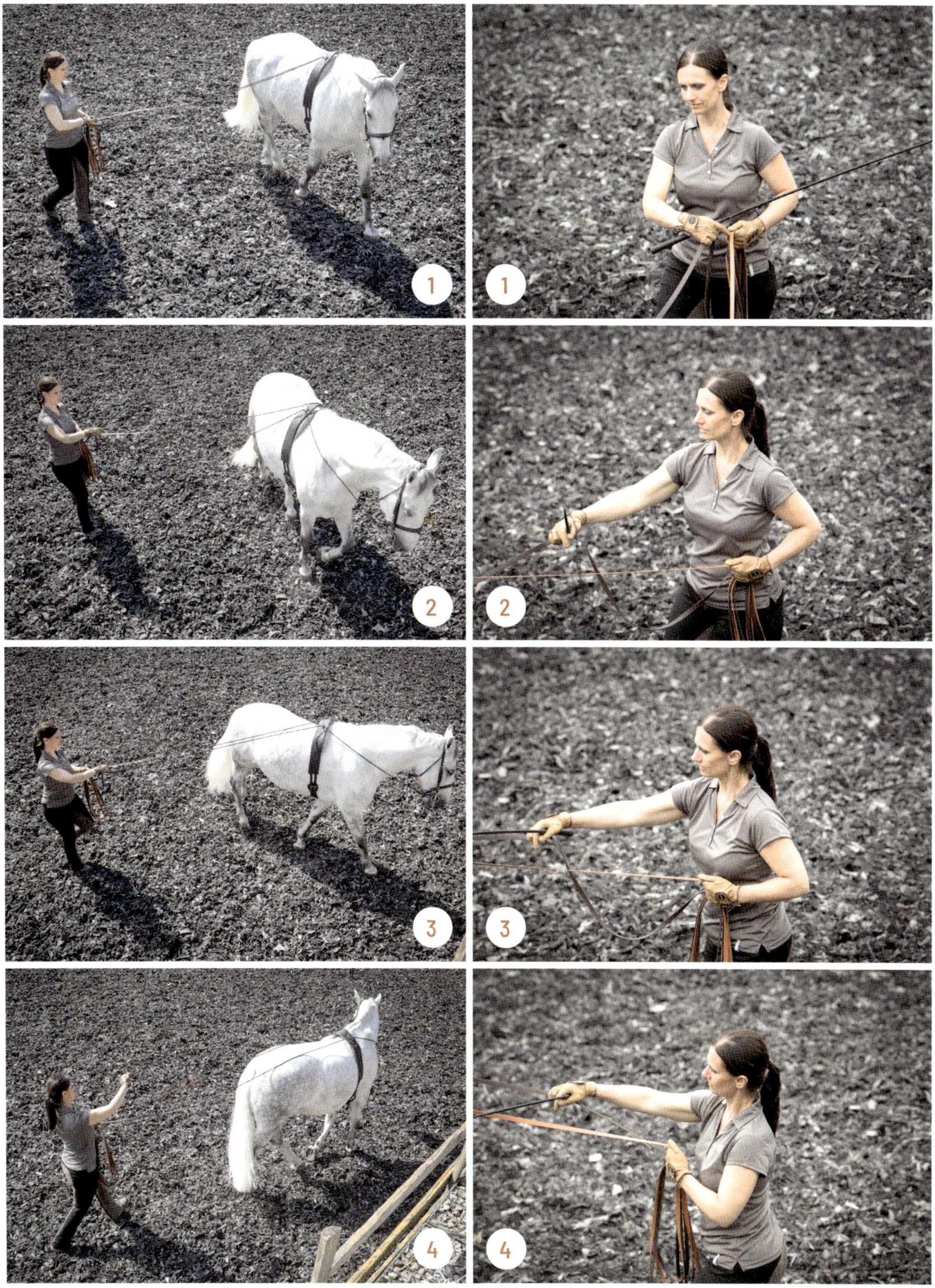
1
1
2
2
3
3
4
4

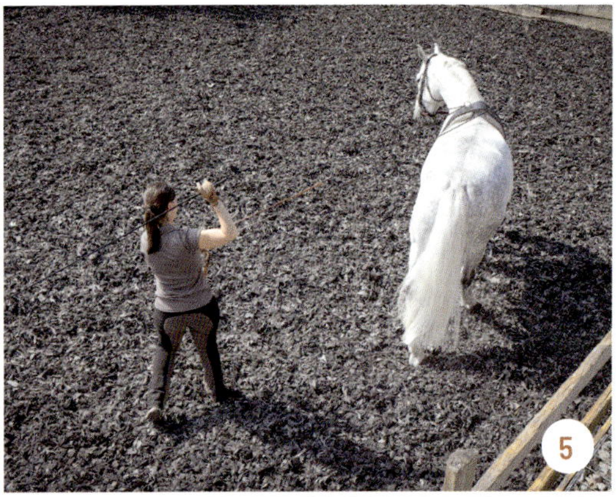

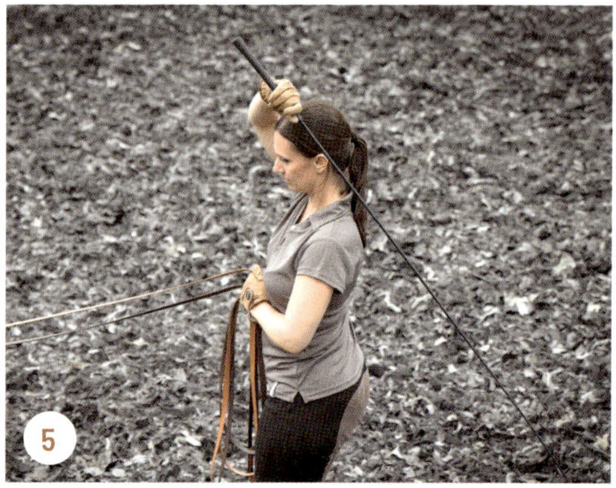

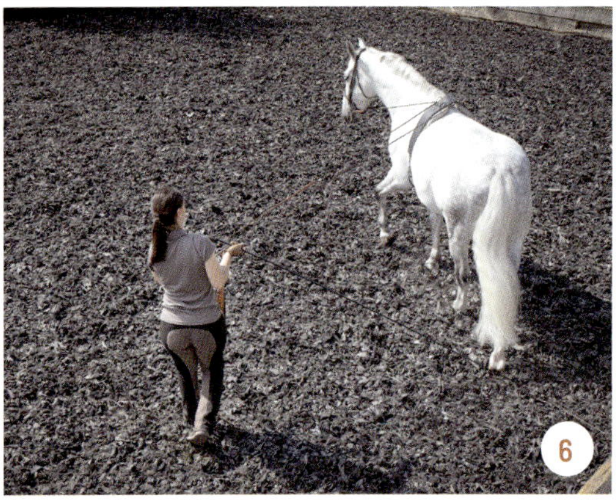

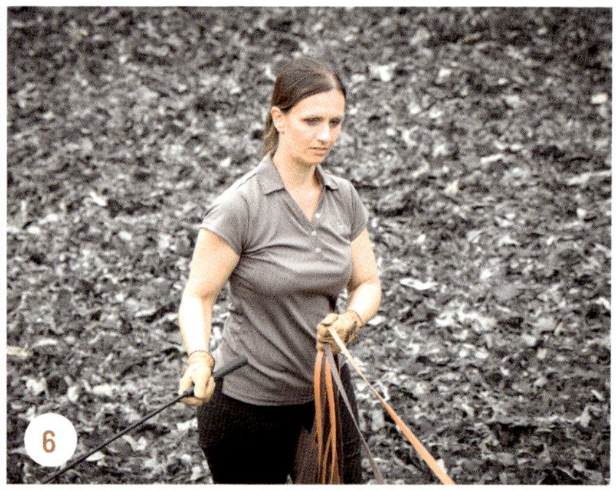

Der Wechsel in eine andere Position

Im Kapitel „Sinn und Zweck der Doppellongenarbeit" wurde bereits erklärt, dass man mit der Doppellonge nicht nur longieren kann. Ebenfalls sind die Handarbeit, also die Arbeit am Kurzzügel, das Fahren vom Boden und die Arbeit am Langen Zügel möglich.

Was sind die Unterschiede zwischen den verschiedenen Varianten?

Bei der Doppellongenarbeit im klassischen Sinn longieren Sie das Pferd von der Bahnmitte aus, wie bei der Arbeit mit der einfachen Longe auf gebogenen und geraden Linien. Der Unterschied ist, dass Sie eine zweite Longe zur Verfü-

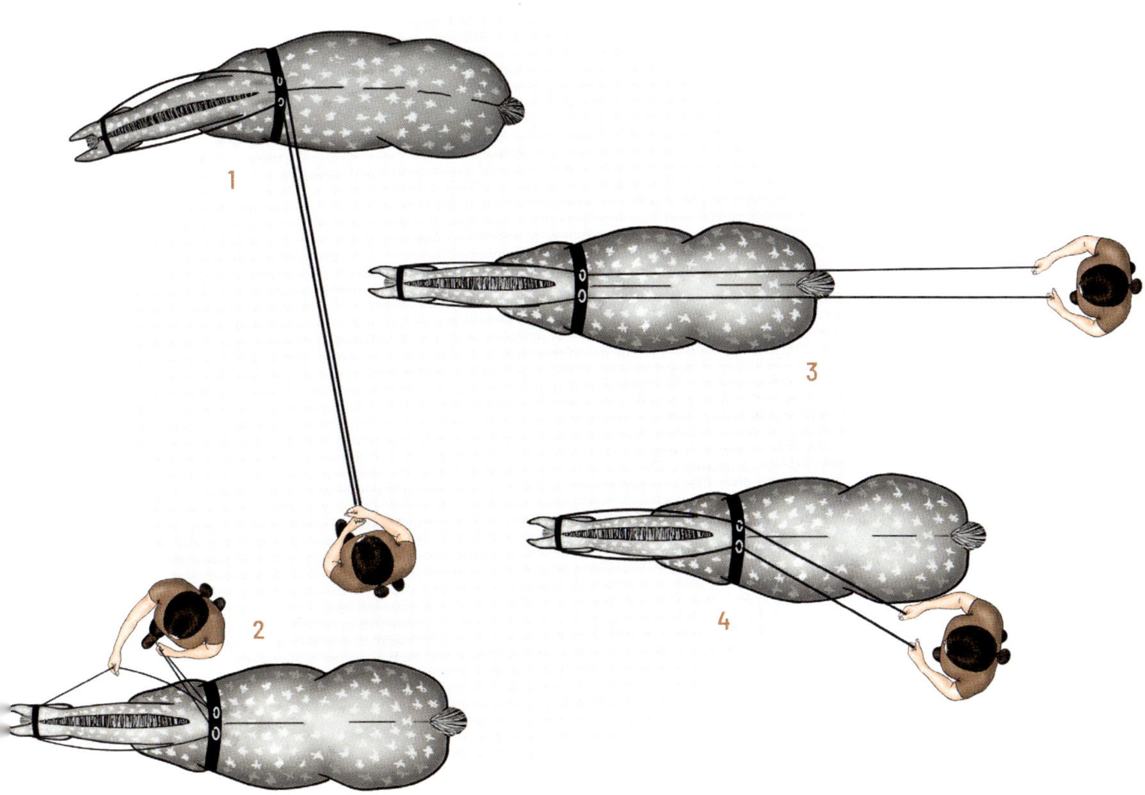

Bild 1: Doppellongenposition

Bild 2: Handarbeitsposition

Bild 3: Position Fahren vom Boden

Bild 4: Position Arbeit am Langen Zügel

gung haben und damit die äußere Seite des Pferdes besser kontrollieren können.

Bei der Handarbeit mit der Doppellonge befinden Sie sich ungefähr auf Schulterhöhe des Pferdes. Sie halten auf der linken Hand den inneren Zügel mit der linken Hand und den äußeren Zügel, der klassisch über den Hals verläuft, in der rechten Hand. Die Gerte befindet sich in der rechten Hand. Führen Sie die Handarbeit auf der rechten Hand aus, verhält es sich umgekehrt. In der Handarbeit werden zu Beginn lösende Übungen genutzt wie z. B. das Übertreten. Danach sind Seitengänge bis hin zu Lektionen wie Piaffe oder Passage möglich. Um an der Hand zu traben oder zu galoppieren, muss das Pferd schon einen guten Versammlungsgrad haben, da Sie ansonsten nicht mit dem Tempo des Pferdes mithalten können.

Beim Fahren vom Boden befinden Sie sich hinter dem Pferd mit zwei bis drei Metern Abstand, je nachdem, wie groß das Pferd ist. Hier können Sie nicht von der Hinterhand des Pferdes getroffen werden, falls dieses austreten sollte. Es werden einfache Bahnfiguren ausgeführt, um das Pferd an die isolierten Zügelhilfen zu gewöhnen, die ohne die Unterstützung der Körperhilfe ausgeführt werden.

Das Fahren vom Boden wird vor allem für die Vorbereitung am Boden von Fahrpferden verwendet. Es werden hierbei wenig gymnastizierende Übungen ausgeführt, sondern einfache Hufschlagfiguren. Bei der Arbeit am Langen Zügel wird in Versammlung gearbeitet.

Die Autorin Andrea Lipp schreibt:

» In der Spanischen Hofreitschule in Wien werden die Hengste erst am Langen Zügel ausgebildet, wenn sie das Vorführungsniveau erreicht haben und auch bereits einige Zeit in der Vorführung gegangen sind. Zu diesem Zeitpunkt können sie alle Grand-Prix-Lektionen unter dem Reiter zeigen und sind dann in der Regel zwölf bis vierzehn Jahre alt. [18]

Das heißt, dass die Arbeit am Langen Zügel in der Wiener Hofreitschule ein Prüfstein des fertig ausgebildeten Pferdes ist. Das Pferd muss bereits seine Ausbildung bis zu den schwersten Lektionen genossen haben und sich stark versammeln können. Der Mensch läuft seitlich direkt an der Hinterhand des Pferdes. Deshalb sollte das Pferd für diese Arbeit sehr wesensfest sein und nicht zum Austreten neigen.

In meiner Arbeit mit der Doppellonge bin ich im Hinblick auf die Abgrenzung zwischen diesen vier Arbeitsweisen nicht so streng und nutze alle gern, indem ich sie fließend ineinander übergehen lasse. So longiere ich an der Doppellonge nicht nur von der Bahnmitte, sondern variiere den Abstand zum Pferd je nach Bedarf, baue lösende Übungen wie Schenkelweichen, Vor- und Hinterhandwendungen ein und longiere viele Hufschlagfiguren. Die Position hinter dem Pferd wähle ich mit größerem Abstand zu den Pferden, ähnlich dem Fahren vom Boden, aber ich wende trotzdem gymnastizierende Übungen wie Seitengänge an. Ich finde, durch die fließende Kombination der Arbeitsweisen kann ich den größten individuellen Nutzen für das jeweilige Pferd herausholen.

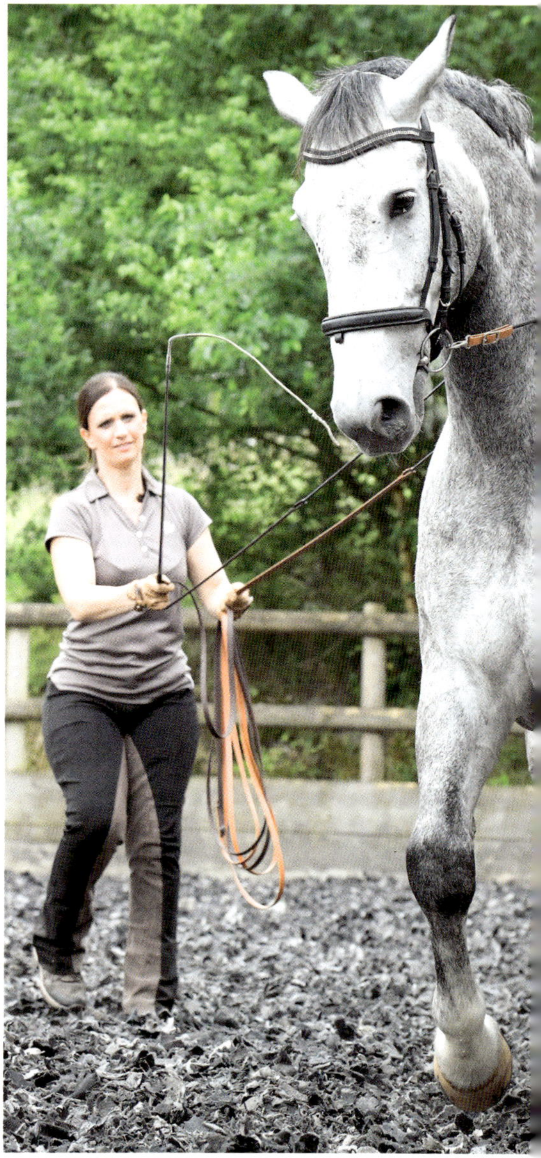

[18] Arbeit am Langen Zügel für Einsteiger, Andrea Lipp, Müller Rüschlikon Verlag, 1. Auflage 2021, Seite 12

Wechsel in die Handarbeitsposition

Um in eine Handarbeitsposition zu gelangen, verkürzen Sie auf der linken Hand (**Bilder 1** und **2**) beide Longen um eine Longenschlaufe, bis Sie mit einem Abstand von eineinhalb bis zwei Metern am Pferd stehen. Das Maß, an dem die linke Hand beide Leinen greift, bleibt unbedingt erhalten. Die Longen und die Schlaufen werden von den unteren drei Fingern gehalten. Die linke Hand greift die linke Longe kurz hinter dem Gebiss zwischen Daumen und Zeigefinger. In der linken Hand befinden sich nach wie vor auch die Longenschlaufen der restlichen Longe. Die rechte Hand greift die rechte Longe in Höhe zwischen Mitte Bauch und Rücken des Pferdes zusammen mit der Peitsche.

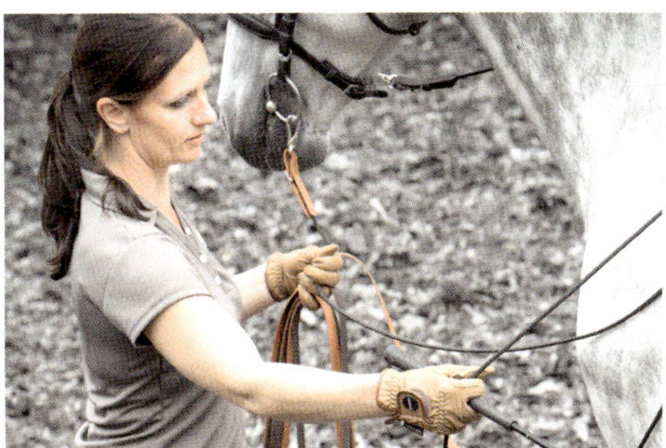

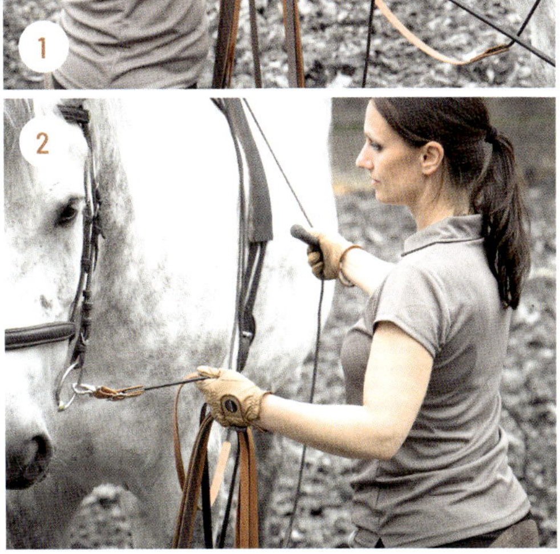

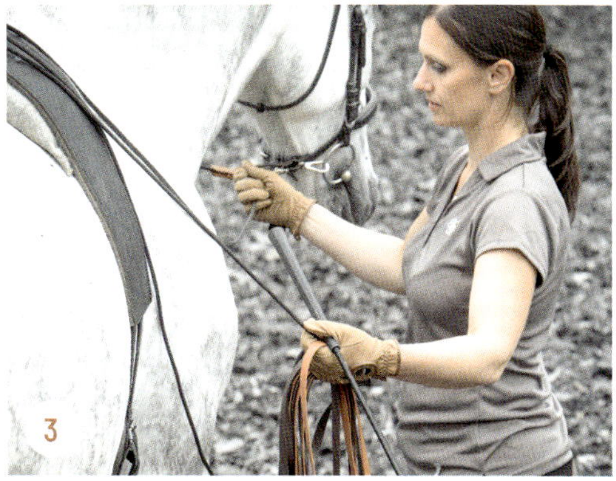

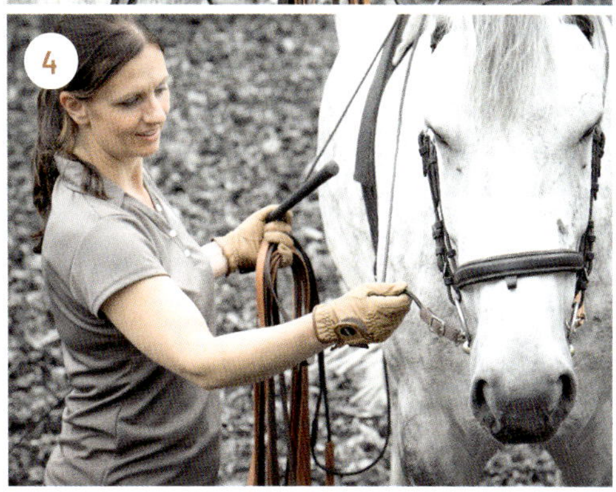

Um die Handarbeitsposition auf der rechten Hand (**Bilder 3** und **4**) einnehmen zu können, wechseln Sie auf die rechte Hand. Die Peitsche wechselt hinter Ihrem Rücken (siehe Kapitel „Peitschenwechsel", S. 91) und danach in die linke Hand. Die rechte Hand greift die rechte Longe direkt unter dem Gebiss. Die linke Hand nimmt die linke Longe zwischen Daumen und Zeigefinger auf Höhe zwischen Mitte Bauch und Rücken des Pferdes zusätzlich zu der eigentlichen Longenhaltung. Das heißt, in der linken Hand befinden sich die Schlaufen der Longe in Grundhaltung, die gelegte Schlaufe durch den Handwechsel auf die rechte Hand zwischen Mittel- und Ringfinger auf der rechten Longe und eine zusätzliche Schlaufe der linken Longe zwischen Daumen und Zeigefinger aufgrund der Handarbeitsposition. Zusätzlich wird die Peitsche in dieser Hand getragen.

Wechsel in die Position hinter dem Pferd

Bevor Sie sich auf die Position hinter dem Pferd begeben, müssen Sie überlegen, welchen Abstand Sie zum Pferd haben möchten. Anhand dessen verkürzen Sie die Longen auf der linken Hand bis zur nötigen Länge (Bild 1). Die rechte Hand gleitet auf der rechten Longe nach vorn und hält sie an dieser Stelle fest (Bild 2). Die linke Hand gibt durch Vorwärts-abwärts-Kippen nach, die rechte Hand nimmt an, indem sie sich mit der Longe wieder zurück zum Körper bewegt. Sie begeben sich währenddessen hinter das Pferd (Bild 3 und Bild 4). Der Ablauf ist bis dahin der gleiche wie beim Handwechsel von der linken auf die rechte Hand. Statt hinter dem Pferd zu wechseln, bleiben Sie nun aber hinter dem Pferd und ändern nichts weiter an der Zügelhaltung. Dadurch befinden Sie sich nun in einer Art Arbeits- und Dressurhaltung in der Position hinter dem Pferd (Bild 5 und Bild 6).

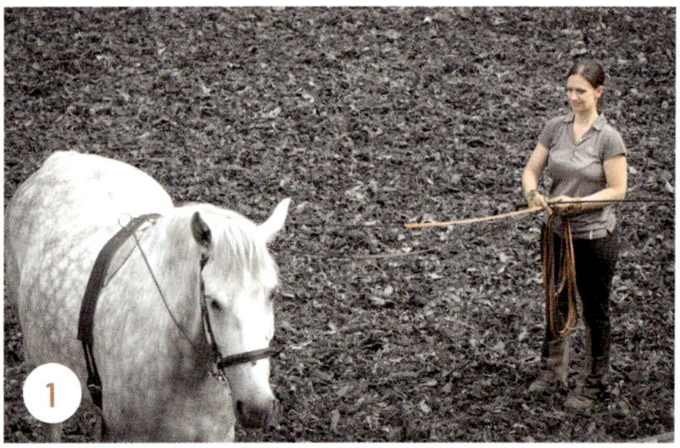
1

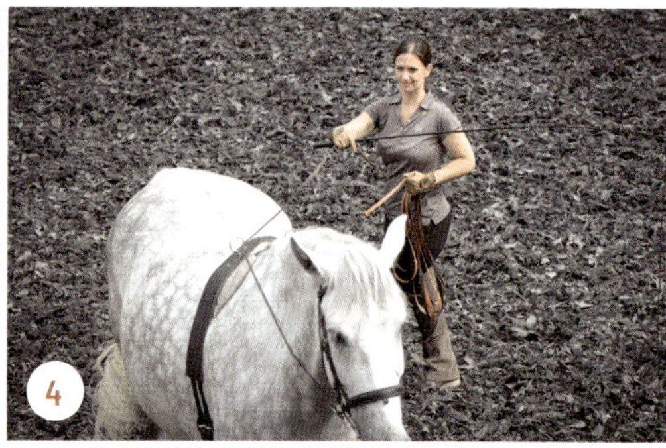
4

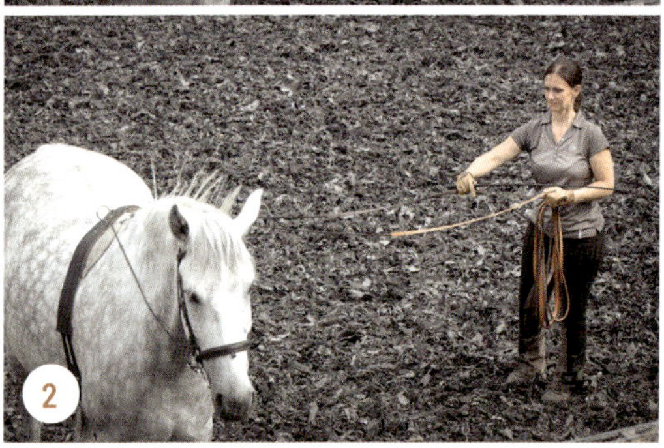
2

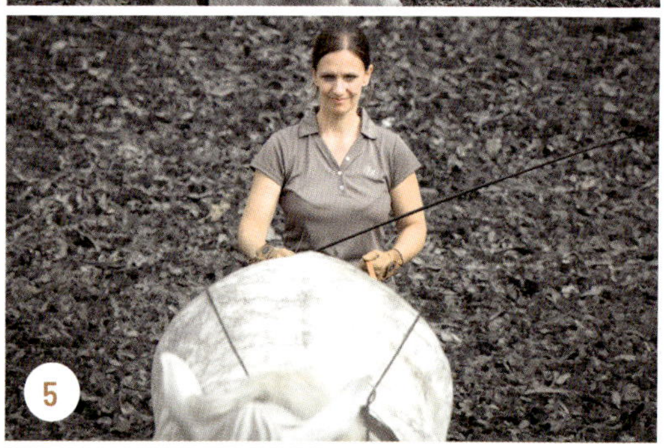
5

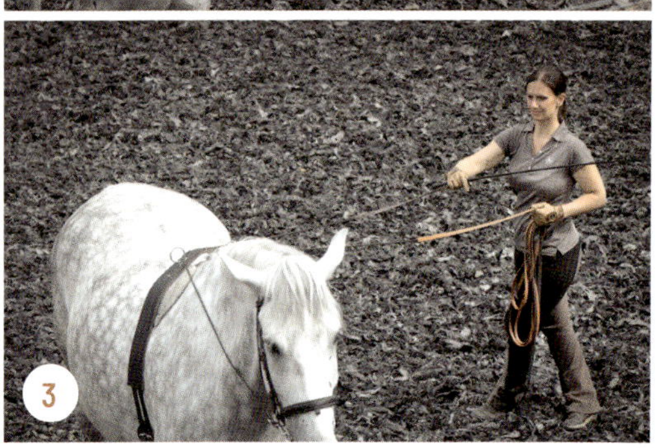
3

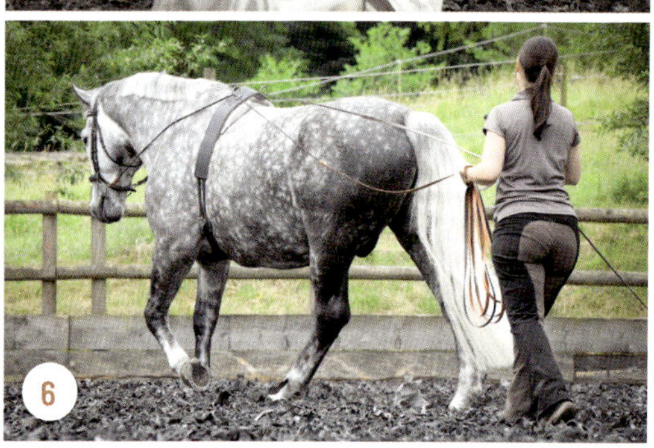
6

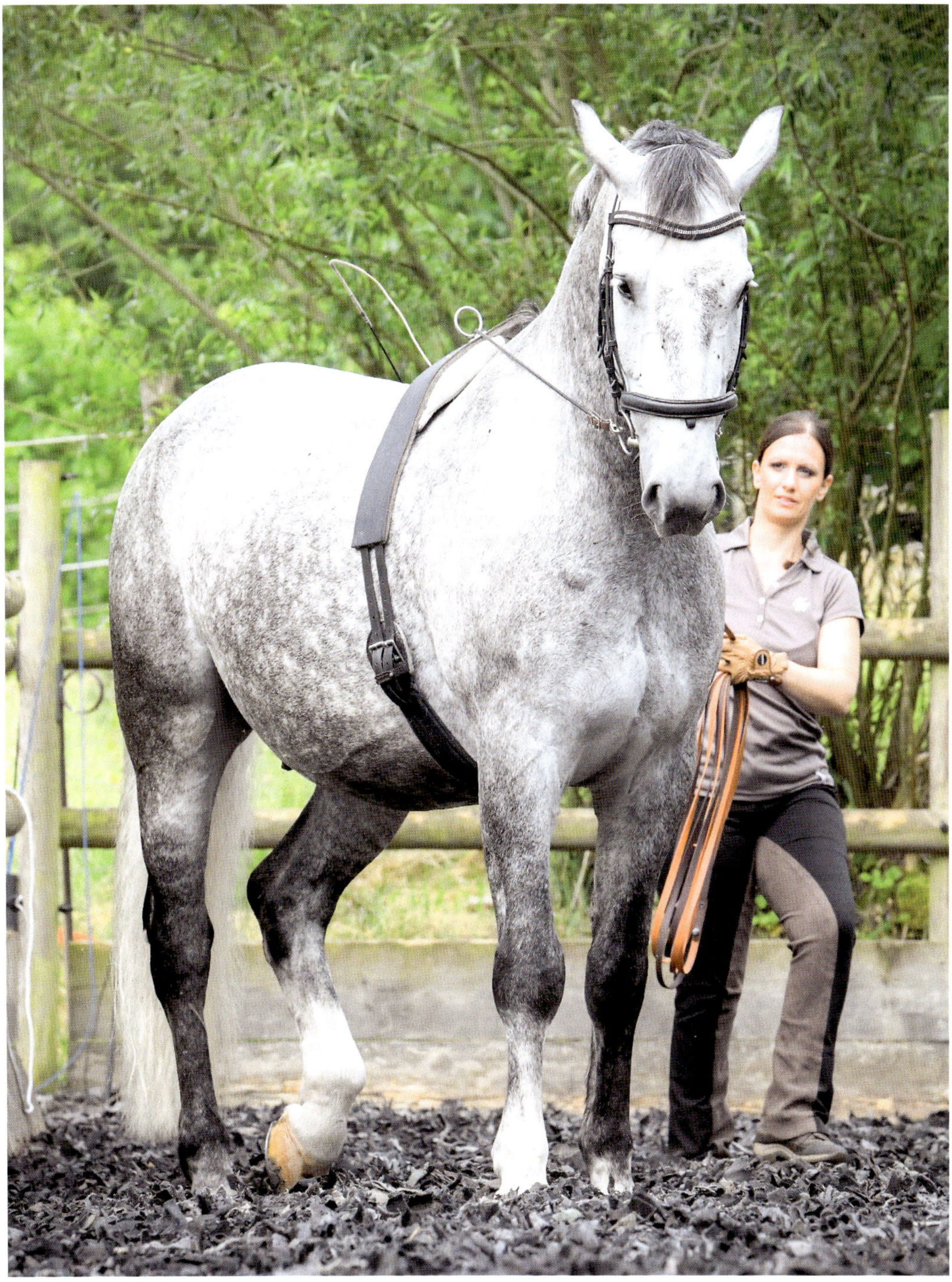

Renvers in der Position hinter dem Pferd

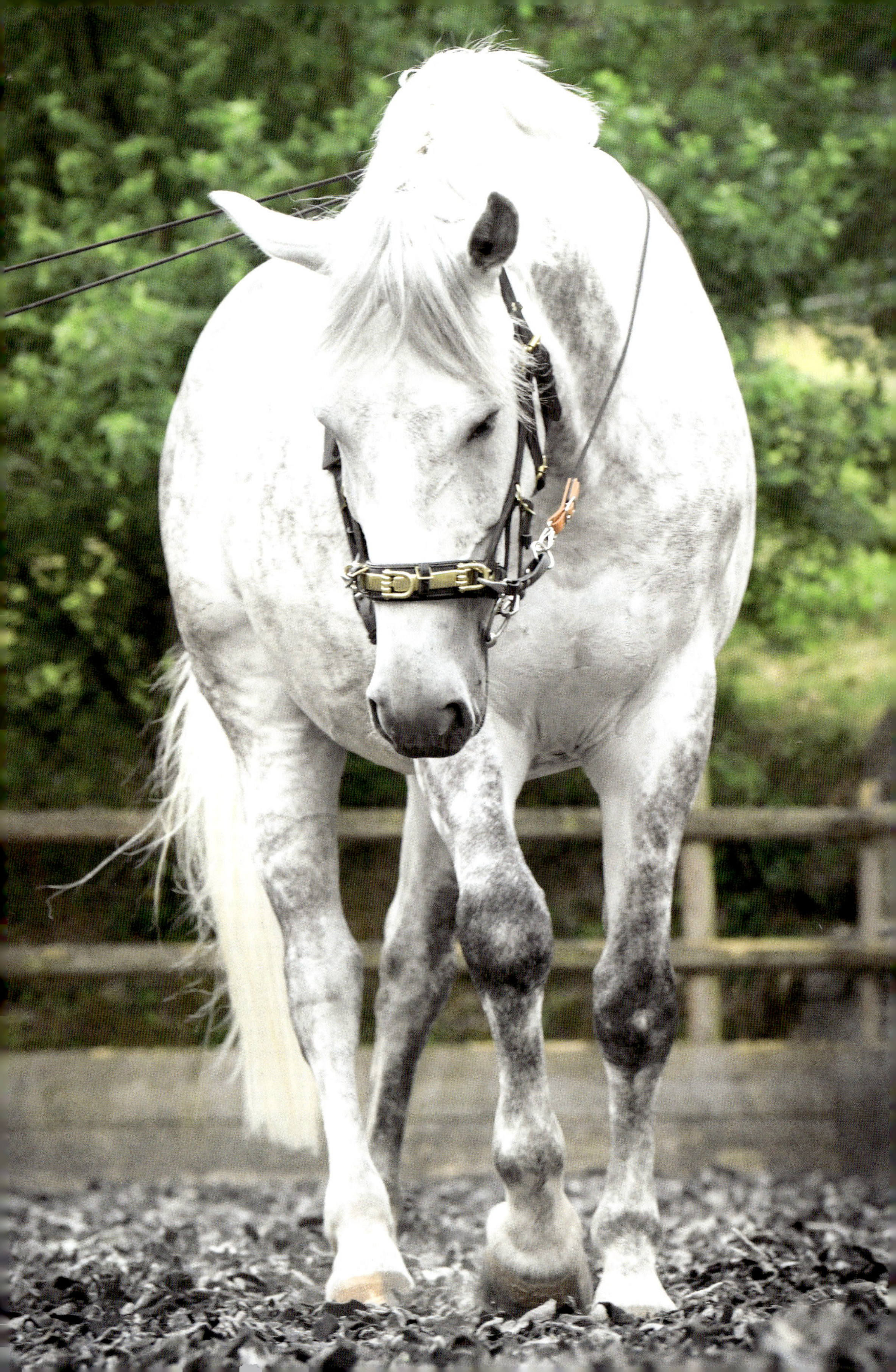

Die praktische Umsetzung

Erste Schritte an der Doppellonge

Bevor wir mit der Arbeit an der Doppellonge beginnen, nutzen wir zunächst noch die einfache Longe, die das Pferd bereits gut kennt. Dadurch kann es sich vor dem ersten Anlegen der Doppellonge bereits lösen. Danach wird das Pferd in das Bahninnere geholt. Der Helfer sorgt für eine ruhige Atmosphäre und hält das Pferd fest. Sie als Longenführer schnallen die zuvor sauber aufgewickelte Longe (wird im nächsten Absatz besprochen) vorsichtig ein.

Danach läuft der Helfer mit dem Pferd los und führt es zuerst auf eine Zirkellinie. Sie verlängern währenddessen die Doppellonge so weit, dass der gewünschte Abstand zum Pferd erreicht ist. Wenn das Pferd ruhig und gelassen Schritt läuft, vergrößert der Helfer langsam seinen Abstand zum Pferd, bis er bei Ihnen in der Zirkelmitte angekommen ist. Der Helfer an der einfachen Longe übernimmt zu Anfang die Führung des Pferdes. Sie als Doppellongenführer verhalten sich passiv und begleiten Helfer und Pferd einfach mit der Doppellonge.

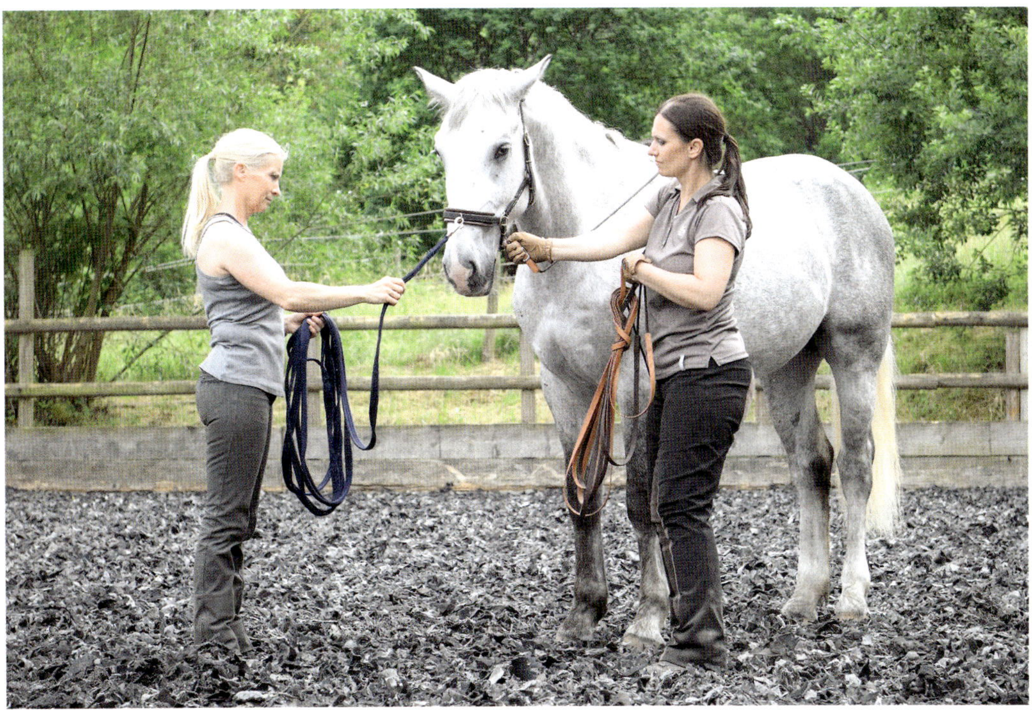

Mithilfe einer zweiten Person wird die Doppellonge eingeschnallt.

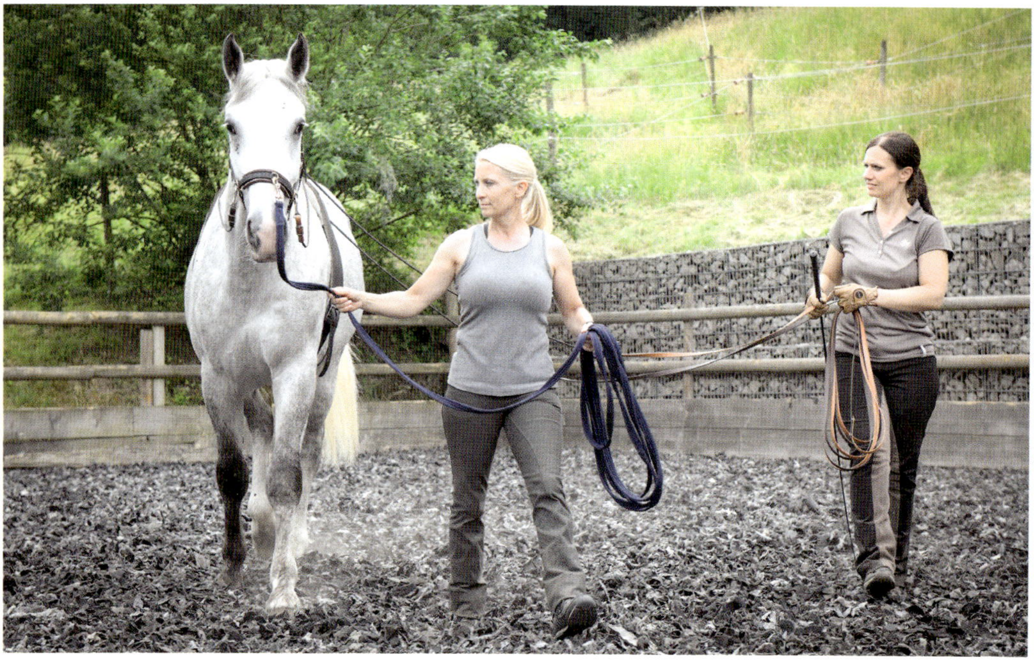

Die Hilfsperson führt das Pferd auf die Zirkellinie.

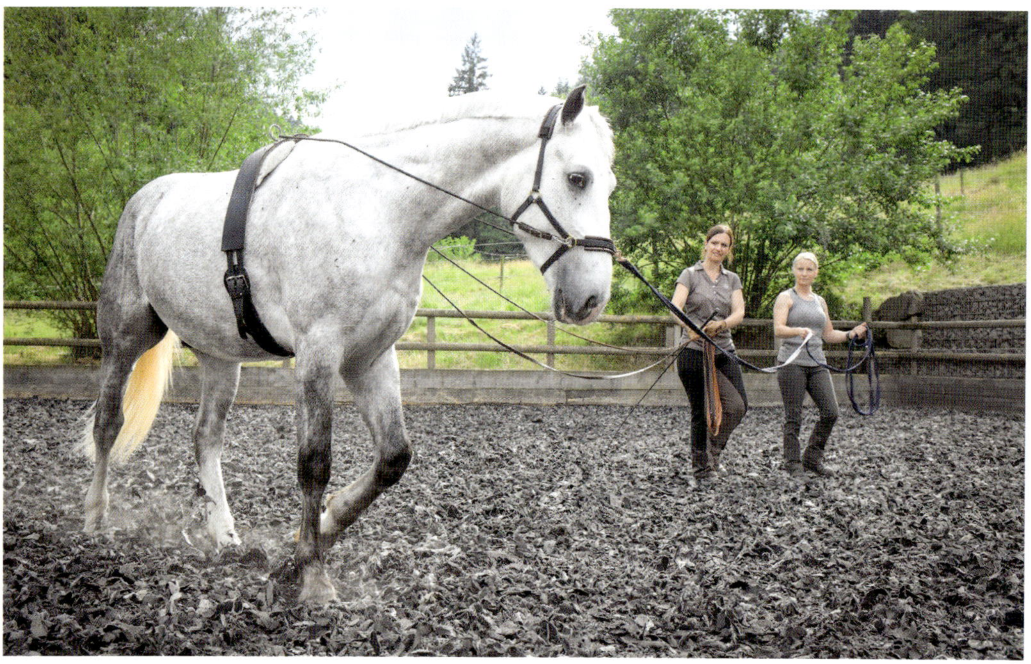

Die Hilfsperson geht zurück zur Zirkelmitte.

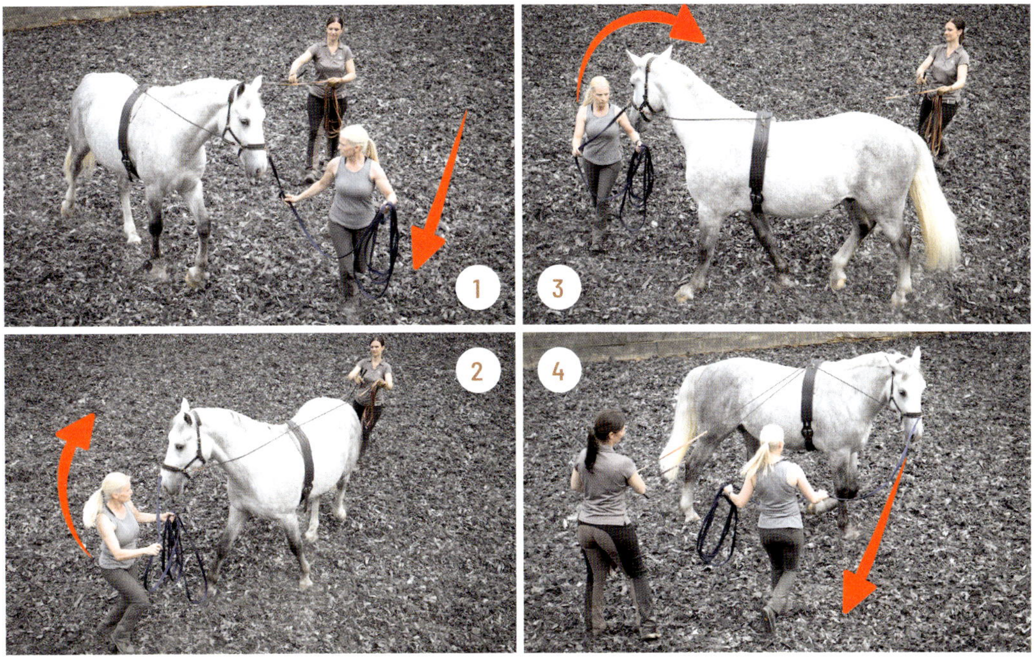

Wenn das Pferd sich entspannt bewegt, können Sie sich an einen Handwechsel heranwagen. Hierfür verringert der Helfer seinen Abstand zum Pferd, bis er sich in Führposition befindet (Bild 1). Wenn Sie auf die offene Zirkelseite zukommen, führen Sie als Doppellongenführer einen Handwechsel aus. Der Helfer führt dabei das Pferd (Bild 2). Es ist möglich, dass das Pferd beim Wechsel der Longen über den Rücken erschrickt und losspringt. Hierauf muss der Helfer gefasst sein und das Pferd sofort beruhigen. Die Hilfsperson wechselt während des Führens vor dem Pferd die Seite (Bild 3). Sie geht rückwärts zurück zur Zirkelmitte (Bild 4).

Diese Form des Handwechsels wird am Anfang unter der Führung des Helfers durchgeführt und der Doppellongenführer begleitet passiv. Mit der Zeit wird der Handwechsel immer aktiver vom Doppellongenführer ausgeführt und der Helfer verhält sich sukzessive passiver. Sobald der Helfer auch beim Handwechsel nicht mehr eingreifen muss, können Sie beginnen, ohne Helfer zu longieren und dabei auch die Handwechsel ohne Helfer zu versuchen.

Mit diesem Ablauf gewöhnen sich die Pferde schnell und stressfrei an den Einsatz der Doppellonge. Er ist für alle Pferde sinnvoll. Das individuelle Pferd mit seinem ihm eigenen Persönlichkeitstyp und seinen Vorerfahrungen entscheidet darüber, wie schnell die Fortschritte sind und wie schnell der Helfer nicht mehr gebraucht wird.

Der sichere Weg vom Putzplatz zum Reitplatz

Vorbereitung am Putzplatz

Hat sich das Pferd an die Arbeit mit der Doppellonge gewöhnt, hat es auch keine Angst vor der Berührung seines Körpers durch die Longe. Dann können Sie die Doppellonge bereits am Putzplatz einschnallen und das Pferd mit der Longe am Longiergurt zum Reitplatz führen. Hierbei ist darauf zu achten, dass die Doppellonge geordnet und mit den richtigen Längenverhältnissen in den Longiergurt eingeschnallt wird, damit Sie nicht auf dem Reitplatz beginnen müssen, die Longe zu sortieren. Für die ordnungsgemäße Befestigung am Gurt gibt es zwei Varianten.

Variante 1

Bei der ersten Variante schnallen Sie die Doppellonge im zusammengewickelten Zustand am Putzplatz in den Longiergurt ein und befestigen sie direkt am Gurt. Die Doppellonge muss so aufgewickelt sein, dass die Abstände der Einschnallstrupfen dem Abstand der Leinenaugen am Longiergurt entsprechen (siehe Bild 1). Durch das vorhergehende Vermessen (siehe Bild 1) ist das Längenverhältnis der Longen zueinander in den einzelnen Schlaufen richtig eingestellt. Diese Version wird bei der Gewöhnung des Pferdes an die Doppellonge auf dem Reitplatz verwendet.

Hierfür halten Sie die Einschnallstrupfen oder Karabiner an die Leinenaugen, durch die sie verschnallt werden sollen (Bild 1). Es ergibt sich ein Abstand der äußeren Longe zu der inneren Longe (Bild 2). Dieser Abstand wird beibehalten und Sie gleiten an beiden Longen bis zum Longenende, wo immer noch der gleiche Abstand

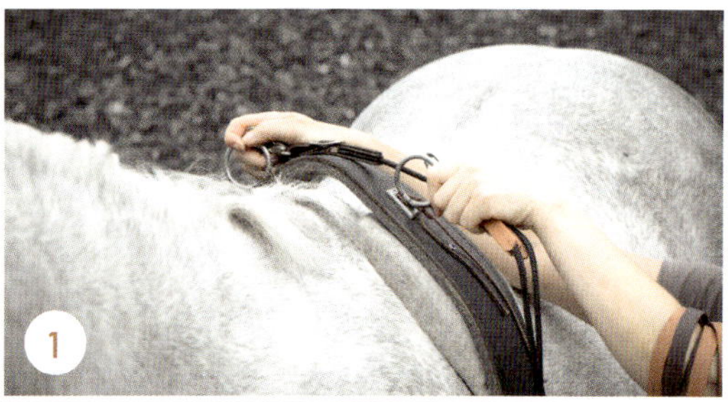

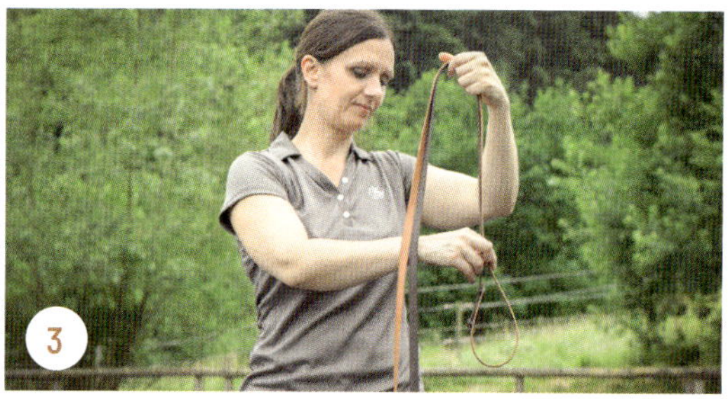

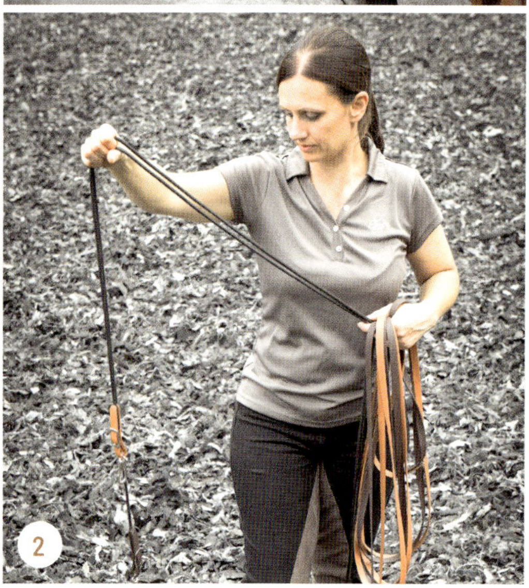

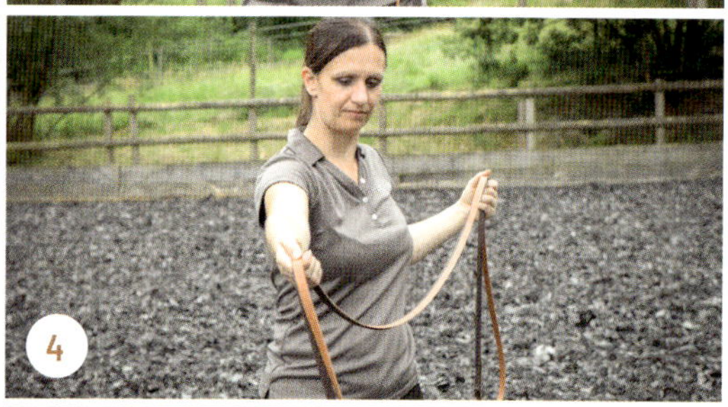

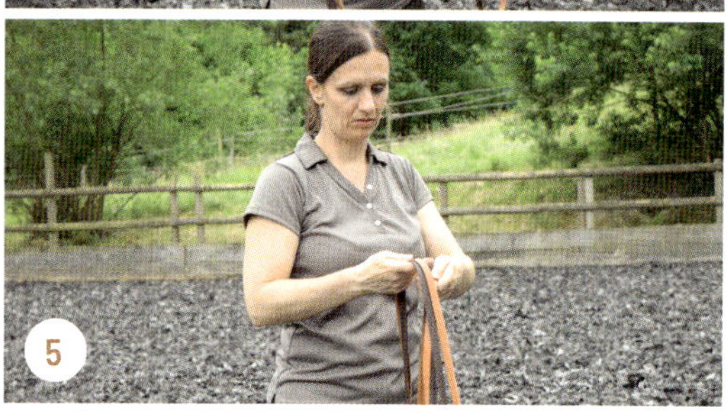

zwischen Außen- und Innenlonge besteht. Bei geschlossener Longe ist die Mitte um die Kurve verschoben, bei geöffneter Longe wäre die eine Longe länger als die andere (**Bild 3**). Das letzte Stück der Longe lassen Sie so lange durch die linke Hand gleiten, bis es so weit nach unten hängt, wie Sie die Größe der Longenschlaufen anlegen möchten. Die linke Hand hält sie an dieser Stelle fest. Die Longe wird aufgewickelt, indem man mit der linken Hand die Longen festhält und den Arm hinter den Körper führt. Die rechte Hand gleitet an beiden Longen entlang nach vorn (**Bild 4**). Beide Hände werden zusammengeführt und der Abschnitt der Longen, der in der rechten Hand liegt, wird über den in der linken gelegt (**Bild 5**).

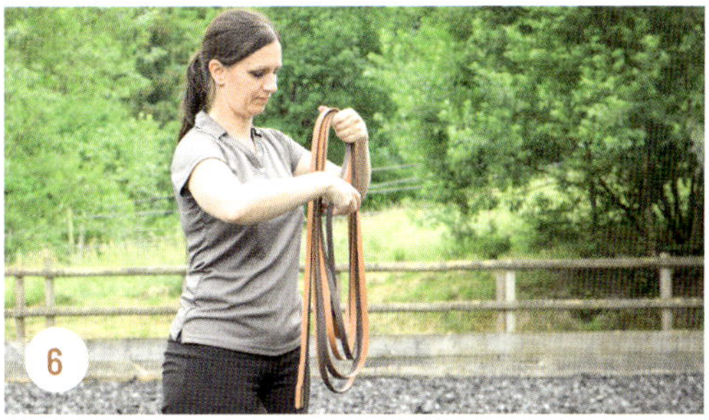

6

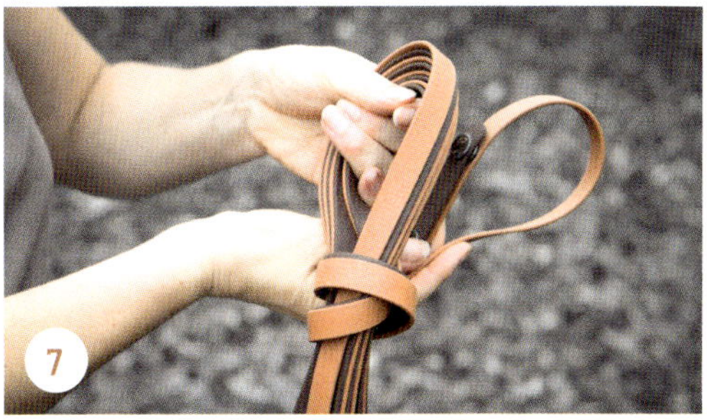

7

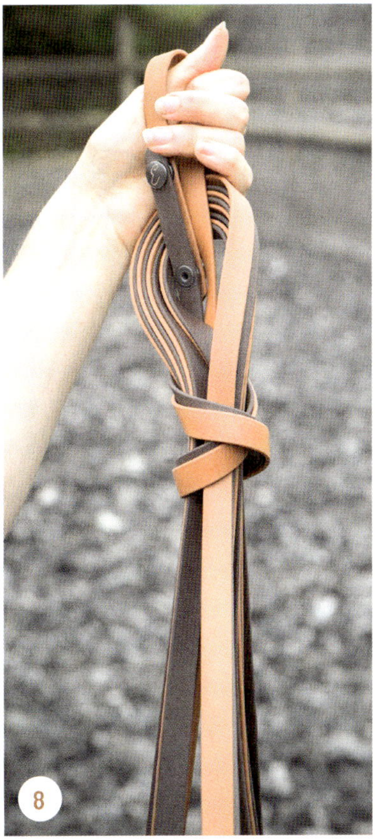

8

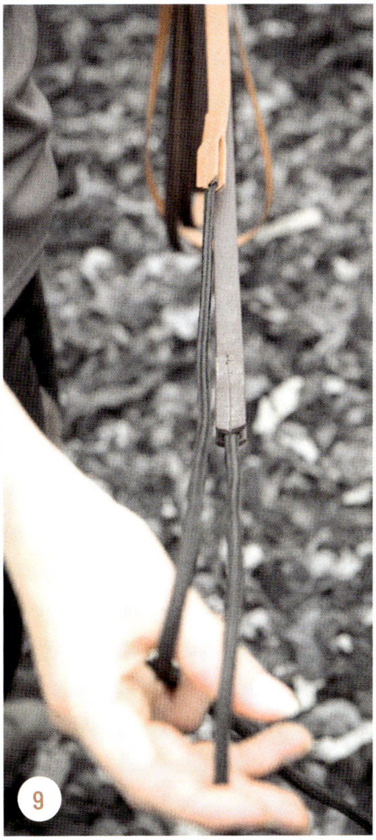

9

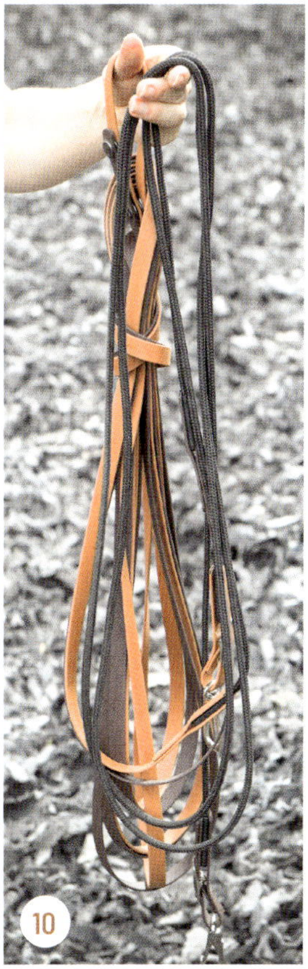

10

Es ergibt sich eine Drehung in der Longenschlaufe. Diese ist richtig und wichtig. Nur mit dieser Drehung kann die Longe ohne Drehung abgewickelt werden. Diesen Vorgang führen Sie so oft aus, bis Sie vor dem Übergang zu den Seilen angekommen sind (**Bild 6**). Hier nehmen Sie das Endstück der Longe, wickeln es um die Longenschlaufen (**Bild 7**) und ziehen es am Ende durch die Longenschlaufen (**Bild 8**). Die Seilstücke werden nicht mit den Longenschlaufen zusammengebunden. Sie bleiben absichtlich lose (**Bild 9** und **Bild 10**). Dadurch können Sie die Seilstücke schon am Pferd einschnallen und die Longenschlaufen bleiben noch geordnet zusammengebunden. Wenn die Longen so eingeschnallt sind, können Sie die Longenschlaufen auf dem Reitplatz öffnen und die Doppellonge sortiert und mit dem richtigen Abstand von äußerer und innerer Longe in die Hand nehmen.

Variante 2

Bei der zweiten Variante schnallen Sie ebenfalls die Longe am Putzplatz in den Longiergurt. Allerdings öffnen Sie sie und entfernen sich links vom Pferd, so weit, bis Sie das Longenende halten. Sie positionieren sich kurz hinter dem Longiergurt. Von dort aus wickeln Sie die Longe wieder wie bei der ersten Variante auf. Die Schlaufe der aufgewickelten Longe hängen Sie über das Leinenauge. Diese Version hat den Vorteil, dass

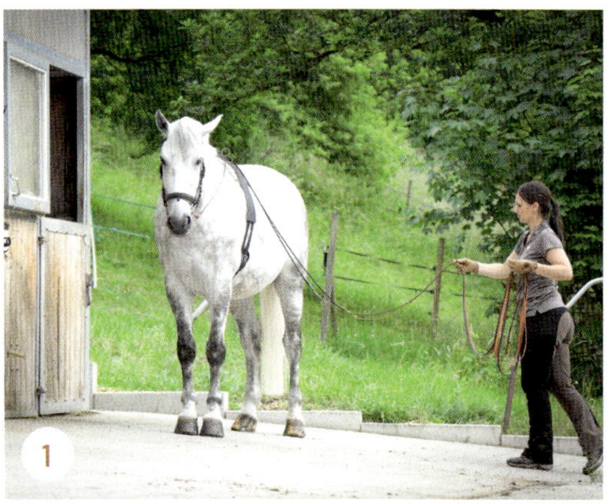

1

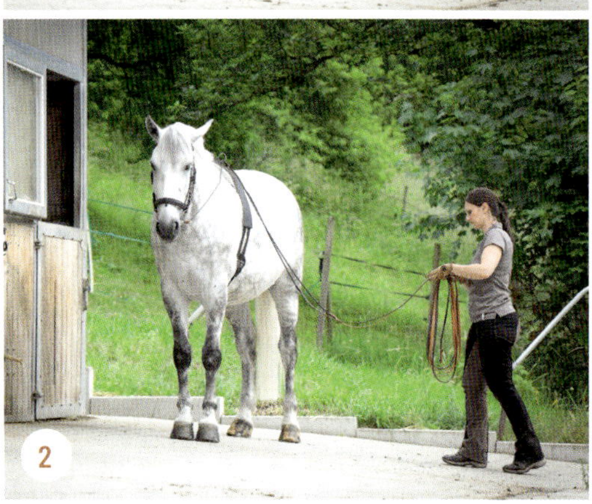

2

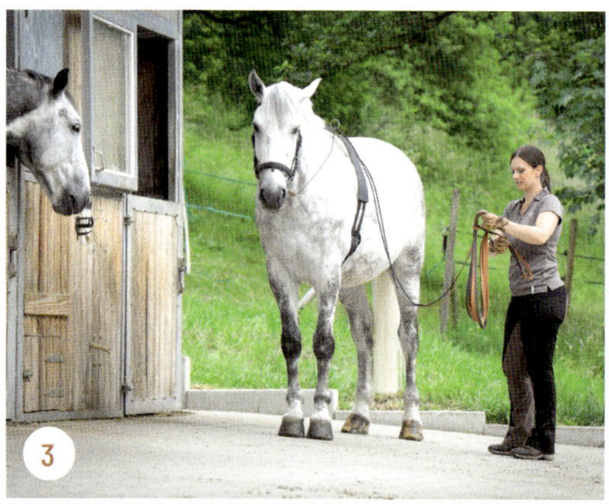

3

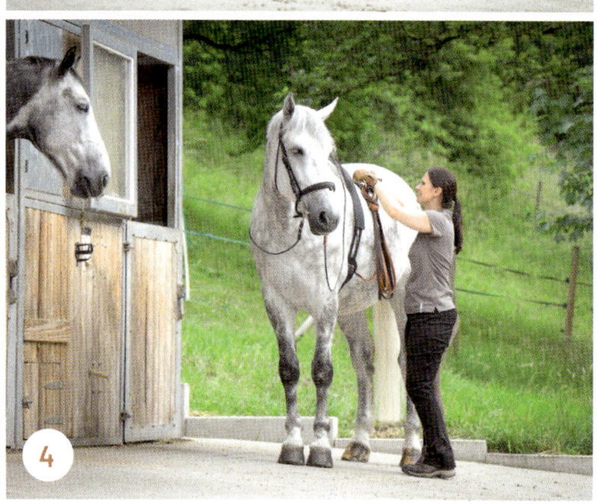

4

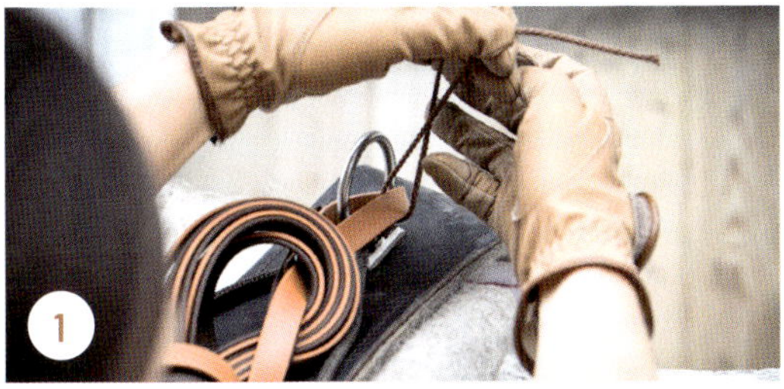

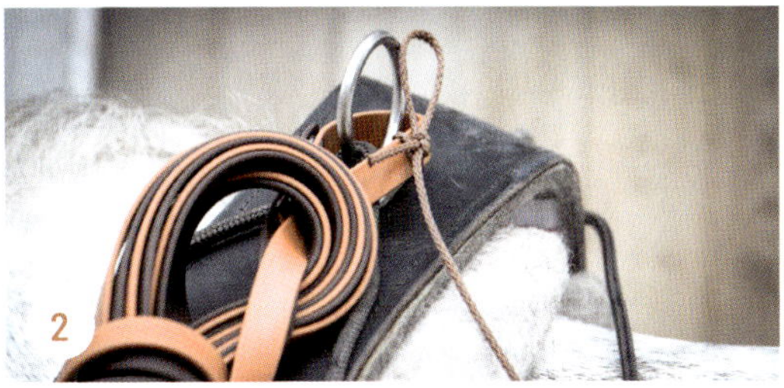

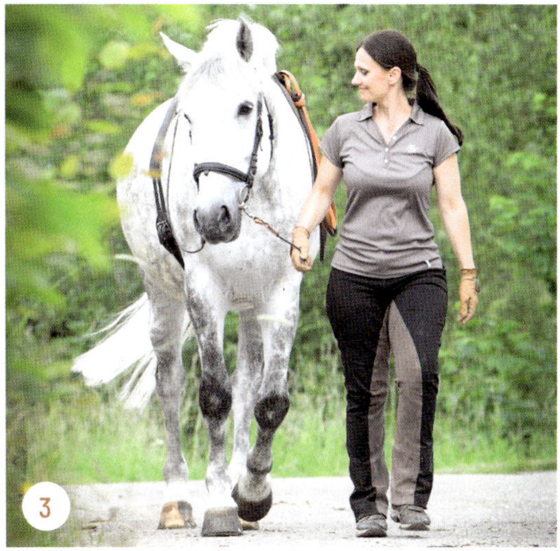

Sie so genau sehen, ob eine Longe verdreht ist. Sie sollten sie allerdings nur bei Pferden anwenden, die nicht erschrecken, wenn Sie sich mit der Longe am Putzplatz so weit von ihnen entfernen.

Auf zum Reitplatz!

Wenn Sie das Pferd am Putzplatz komplett vorbereitet haben, möchten Sie als Nächstes sicher zum Reitplatz gelangen. Die Doppellonge hängt aufgewickelt über dem linken Leinenauge, dort ist sie rutschsicher aufgehoben. Allerdings ist es auch bei einem ruhigen, erfahrenen Pferd möglich, dass es erschrickt oder sich z. B. aufgrund lästiger Fliegen schüttelt. Dabei könnte die Doppellonge herunterfallen, wodurch womöglich gefährliche Situationen für Mensch und Pferd entstehen. Aus diesem Grund sollten Sie am linken Leinenauge eine kleine Schnur befestigen, mit der Sie die Longe sicher festbinden können. Hierfür verwenden Sie einen Knoten, der mit Handschuhen leicht zu öffnen ist. Mit der befestigten Longe können Sie nun das Pferd sicher auf den Reitplatz oder in die Reithalle führen.

Antretenlassen auf dem Reitplatz

Auf dem Reitplatz oder in der Reithalle angekommen, führen Sie das Pferd in die Bahnmitte. Sie legen sich die linke Longe in die Armbeuge des linken Arms, um das Pferd notfalls kontrollieren zu können. Die Peitsche ist nach hinten gedreht unter den rechten Arm geklemmt. Sie öffnen die Sicherung an der Doppellonge und nehmen die Longe vom Leinenauge herunter (Bild 1 und 2). Danach öffnen Sie die Longe und greifen sie mit der rechten Hand (Bild 3 und 4). Anschließend nehmen Sie die linke Longe aus der linken Armbeuge und Ihre rechte Hand übergibt die Doppellonge an die linke Hand in Grundhaltung (Bild 5). Ihre rechte Hand kann bei Bedarf, beide Longen weiter vorn festhalten, damit das Pferd nicht unkontrolliert losstürmen kann (Bild 6). Sie geben dem Pferd mit Körper- und Stimmhilfen das Signal zum Antreten und lassen es an sich vorbeischreiten. Dabei lassen Sie beide Longen langsam durch Ihre rechte Hand gleiten, bis Sie beim Leinenmaß der linken Hand in Grundhaltung angekommen sind, sich in der gewünschten Longierposition befinden und mit der Doppellongenarbeit beginnen können (Bild 7 und 8).

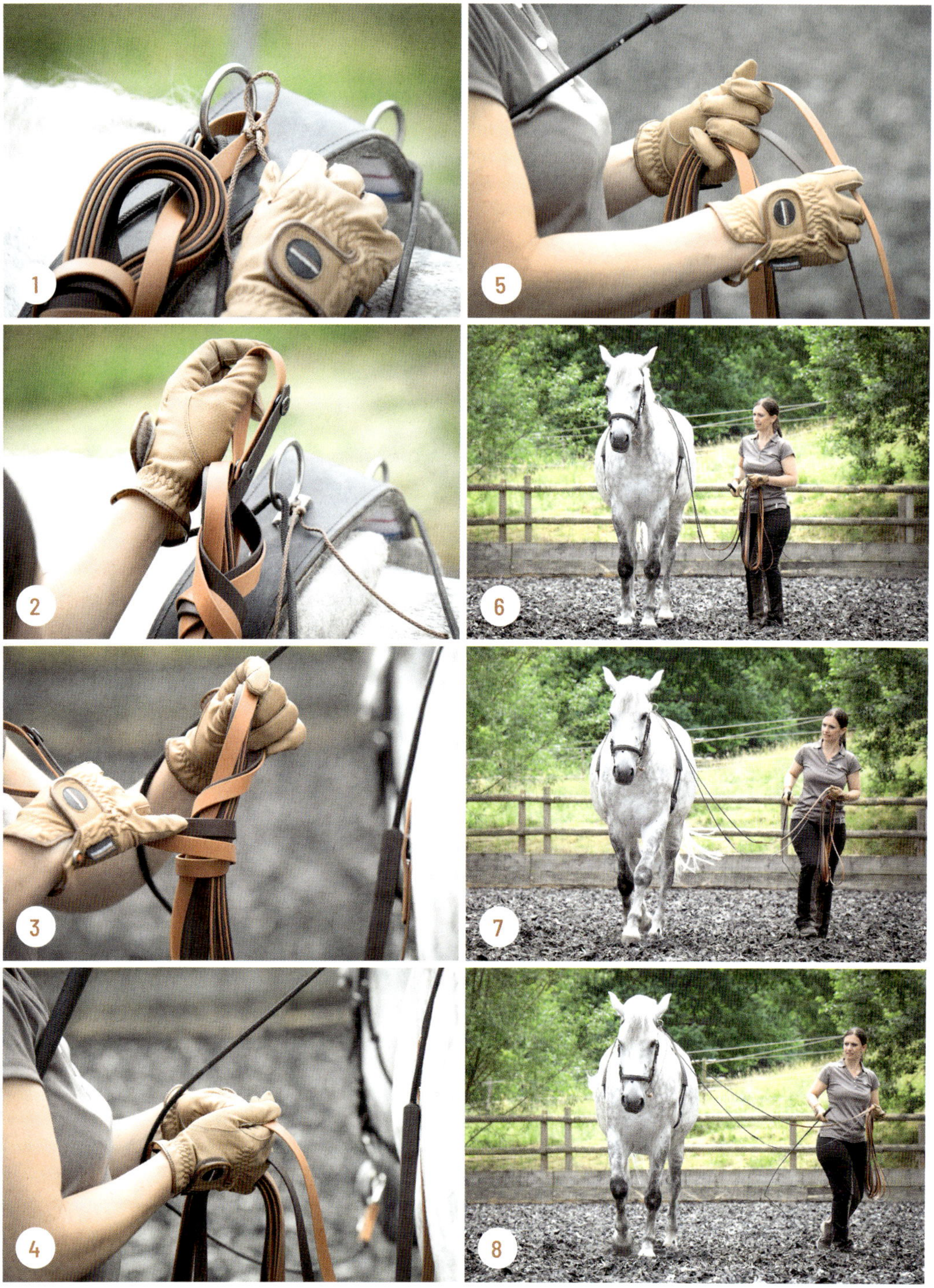
1
5
2
6
3
7
4
8

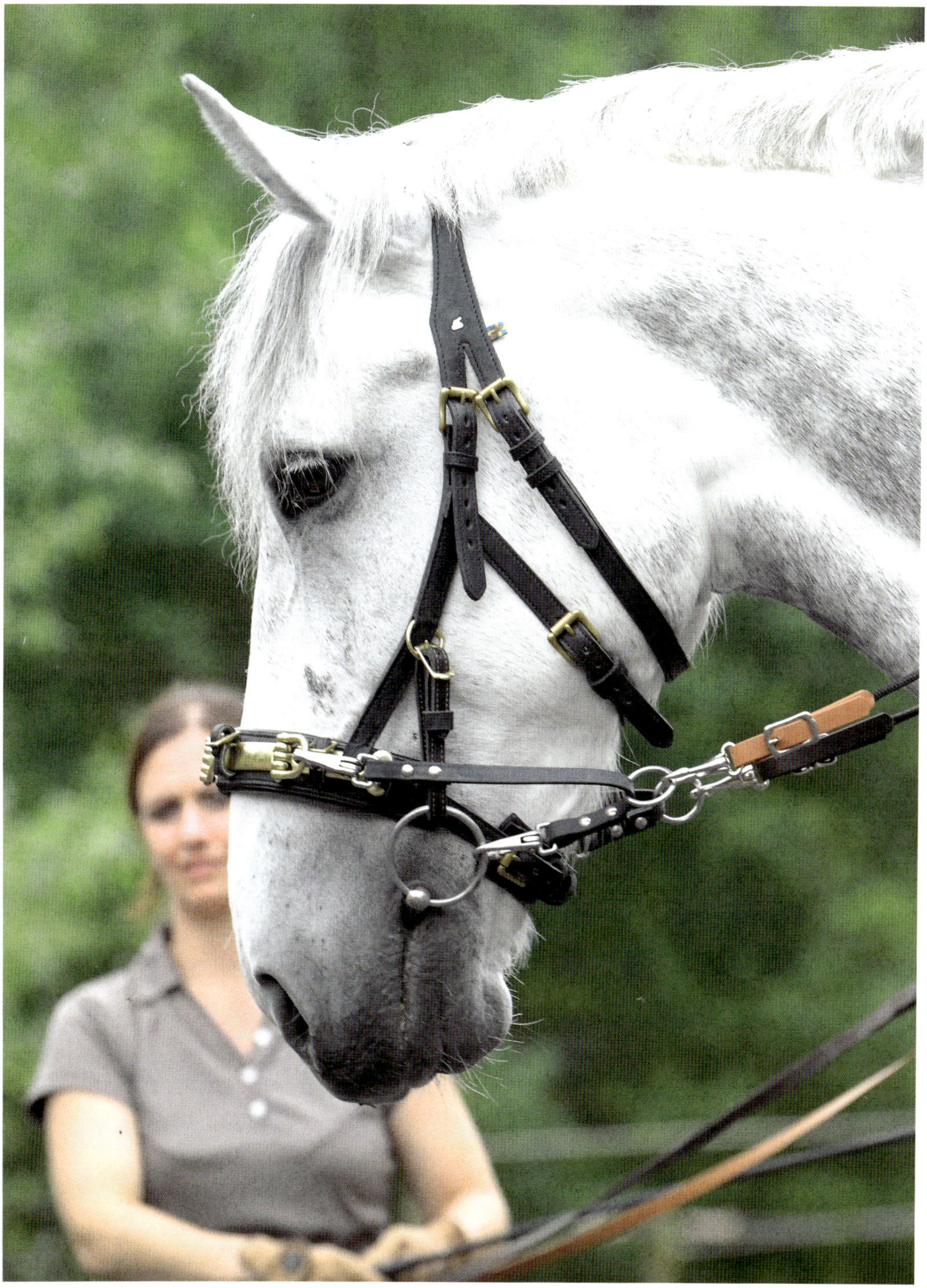

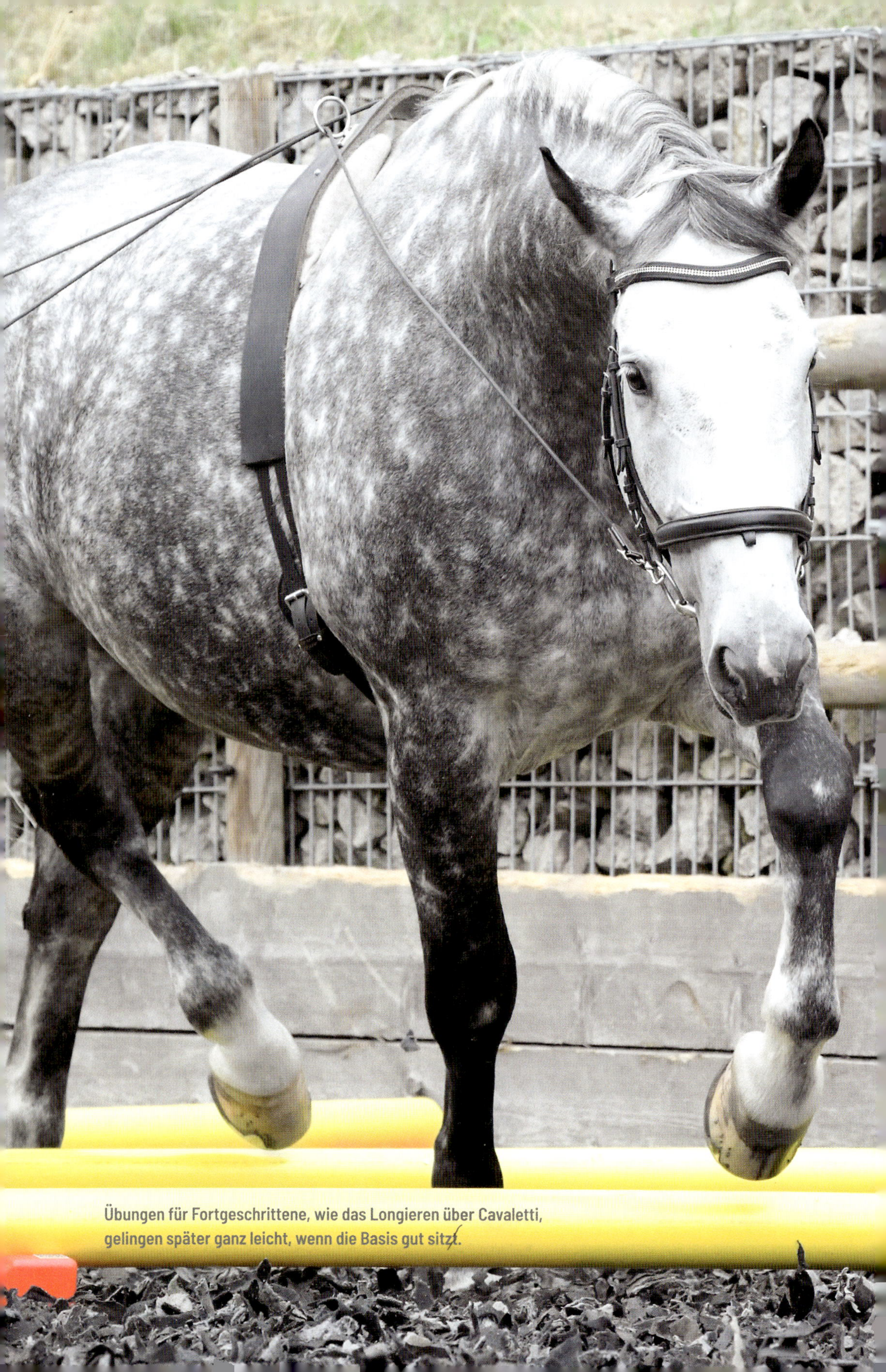

Übungen für Fortgeschrittene, wie das Longieren über Cavaletti, gelingen später ganz leicht, wenn die Basis gut sitzt.

Basisübungen an der Doppellonge

Nach dem Antretenlassen sollten Sie Ihr Pferd zehn, besser aber zwanzig Minuten im Schritt aufwärmen, falls Sie nicht schon vorher mit ihm einen Spaziergang, Führübungen, Handarbeit oder Ähnliches als Warm-up-Programm eingeplant hatten. Diese Zeit kann dafür genutzt werden, das Pferd im Schritt durch den Wechsel von geraden und gebogenen Linien, durch Tempounterschiede, Übergänge zum Halten und durch viele Handwechsel zu lösen. Alle Basisübungen, die hier im Folgenden vorgestellt werden, können jetzt bereits eingesetzt werden, passen aber auch in die Arbeits- und die Cool-down-Phase. In welcher Häufigkeit, Kombination und Intensität die einzelnen Übungen wie Übergänge und Handwechsel eingesetzt werden, muss für das individuelle Pferd, seine körperliche Verfassung und seinen Ausbildungs- und Trainingsstand entschieden werden. Die Basisübungen bilden, wie der Name schon sagt, die Basis und können ständig in ihrer Ausführung perfektioniert und um weitere Varianten, Kombinationen und zusätzliche Lektionen ergänzt werden.

Longieren auf gebogenen und geraden Linien im Wechsel

In der Natur bewegen sich Pferde selten auf stark gebogenen Linien. Daher fällt es ihnen zunächst schwer, sich auf eine für ihren Körper gesundheitsfördernde Weise, d. h. zu einer Seite gestellt und gebogen und mit annähernd senkrechter Brustbein-Widerrist-Achse in Balance, zu bewegen. Daher sollten Sie gebogene mit geraden Linien variieren. So kann das Pferd sich auf der geraden Linie kurz entspannen, wenn nötig, die verlorene Balance wiederfinden und es immer von Neuem beim Abwenden auf die gebogene Linie durch die Hilfen animiert werden, die gewünschte Haltung einzunehmen.

Auch aus mentaler Sicht ist Abwechslung zwischen gebogenen und geraden Linien sinnvoll, da das Pferd auf diese Weise lernt, dass es nicht ununterbrochen die anstrengende neue Haltung in Biegung einnehmen muss, sondern es sich zwischendurch immer wieder geradeaus bewegen darf. Je besser das Pferd die physiologische Haltung auf der gebogenen Linie halten kann, desto stärker kann man die Dauer und den Schwierigkeitsgrad erhöhen, etwa durch ein Verkleinern des Durchmessers eines Zirkels. Mit geringerem Abstand haben Sie hierbei einen besseren Einfluss auf die Körperhaltung des Pferdes. Berücksichtigen Sie daher bei der Wahl des Abstands zum Pferd immer dessen Ausbildungsstand und Verhalten.

Es gibt einige Möglichkeiten, gebogene und gerade Linien zu kombinieren. Man kann z. B. einen Zirkel longieren und diesen nach einer Runde immer wieder ein Stück auf der langen Seite verschieben.

An der kurzen Seite angekommen, kann der Zirkel einfach in die andere Richtung zurückverschoben werden. Das Gleiche ist auch mit Volten möglich, die z. B. in der Ecke und entlang der langen Seiten angelegt werden können. Eine weitere Möglichkeit ist das Longieren eines Ovals.

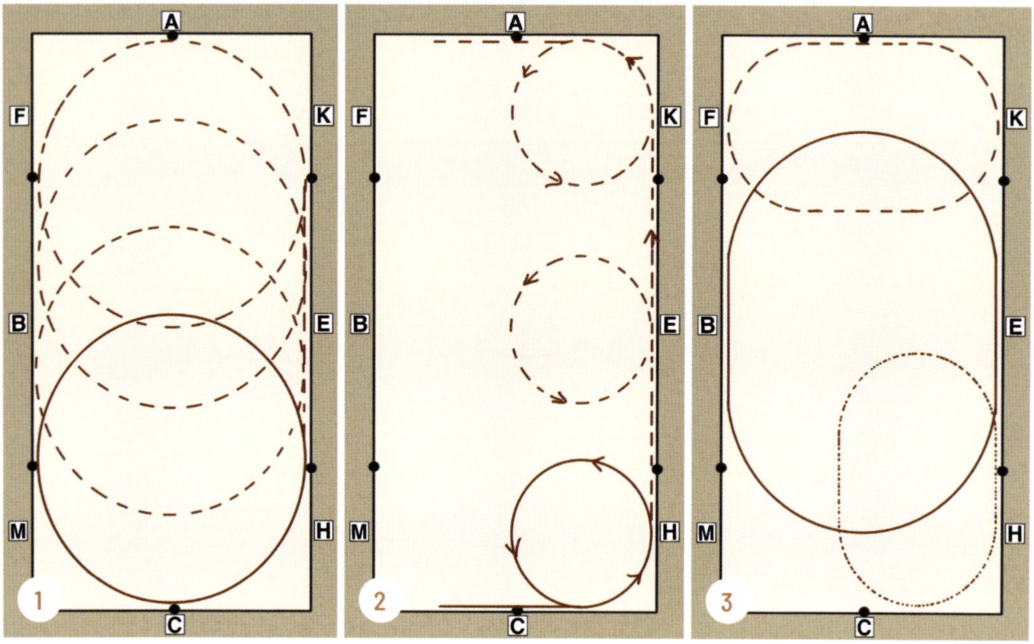

Bild 1: Zirkel durch die ganze Bahn verschieben
Bild 2: Volten entlang der ganzen Bahn
Bild 3: Verschiedene Versionen von Ovalen

Hilfen

- Grundsätzlich sind Hilfen für alle Varianten ähnlich, variieren nur im Laufweg und im Hinblick auf die Veränderung von Körperposition und Körperdrehung.
- Auf der Geraden: Schultern parallel zu Schultern vom Pferd im Arbeitsbereich zwei bis drei, die Longen werden in Grund- oder Gebrauchshaltung geführt.
- Zum Abwenden auf die gebogene Linie – zurückfallen lassen in Arbeitsbereich vier oder fünf, Schulter in die Wendung drehen, beides in Abhängigkeit von der Enge der Wendung, je enger, desto mehr die Schulter drehen und in Richtung Hinterhand gehen.
- Wenn Körperhilfe nicht reicht, dann stellende Zügelhilfe (Griff „links heran" auf linker Hand, Griff „rechts heran" auf rechter Hand).
- Laufweg hängt von Linienführung der gebogenen Linie und vom Abstand zum Pferd ab.
- Auf gebogener Linie, z. B. auf dem Zirkel, gehen Sie in Arbeitsbereich drei mit leicht gedrehter Schulter neben dem Pferd.
- Um geradeaus zu gehen – Schulter wieder parallel zum Pferd drehen, in Arbeitsbereich zwei bis drei positionieren, bis das Pferd auf die Gerade geht.
- Falls nötig, zusätzliche Zügelhilfe außen geben. Auf linker Hand Griff „rechts heran mit einer Hand", auf rechter Hand Griff „links heran mit einer Hand".

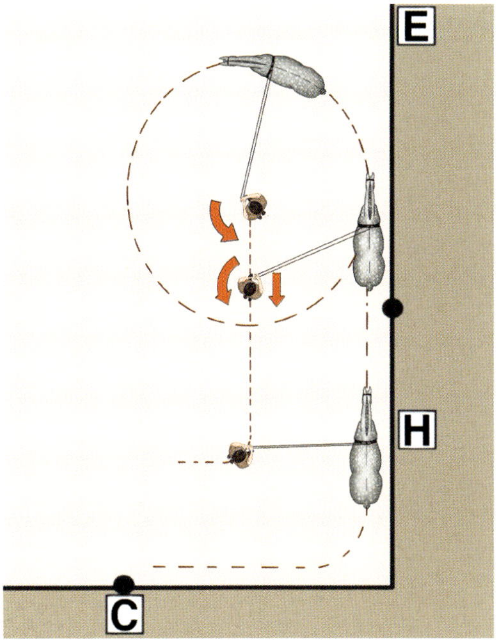

Das Einleiten einer Wendung, hier beispielhaft an der Volte gezeigt. Die Hilfen sind für alle Wendungen auf gebogenen Linien ähnlich.

Mögliche Probleme

Pferd kommt nach innen und fällt auf die innere Schulter

Mögliche Gründe:

- Schiefe des Pferdes, noch fehlende Balance, zu starke anstehende äußere Longe

Mögliche Lösungen:

- Körper in Richtung Schulter drehen, Körperenergie in diese Richtung senden
- Gleichzeitig stellende Zügelhilfe (Griff „links heran" oder „rechts heran"), während innerer Vorderfuß in vorderer Stützbeinphase und äußerer Vorderfuß in Hangbeinphase abhebt, äußere Longe gleichzeitig nachgeben.
- Viel Abwechslung zwischen gerader und gebogener Linie

Pferd weicht über die äußere Schulter aus

Mögliche Gründe:

- Schiefe des Pferdes, fehlende Balance, stark anstehende innere Longe

Mögliche Lösungen:

- Schulter vermehrt in die Wendung drehen, Körperposition vermehrt in Richtung Arbeitsbereich vier oder fünf.
- Pferd relativ gerade stellen, zusätzlich kleine Zügelhilfen an beiden Longen, während die Körperposition verändert wird, dadurch erhält das Pferd die Hilfe zum Wenden, ohne sich zu überbiegen.
- Häufiger Wechsel zwischen gerader und gebogener Linie und häufiger Handwechsel

Pferd zieht gegen die Doppellonge, läuft geradeaus weiter und wird eng im Hals

Mögliche Gründe:

- Mensch zu weit hinter dem Pferd, dadurch wirkt die Körperenergie treibend auf das Pferd.
- Verbindung der Longen zu starr, Pferd reagiert mit Gegendruck, zieht Longenführer hinter sich her, dadurch wird das Problem verstärkt.
- Pferd hat evtl. stellende Zügelhilfe nicht verstanden, wird bei direkter Verschnallung eng im Hals, es entsteht ebenfalls Gegendruck.
- In seltenen Fällen Strategie des Pferdes, um erhöhte Anforderung zu umgehen.

Mögliche Lösungen:
- Schulter stark in die Wendung drehen, Körperposition sollte in Arbeitsbereich vier bis fünf sein, aber mit gedrehter Schulter nicht auf das Pferd gerichtet.
- Longe darf nicht starr gegen den Zug des Pferdes halten, nicht einfach wegen Dynamik, deshalb mit stellenden Zügelhilfen (Griff „links heran", „rechts heran") arbeiten, während man die Schulter dreht; sobald Pferd andeutet zu wenden, sofort nachgeben.
- Variante der V-Verschnallung kann helfen oder bei direkter Verschnallung viele Handwechsel oder Slalom im Schritt.

Pferd wickelt sich in die Doppellonge ein

Mögliche Gründe:
- Zu lockere Verbindung mit den Longen – Pferd weiß nicht, was es tun soll.
- Körperposition zu stark frontal auf die Hinterhand gerichtet, wodurch diese wendet.
- Zu starker, starrer Zug an innerer Longe
- Überforderung des Pferdes
- Negative Konditionierung dadurch, dass Anforderung an das Pferd kurzfristig aufhört, wenn es sich eindreht.

Mögliche Lösungen:
- Mögliche Panikreaktion des Pferdes – deshalb Ruhe bewahren und Pferd beruhigen.
- Sobald das Pferd dazu ansetzt, sich einzudrehen, greifen Sie sofort mit der rechten Hand in die äußere Longe und geben an dieser eine Zügelhilfe, gleichzeitig senden Sie Körperenergie in Richtung Vorhand; hier kann eine zweifarbige Longe hilfreich sein.
- Bei Pferden, die dieses Verhalten als Meideverhalten zeigen, sollten Sie sofort auf kleinste Anzeichen reagieren.

Verbindung der Longe bleibt nicht konstant

Mögliche Gründe:
- Pferd fällt auf die innere Schulter und drängt dadurch in die Mitte.
- Widersprüchliche Hilfengebung

Mögliche Lösungen:
- Tipps von „Pferd fällt auf die innere Schulter" (siehe Seite 147) anwenden.
- Abstimmung der Hilfen überprüfen, Pferd mit Körpersprache auf der Linie halten.
- Überlegen Sie genau, welche Linienführung Sie longieren möchten, und setzen Sie diese konsequent um.
- Verwenden Sie visuelle Bodenreize wie Gassen und Pylonen.

Pferd bewegt sich nicht in korrekter Anlehnung

Mögliche Gründe:
- Wie beim Reiten sind hier viele Gründe möglich, z. B. fehlende Losgelassenheit, fehlende Balance, falsches Timing der Hilfen
- Auch die Verschnallung kann ein Grund sein, z. B. wenn das Pferd zu eng wird.
- Oder eine fehlende Verbindung, wenn das Pferd deutlich über dem Zügel geht.
- Oder wenn es gegen den Zügel geht. Dann ist ggf. neben einer fehlerhaften Verschnallung fehlendes Verständnis des Pferdes für Zügelhilfen oder eine zu harte, starre Verbindung der Longen ursächlich.

Mögliche Lösungen:
- Hilfengebung überprüfen – Verbindung zu starr oder zu locker? Körperposition und -drehung richtig? Longen zu tief verschnallt?
- Pferd zu eng – deutlich auf Nachgeben achten und Körpersprache einsetzen, Variante der V-Verschnallung kann hilf-

reich sein, die normale V-Verschnallung oder zu tiefes Verschnallen sind unbedingt zu vermeiden.
- Pferd geht über dem Zügel – Verbindung überprüfen, mit Wechseln von gebogener und gerader Linie weitermachen und mit treibenden Hilfen und annehmenden Zügelhilfen unterstützen (siehe „Zügelhilfen", Seite 93), dadurch verbessert sich die Situation häufig. Wenn nicht, vorbereitende Übungen wie Abkauübungen und Führen in Stellung einbauen.
- Pferd geht gegen die Hand – mit Impulsen und Zügelhilfen arbeiten, nicht starr dagegenhalten, viel über Körpersprache regeln, um Hand weicher einsetzen zu können.

Pferd ist nicht motiviert oder rennt zu sehr

Mögliche Gründe:
- In beiden Fällen evtl. fehlende Balance – je nach Typ wählt Pferd andere Strategie.
- Ebenfalls Typfrage, ob Pferd grundsätzlich eher flott oder gemütlich ist.
- Bei unmotiviertem Pferd kann es sein, dass die Verbindung der Longen zu starr ist oder der Longenführer mit bremsender Körpersprache auf das Pferd einwirkt.
- Bei rennendem Pferd kann es sein, dass sich der Longenführer ständig im treibenden Bereich befindet, eine zu hohe Körperenergie aussendet oder aus Versehen mit der Peitsche wedelt.

Mögliche Lösungen:
- Hilfengebung und Zeitpunkt der treibenden Hilfen bzw. der Zügelhilfen überprüfen.
- Hilfen nicht inflationär einsetzen (z. B. Dauertreiben) – an nichtassoziatives Lernen in Form von Sensibilisierung und Habituation denken. Die Reaktion sollte innerhalb von drei bis fünf Sekunden erfolgen, um das Pferd auf treibende Hilfen und Zügelhilfen zu sensibilisieren.

Pferd fällt auf die Vorhand

Mögliche Gründe:
- Fehlende horizontale Balance, zu hohes Tempo, Trageschwäche, für den Moment zu tiefe Kopf-Hals-Haltung

Mögliche Lösungen:
- Ruhiges Tempo longieren
- Nicht mit starrer Hand nach oben ziehen, Tempounterschiede und Übergänge können die Kopf-Hals-Haltung positiv beeinflussen sowie ein Wechsel aus weichen annehmenden und nachgebenden Zügelhilfen im richtigen Moment (siehe S. 93), sodass der Pferdekopf nicht zu tief eingestellt ist.
- Viele Übergänge, Vorhandwendungen, Rückwärtsrichten, Tempounterschiede
- Abwechseln zwischen der geraden und gebogenen Linie wird mit der Zeit Verbesserung bringen.

Das Pferd erschrickt, buckelt oder geht durch

Mögliche Gründe:
- Neben den üblichen Umweltreizen können Geräusche der Biothane-Longe oder eine wedelnde Peitsche dafür verantwortlich sein.
- Aus dem Erschrecken kann Buckeln oder Durchgehen werden.
- Durchgehen kann auch erlernt sein und dann dazu führen, dass sich das Pferd darüber entzieht.
- Es kann auch Ausdruck von Überforderung oder Schmerzen sein.

Mögliche Lösungen:

- Geräusch der Longe entsteht, wenn Verbindung der Longe zu starr ist – überprüfen, ob genügend nachgegeben wird, um Verbindung lockerer zu bekommen.
- Bei starker Reaktion auf Peitsche – Peitsche vorübergehend nach hinten drehen oder kürzere Peitsche benutzen, Peitschenführung überprüfen.
- Bei Buckeln geplante Linienführung weiter longieren, oft erledigt sich das Problem dadurch.
- Durchgehen – Ruhe bewahren, Pferd wieder einsammeln, beim nächsten Versuch auf Vorzeichen achten und mit Körperdrehung und Paraden entgegenwirken.
- Aspekt der Überforderung bzw. des Schmerzes sehr gut reflektieren und gegebenenfalls Schritt zurück.
- Sollte dies eine erlernte Unart sein, kann die V-Verschnallung mit Rückführung zum Gurt vorübergehend aufgrund von Hebel und Umlenkung helfen.

Übergänge zwischen verschiedenen Gangarten

Wichtig für gut longierte Übergänge innerhalb einer Gangart und zwischen zwei Gangarten ist es, wie beim Reiten auch, dass Takt und Losgelassenheit an erster Stelle stehen und nicht in den Übergängen verloren gehen.

Bei einem gut longierten Wechsel in eine niedrigere Gangart soll der Körperschwerpunkt nach hinten verlagert werden, wodurch Last von der Vorhand genommen und die Hankenbeugung gefördert wird. So ausgeführt wirkt der Übergang zur niedrigeren Gangart also versammelnd. Der Wechsel in eine höhere Gangart soll die Schubkraft fördern und positive Spannung ins Pferd bringen.

Da das sehr viele anspruchsvolle Anforderungen sind, zähle ich Übergänge zu den fortgeschrittenen Übungen. Jetzt fragen Sie sich sicher, warum ich sie an dieser Stelle trotzdem erwähne.

Ganz einfach: Auch der Doppellongen-Einsteiger ist schon in den Basisübungen mit Übergängen konfrontiert, wenn er z. B. einfach die Gangart wechseln möchte oder das Pferd bitten möchte anzuhalten. Daher ist es wichtig, ein Verständnis für die richtigen Hilfen zu entwickeln, um so Übergänge mit steigendem Ausbildungsstand immer häufiger und schließlich auch als Trainingselement mit häufiger Wiederholung einsetzen zu können.

Hilfen

- Für den Übergang zur höheren Gangart Körperposition in Arbeitsbereich vier verschieben, Körperspannung erhöhen, evtl. gleichzeitig Stimmhilfe oder bei Bedarf Peitschenhilfe durch Anheben oder Berühren. (Bitte nicht mit lauten oder ruckartigen Hilfen arbeiten und damit das Pferd regelrecht „überfallen".)
- Beginnen Sie immer mit der feinstmöglichen Hilfe und steigern Sie diese, bis eine Reaktion erfolgt (nächsthöhere Stufe der Steigerung immer innerhalb drei bis fünf Sekunden bei nicht erfolgter Reaktion, da sonst keine Sensibilisierung, sondern Gewöhnung stattfindet).
- Erwarten Sie zu Beginn nicht gleich die vollendete Form des Übergangs von einer Gangart zur nächsten. Bestärken Sie stattdessen schon kleine Reaktionen, wie ein Erhöhen des Tempos innerhalb der Gangart, durch die Reduktion von Druck oder durch Lob. Wenn Sie die Übung gut aufgebaut haben und Ihr Timing korrekt ist, wird der Übergang in die nächste Gangart nach und nach immer besser funktionieren.

- Für den Übergang in eine niedrigere Gangart bereiten Sie das Pferd und sich selbst gut vor, indem Sie eine klare Entscheidung treffen, an welcher Stelle der Übergang stattfinden soll, und dann planvoll frühzeitig beginnen, Ihre Körperspannung herunterzufahren. (Auch hier „überfallen" Sie das Pferd bitte nicht mit einer plötzlichen ruckenden, ziehenden oder durchhaltenden Zügelhilfe – das würde Gegendruck oder einen abrupten Stopp erzeugen.)
- Geben Sie mehrere annehmende Zügelhilfen auf die vordere Stützbeinpase der Hinterbeine und vergessen Sie nicht, dazwischen den Zügel nachzugeben.
- Die Intensität kann auch hier gesteigert werden, bis der Übergang gelungen ist.
- Bestärken Sie auch hier schon kleine Reaktionen auf Ihre Körpersignale oder die Zügelhilfen innerhalb der Gangart und leiten Sie erst dann einen Übergang in die niedrigere Gangart ein.

Mögliche Probleme beim Wechsel in die höhere Gangart

Das Pferd wird in der alten Gangart nur schneller, wechselt nicht oder stolpert nur sehr verzögert in die neue Gangart

Mögliche Gründe:

- Angst des Pferdes vor Balanceverlust beim Wechsel in die nächsthöhere Gangart, z. B. vom Trab zum Galopp.
- Das Pferd ist durch dauerhaftes Treiben an ständige Einwirkung gewöhnt und deshalb abgestumpft.
- Der Longenführer erhöht seine Körperspannung nicht ausreichend und gibt die Hilfen nicht klar genug.

Mögliche Lösungen:

- Timing und Klarheit der Hilfen überprüfen.
- Körperenergie schneller hochfahren, gegebenenfalls mit Stimm- und Peitschenhilfe unterstützen; nach Reaktion den Druck sofort herunterfahren und loben.

Pferd stürmt beim Übergang davon

Mögliche Gründe:

- Hilfen zu stark oder zu überraschend

Mögliche Lösungen:

- Übergang besser vorbereiten, Körperspannung langsam hochfahren.
- Immer daran denken, die feinstmögliche Hilfe anzubieten.

Das Pferd geht im Übergang nach oben gegen den Zügel

Mögliche Probleme:

- Dem Pferd fehlt Kraft im Rumpf-Trage-Apparat, um mit positivem Spannungsbogen in die nächste Gangart zu wechseln. Deshalb holt es Schwung mit dem Hals.

Mögliche Lösungen:

- Übergang vorsichtig in ruhigem Tempo und ohne Hektik angehen.
- Dieser Zustand wird sich mit steigender Muskelkraft des Rumpf-Trage-Apparats verbessern.
- Über Wechsel zwischen gebogenen und geraden Linien kann die Muskulatur gestärkt werden.
- Kurzes Antraben in langsamem Tempo für ein paar Tritte kann dem Pferd andere Impulse für den Übergang geben.

Mögliche Probleme beim Übergang in die niedrigere Gangart

Pferd stützt sich auf der Hand ab, wird eng im Hals und fällt auf die Vorhand

Mögliche Gründe:
- Fehlende Balance
- Fehlendes Verständnis für die Hilfen seitens des Pferdes
- Zu starke, durchhaltende Zügelhilfe

Mögliche Lösungen:
- Übergang besser vorbereiten
- Zügelhilfe impulsartig geben, nicht dauerhaft dagegenhalten oder ziehen
- Timing der annehmenden Zügelhilfe in der vorderen Stützbeinphase der Hinterbeine beachten
- Nachgebende Zügelhilfe nicht vergessen, nur mit gegenhaltender Hand kann sich das Pferd abstützen.

Das Pferd wird eng im Hals und bewegt sich trotzdem weiter oder beschleunigt sogar

Mögliche Gründe:
- Die Gründe hierfür können dem vorangegangenen Problem stark ähneln. Das Pferd wählt hier eine stärkere Gegenreaktion.

Mögliche Lösungen:
- Ähnliche Lösung wie beim „Auf-der-Hand-Abstützen"
- Widersprüchliche Hilfen vermeiden

Handwechsel

Die Übung, die bei vielen Pferd-Mensch-Paaren, die die Doppellongenarbeit ausprobieren, erst einmal für Stress und deutlichen Longensalat in den Händen des Longenführers führt, ist der Handwechsel. Er wird deshalb oft vermieden oder nur vereinzelt zwischen langen Reprisen auf einer Hand angewendet. Dabei kann man gerade durch Handwechsel an der Doppellonge dem Pferd ein äußerst abwechslungsreiches Training bieten. Handwechsel kommen bei sehr vielen Hufschlagfiguren zum Einsatz. Die gängigste Variante ist der Wechsel aus dem Zirkel. Doch auch Wechsel durch den Zirkel, Schlangenlinien, sämtliche Wechsel durch die Bahn oder aus der Ecke kehrt sowie Slalom durch Pylonen sind mit der Doppellonge möglich.

Hilfen

- Die nötigen Handgriffe und Körperdrehungen habe ich in den Grundzügen bereits im Kapitel „Handgriffe" (Seite 123) erklärt. Sie unterscheiden sich je nach Laufweg, Zeitpunkt und Intensität der Körperdrehung und werden abhängig von der Linienführung der Hufschlagfigur und dem Abstand zum Pferd gewählt.
- Beim Wechsel aus dem Zirkel gleicht der Laufweg bei kurzem Abstand zum Pferd einer Schlangenlinie parallel zur Hufspur des Pferdes. Je größer der Abstand zum Pferd, desto flacher die Schlangenlinie. Longieren Sie vom Zirkelmittelpunkt aus, ist der Laufweg eine Gerade zwischen den zwei Zirkelpunkten. Beim Wechsel durch den Zirkel laufen Sie bei kurzem Abstand geradeaus durch den Zirkel. Bei großem Abstand laufen Sie von der Zirkelmitte aus eine Schlaufe in Richtung Bande, danach wieder in Richtung Zirkelmitte.

Mögliche Probleme:

Pferd wirft sich von einer zur anderen Richtung im Handwechsel

Mögliche Gründe:

- Die Ausführung der Handgriffe erfolgt zu ruckartig.
- Die neue äußere Longe wird zu schnell „weggeschmissen" oder die neue innere Longe zu ruppig angenommen.
- Der Longenführer wechselt nicht schnell genug hinter dem Pferd, wodurch seine Hand während des Wechsels stark einwirkt.

Mögliche Lösungen:

- Sie sollten versuchen, den Laufweg sinnvoll anzulegen, und zügig, aber ohne Hektik hinter das Pferd gehen.
- Nachdem Sie den Wechsel eingeleitet haben, sollten Sie nicht stehen bleiben, sondern zügig hinter dem Pferd die Seite wechseln, damit Sie sich auf der neuen Hand wieder auf einer Höhe mit ihm befinden und es nicht herumreißen.
- Beim Wechsel von links nach rechts geben Sie die linke Longe nicht zu abrupt nach und legen Sie die Schlaufe auf der rechten Longe nicht zu schnell. Ihre linke Hand darf nur so weit nachgeben, wie das Pferd wenden soll. Ihre rechte Hand darf nur so viel annehmen, wie die linke Hand nachgibt.
- Während des Wechsels von rechts nach links achten Sie darauf, die Schlaufe der rechten Longe nicht zu schnell durchgleiten zu lassen, sondern nur so schnell, wie das Pferd wenden soll. Ihre linke Hand dreht nur so viel ein, wie die rechte Hand die Longe durchgleiten lässt.
- Bei zu schneller Drehung können Sie mit beiden Händen noch mal gegenwirken, indem Sie die linke Hand drehen oder die Schlaufe auf der rechten Longe annehmen oder nachgeben.

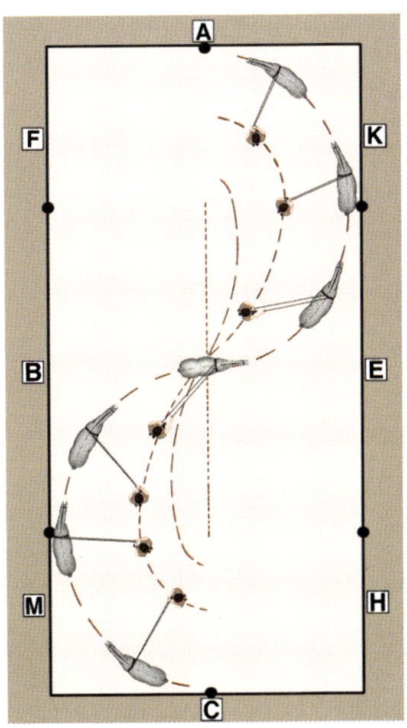

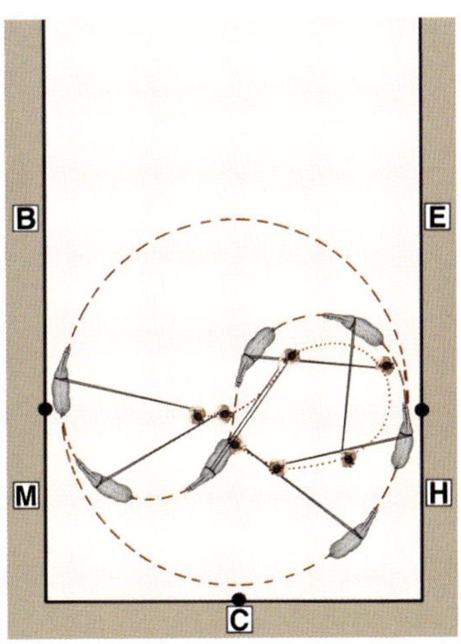

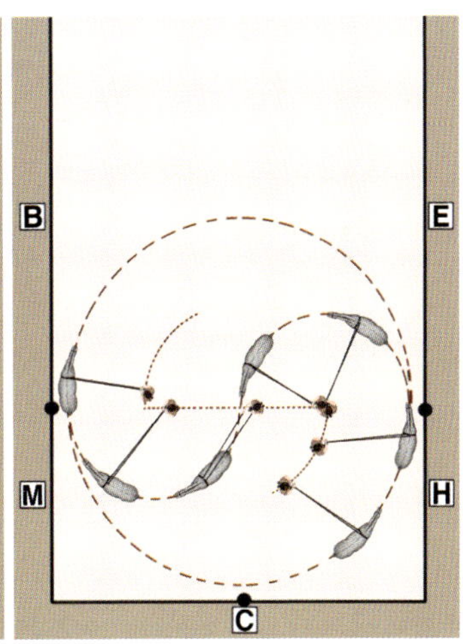

Anhand der Skizzen sehen Sie, wie sich der Laufweg je nach Abstand zum Pferd verändert. Körperdrehung und Veränderung der Position werden stärker eingesetzt, je enger die jeweilige Linienführung der Wendung des Pferdes verlaufen soll.

Pferd rennt beim Handwechsel davon

Mögliche Probleme:
- Der Longenführer bewegt sich zu langsam hinter das Pferd, dadurch starker Zug auf den Longen, das Pferd reagiert mit Gegendruck und rennt los.
- Der Longenführer geht zu schnell und mit zu viel Körperenergie hinter das Pferd.
- Die Longen rutschen versehentlich durch. Dadurch dreht das Pferd nicht und zieht den Longenführer hinter sich her.
- Der Longenführer verliert vollständig die Verbindung zum Pferd, wodurch das Pferd unsicher wird.

Mögliche Lösungen:
- Die Lösungen für dieses Problem entsprechen denen des zuvor genannten Problems.
- Überprüfen Sie den Laufweg und die Handgriffe.
- Lassen Sie die Longen nicht ungewollt durch die Hände gleiten und achten Sie darauf, die Verbindung nicht zu verlieren.

Pferd dreht beim Handwechsel nach innen und nicht nach außen

Mögliche Gründe:
- Dieses Problem entsteht vor allem bei Pferden, die den Wechsel gerade lernen.
- Das Pferd möchte den Menschen nicht aus den Augen lassen, wenn dieser hinter dem Pferd wechselt – das gleiche Phänomen wird beim Einleiten von Volten positiv genutzt, wodurch die Pferde die Hilfe vielleicht missverstehen.

Mögliche Lösungen:
- Betrachten Sie Ihre Körpersprache differenziert, ziehen Sie auf keinen Fall stärker an den Longen.
- Arbeiten Sie den körpersprachlichen Unterschied beim Weg in Arbeitsbereich vier oder fünf zwischen Einleiten der Volte (Schulter in die Wendung vom Pferd wegdrehen) und dem Handwechsel (Körpervorderseite auf das Pferd zudrehen) genauer heraus.
- Dreht das Pferd nach innen, ohne dass Sie dies beabsichtigen, drehen Sie Ihre Körpervorderseite mit viel Körperenergie sehr deutlich auf das Pferd zu. Wenn nötig, unterstützen Sie Ihre Energie durch Anheben der Peitsche bis hin zur Berührung.
- Sobald das Pferd sich etwas nach außen dreht, senken Sie den Druck und fahren mit dem Handwechsel fort.
- Wechseln Sie Volten und Handwechsel häufiger ab, um den Unterschied in der Körpersprache zu vermitteln.

Pferd bewegt sich beim Handwechsel seitwärts

Mögliche Probleme:
- zeigen vor allem solche Pferde, die Schenkelweichen oder Seitengänge an der Doppellonge beherrschen, sowie sehr feine Pferde.
- Der Longenführer führt den Wechsel hinter dem Pferd zu langsam aus; die Körperenergie bleibt zu lange seitlich auf das Pferd gerichtet und schiebt es dadurch zur Seite weg.

Mögliche Lösungen:
- Wechseln Sie zügig hinter dem Pferd und senden Sie dabei nicht zu viel Körperenergie.
- Überprüfen Sie Ihr Timing von Handgriffen und zügigem Wechsel.

Pferd läuft über die Schulter weg

Mögliche Gründe:

- Möglicherweise tritt dies vor oder nach dem Wechsel auf, z. B. nach dem Wechsel, wenn der Longenführer seinen Körper noch nicht in die neue Wendung gedreht hat. Weil das Pferd nicht wendet, wird innen gezogen und außen zu viel nachgegeben.
- Schiefe des Pferdes
- Widersprüchliche Hilfengebung, z. B. dreht der Longenführer vor dem Wechsel seinen Körper in Richtung Pferd, aber mit der zuvor inneren Longe hält er zu lange fest und die zuvor äußere Longe hängt durch.

Mögliche Lösungen:

- Achten Sie genau auf die Drehung Ihrer Schultern.
- Vor dem Wechsel: Drehen Sie Ihre eigene Schulter später; achten Sie auf eine gute Verbindung an der zuvor äußeren Longe.
- Nach dem Wechsel: Drehen Sie Ihre innere Schulter schneller in die Wendung; achten Sie auf Verbindung an der neuen äußeren Longe; bewegen Sie sich bei Bedarf mit gedrehter innerer Schulter in Arbeitsbereich vier oder fünf, um das Pferd zu wenden.

Die Longe wird vom Schweif eingeklemmt

Mögliche Gründe:

- Tritt eher bei der Verschnallung der äußeren Longe um die Hinterhand auf, bei direkter Verschnallung über den Rücken selten.
- Auch bei Verschnallung über den Rücken möglich, wenn der Longenführer im Moment des Wechsels die Hände nicht hochnimmt.
- Das Pferd fängt die Longe an Tagen mit hohem Insektendruck ein, wenn es mit dem Schweif schlägt.

Mögliche Lösungen:

- Da dies deutliche Abwehrreaktion hervorrufen kann, wie Buckeln oder Durchgehen, ist das oberste Gebot, Ruhe zu bewahren. Versuchen Sie, die äußere Longe zu lockern und mit der inneren Longe das Pferd abzuwenden.
- Wenden Sie zur Beruhigung Ihre Stimme an, und geben Sie die Stimmhilfe zum Durchparieren. Im Stand holen Sie dann die Longe unter dem Schweif heraus.

Slalom

Eine weitere Übung, die in korrekter Ausführung mit der richtigen Stellung und Biegung eigentlich schon zu den fortgeschrittenen Übungen zählen könnte, ist der Slalom. Er kann aus der Longierposition sowie aus der Position hinter dem Pferd ausgeführt werden. Ich setze den Slalom allerdings auch gern schon im Schritt bei Doppellongen-Anfängern ein, da der Lernende dabei sehr viel über Abstimmung, Timing und Ausführung der Hilfengebung lernen kann.

Es empfiehlt sich, für diese Übung visuelle Bodenreize in Form von Markierungs-Ufos oder Pylonen zu Hilfe zu nehmen, um die Linienführung leichter einhalten zu können und dem Pferd eine optische Unterstützung zu bieten. Sie können diese Bodenreize idealerweise auf der Viertellinie der Reitbahn aufbauen, um sie sowohl aus der Longierposition als auch aus der Position hinter dem Pferd mit genügend Platz nutzen zu können.

Hilfen bei der Position hinter dem Pferd:

- Von der linken Hand in den Slalom: Wenden Sie in Longierposition ab, als würden Sie eine Volte longieren, und umrunden Sie den ersten Pylonen.

- Danach setzen Sie zum Handwechsel (nach rechts) an, führen diesen aber nur bis zu dem Punkt aus, an dem Sie hinter das Pferd treten.
- Dann bewegen Sie sich geradeaus auf der Mittellinie des Slaloms weiter und lassen das Pferd vor sich wechseln. Für eine Biegung nach rechts kippen Sie die linke Hand nach vorwärts-abwärts, und mit der rechten Hand nehmen Sie die Schlaufe an. Für die Biegung nach links führen Sie die rechte Hand mit der Schlaufe nach vorn und drehen die linke Hand bei Bedarf rückwärts-aufwärts, bis die Longe über dem Handrücken verläuft.
- Gehen Sie aus dem Slalom heraus auf die linke Hand – Sie lassen die Schlaufe durch die rechte Hand gleiten und begeben sich auf die linke Seite des Pferdes.
- Gehen Sie aus dem Slalom heraus auf die rechte Hand, legen Sie die Schlaufe zwischen Mittelfinger und Ringfinger der linken Hand und begeben sich auf die rechte Seite des Pferdes.
- Wenn Sie von der rechten Hand den Slalom beginnen, führen Sie zunächst in Longierposition um den ersten Pylonen, dann erfolgt ein Handwechsel nach links, den Sie bis zur Hälfte ausführen, anschließend gehen Sie geradeaus und lassen das Pferd vor sich wechseln. Schließlich lassen Sie die Schlaufe durchgleiten, um auf die linke Hand zu gehen, oder legen die Schlaufe, um auf die rechte Hand zu gehen.

Hilfen in Longierposition:

- Longieren Sie auf der linken Hand in Form einer Volte um den ersten Pylonen.
- Sobald das Pferd die Mittellinie überschritten hat, begeben Sie sich in Arbeitsbereich zwei, drehen den Körper nach rechts und senden Ihre Körperenergie frontal auf die Schulter des Pferdes, um dieses nach außen wenden zu lassen. Den Griff „rechts heran" können Sie hierbei unterstützend einsetzen.
- Sobald das Pferd die Mittellinie wieder überschritten hat, gehen Sie wieder in Arbeitsbereich vier und drehen die Schulter in die Wendung nach links.
- Auf der rechten Hand longieren Sie ebenfalls um den ersten Pylonen wie bei einer Volte.

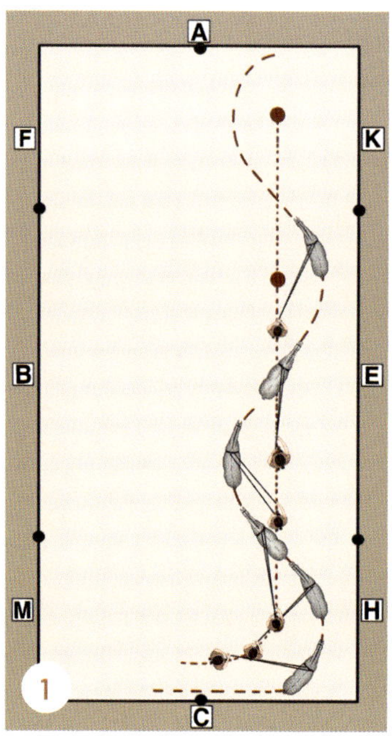

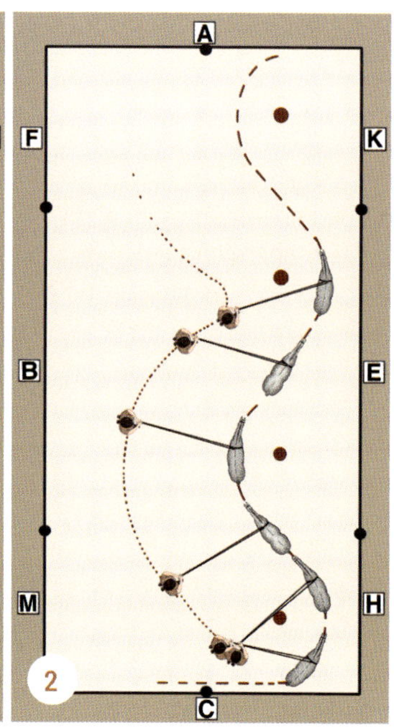

Bild 1: **In der Position hinter dem Pferd führt der Laufweg geradeaus an der Mittellinie entlang.**

Bild 2: **In der Longierposition ist der Laufweg des Longenführers ebenfalls slalomartig.**

- Nach Überqueren der Mittellinie gehen Sie in Arbeitsbereich zwei, senden Ihre Körperenergie frontal auf die Schulter des Pferdes und nutzen bei Bedarf den Griff „links heran".
- Beim nächsten Überqueren der Mittellinie gehen Sie wieder in Arbeitsbereich vier und drehen Ihre Schulter nach rechts in die Wendung.

Mögliche Probleme

Position hinter dem Pferd

- Es können ähnliche Probleme auftreten wie beim Handwechsel. Diese sind genauso zu lösen, dabei sollten Sie aber auf einen geraden Laufweg entlang der Mittellinie des Slaloms achten.

Pferd lässt sich in Longierposition nach innen wenden, aber nicht wieder nach außen schicken

Mögliche Gründe:
- Die Schulterkontrolle nach außen ist nicht richtig etabliert.
- Der Longenführer ist nicht schnell genug in Arbeitsbereich zwei gewechselt.
- Zu wenig Intensität beim Senden der Körperenergie in Richtung Vorhand.

Mögliche Lösungen:
- Führen Sie die Körperhilfe zu Beginn deutlich aus (Energie mit viel Körperspannung in Richtung Vorhand senden, evtl. noch mit zusätzlicher Bewegung in diese Richtung).
- Führen Sie die Körperpositionierung in Arbeitsbereich zwei konsequent aus. Hierfür gehen Sie relativ schnell am Pferd vorbei, da nur eine Viertelvolte zur Verfügung steht.

Pferd wird in Longierposition schneller, wenn man die Körperposition nach vorn verschieben möchte

Mögliche Gründe:
- Durch den schnellen Wechsel der Körperposition in Arbeitsbereich zwei reagiert das Pferd auf erhöhte Körperenergie mit Beschleunigung.
- Die Verbindung geht verloren beim Drehen des Körpers in Richtung Vorhand.

Mögliche Lösungen:
- Fahren Sie Ihre Körperenergie beim Wechsel in Arbeitsbereich zwei nicht unnötig hoch.
- Geben Sie gleichzeitig zur Körperhilfe zusätzliche Zügelhilfen, um die Verbindung zu halten und das Tempo abzufangen.
- Teilen Sie die Übung in kleine Schritte auf: Nachdem das Pferd nach der ersten Volte die Mittellinie überschritten hat, lassen Sie es einen Übergang zum Halten durchführen. Dann wechseln Sie in Arbeitsbereich zwei mit Verbindung an den Longen, lassen das Pferd wieder antreten und schicken es über Ihre Körperenergie nach außen.

Pferd macht eine Vollbremsung, wenn man in die Position vor das Pferd wechselt

Mögliche Gründe:
- Die Körperposition ist zu weit vor das Pferd gewählt.
- Die Körperenergie wird mit zu hoher Intensität gesendet.

Mögliche Lösungen:
- Setzen Sie Ihre Körperhilfen gefühlvoller ein.
- Verschieben Sie Ihre Körperposition nicht in Arbeitsbereich eins, sondern nur in zwei.

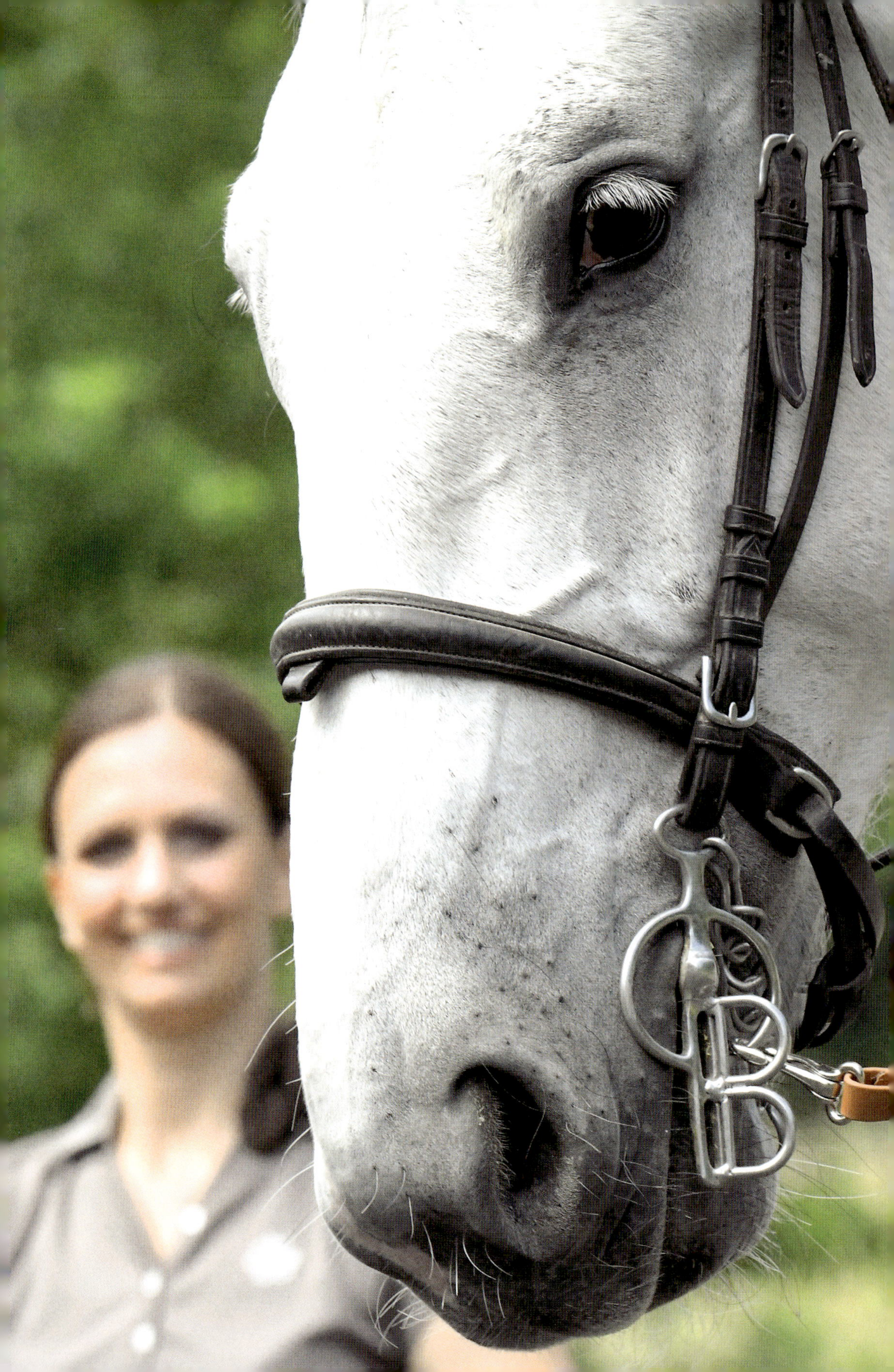

LITERATURVERZEICHNIS

- FN Richtlinien für Reiten und Fahren Band 6, Longieren, FN-Verlag, 2022
- FN Richtlinien für Reiten und Fahren Band 5, Fahren, FN-Verlag, 2020
- Die Fahrabzeichen, Die vereinfachte Fahrlehre – vom Einsteiger zum Turnierfahrer, Wolfgang Lohrer, FN-Verlag, 2008
- Doppellonge – eine klassische Ausbildungsmethode – Grundtechnik, Einsatzmöglichkeiten, Leistungsverbesserung, Wilfried Gehrmann, FN-Verlag, 1998
- Handbuch der Doppellongenarbeit – Dressurausbildung an der Longe und Doppellonge, Horst Becker, Cadmos Verlag, 2019
- Hohe Schule mit der Doppellonge – Präsentiert von einem Reiter des Cadre Noir in Saumur, Philippe Karl, Cadmos Verlag, 2010
- Kreative Doppellongenarbeit – Spielerische Gymnastizierung, Haltungsschulung und Koordinationstraining für Einsteiger, Karin Tillisch, Cadmos Verlag, 2019
- Doppellongenarbeit – So macht man es richtig, Alfons J. Dietz / Daniela Bolze, Cadmos Verlag, 2002
- Pferde richtig einfahren mit der Doppellonge, Heinrich Freiherr von Senden, Cadmos Verlag, 2008
- Arbeit an der Doppellonge, Die Reitschule, Heinrich Bergmann-Scholvien, Müller Rüschlikon, 2011
- Klassisches Reiten auf Grundlage der Biomechanik, Dr. Thomas Ritter, Cadmos Verlag, 2017
- Mensch und Pferd auf Augenhöhe – Pferdegerecht kommunizieren, Vivian Gabor, Müller Rüschlikon, 2021
- Anatomie richtig verstehen – gesundheitsfördernd reiten, Gillian Higgins mit Stephanie Martin, Kosmos Verlag, 2017
- Longieren als Dialog mit dem Pferd – Vielseitiges Longentraining am Kappzaum, Katharina Möller, Cadmos Verlag, 2019
- Rückentraining mit dem Kappzaum – Pferde lösen, ausbilden, gymnastizieren, Kirsten Jung, Kosmos Verlag, 2009
- Arbeit am Langen Zügel für Einsteiger, Andrea Lipp, Müller Rüschlikon, 2021
- Trainingsbuch Bodenarbeit – gymnastizierende Ausbildung für jedes Pferd, Marius Schneider, Kosmos Verlag, 2021
- Gutes Training schützt das Pferd – schonende Ausbildung nach osteopathischen Grundsätzen, Barbara Welter-Böller/Maximilian Welter, Cadmos Verlag, 2018

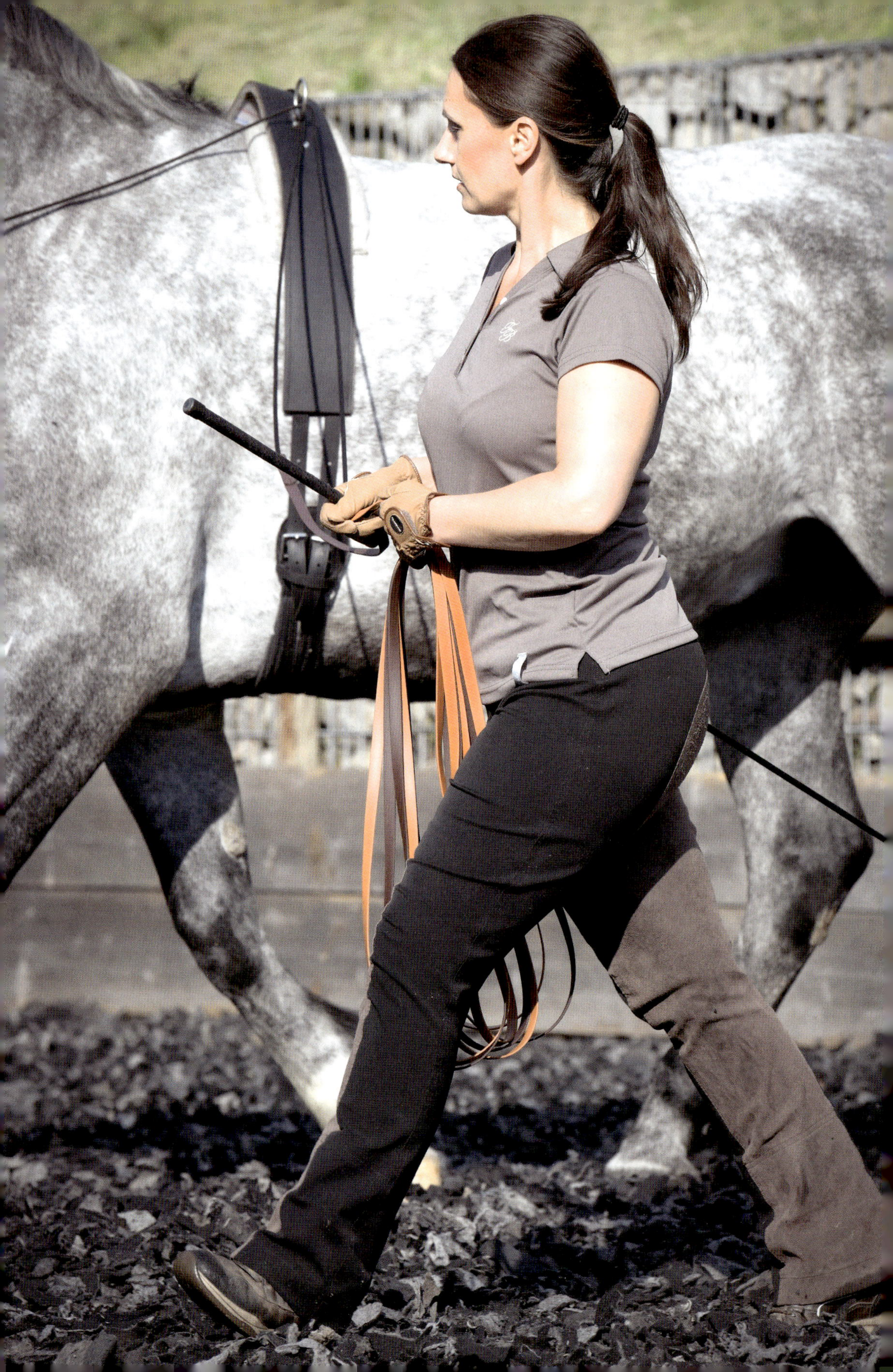